MARABOUT ***PRATIQUES***

DU MÊME AUTEUR
chez le même éditeur

TOUT SE JOUE AVANT SIX ANS

LE PÈRE ET SON ENFANT

ÊTRE GRANDS-PARENTS AUJOURD'HUI

Le Dr Fitzhugh Dodson est un psychologue de réputation internationale. Ses ouvrages, dont **Tout se joue avant six ans** et **Le père et son enfant**, ont été vendus à des millions d'exemplaires, traduits en huit langues et approuvés par les éducateurs et les parents du monde entier. Père de deux garçons et d'une fille, il a puisé dans sa propre expérience autant que dans ses vingt ans de pratique professionnelle, à la fois comme psychologue et comme éducateur.

FITZHUGH DODSON

Aimer sans tout permettre

Traduit de l'américain par
Yvon et Nicole Geffray

MARABOUT

Titre original: HOW TO DISCIPLINE - WITH LOVE

A Elise avec amour

INTRODUCTION

D'après nos dernières estimations, il doit exister 1 823 livres et publications qui traitent de l'apprentissage de la discipline Or, on constate que ces livres sont tous bâtis sur un seul principe, tel que « l'écoute active » ou « la modification du comportement » ou « la fessée comme moyen d'établir l'autorité des parents », ou toute autre méthode qui explique comment faire pour « apprendre la discipline à notre enfant ». Cependant, si l'on essaie de comprendre la vraie nature de la discipline, les limites d'un système unique apparaissent rapidement. En effet qu'est-ce que la discipline ? *La discipline est un enseignement.*

Quand nous disciplinons les enfants, nous leur enseignons simultanément : à se conduire convenablement et à éviter un mauvais comportement. Ce dont très peu de gens ont clairement conscience.

A ce propos, je pense à un garçon de dix-neuf ans, en traitement chez moi, et à qui je posai quelques questions sur sa vie et son milieu familial pour établir sa fiche. A la question : « Comment votre mère vous a-t-elle appris la discipline ? », il me répondit : « En fait, elle ne m'a jamais appris la discipline, nous nous sommes toujours très bien entendus. »

Ce jeune homme, comme beaucoup de gens, considérait la discipline comme « une chose négative » que les parents imposent aux enfants pour qu'ils se tiennent convenablement. Il n'avait pas compris que la discipline est *un processus d'éducation continue*. En me déclarant que lui et sa mère s'étaient toujours bien entendus, il ne pensait pas un instant qu'il puisse s'agir de « discipline positive continue ».

Si la discipline est un enseignement, l'erreur qui consiste à apporter à ce problème une solution unique apparaît clairement. Prenons l'exemple d'une classe de 7ᵉ. Pour simplifier, disons qu'elle comporte vingt-six enfants « dans les normes » (si tant est qu'il existe un seul enfant au développement normal), deux enfants « retardés », deux enfants doués, qui ont quelques années d'avance sur les autres, et deux petits démons qui cherchent essentiellement à troubler la classe. Un maître peut-il avoir recours à une seule méthode pour enseigner l'histoire, les sciences ou le français à ces trente-deux enfants ? Sûrement pas. Il faut une approche individualisée, à la mesure de chaque enfant.

Il en est de même avec la discipline. Aucun système n'est valable pour tous les enfants. Il doit s'adapter au caractère unique de chacun.

Quand on parle discipline, il faut évidemment tenir compte de l'âge. De façon surprenante, nombre de théories sur la discipline ne le mentionnent même pas. On ne peut apprendre à un enfant de deux ans à se comporter comme il faut de la même façon qu'à un enfant de huit ans ou à un adolescent de quinze ans.

La plupart des théories sur la discipline font fi des différences qui existent chez les parents. Elles énoncent simplement qu'on devrait agir d'une certaine façon en face de telle ou telle situation mais ne se demandent pas si les parents se sentiront à l'aise en réglant ainsi le problème, si leur propre réaction ne les empêchera pas de suivre les suggestions proposées.

Certains parents peuvent éprouver plus d'affinités pour une méthode de discipline que pour une autre. Une étude psychologique peut montrer qu'une méthode particulière est plus efficace quand elle se rapporte à une situation spécifique. La méthode, qui réussira parfaitement avec certains parents, sera un échec pour d'autres, ceci à cause de leur personnalité ou de l'éducation qu'ils ont reçue. Car elle va à l'encontre de leur nature et dès le début l'échec est inévitable. Ils ne peuvent être sincères et les enfants le sentent. Cette méthode « infaillible » ne réussira pas.

Je crois donc qu'il est nécessaire de traiter autrement de la discipline. Et ce livre vous y aidera de la façon suivante.

D'abord, je ne vais pas enseigner une façon d'exercer la discipline. Je décrirai plutôt différentes stratégies éducatives par lesquelles vous pourrez apprendre à votre enfant à se comporter convenablement et à éviter le contraire.

La devise de ce livre est : « Il y a toujours plusieurs façons d'agir pour arriver à ses fins. » Parmi ces différentes stratégies. vous pourrez choisir celle qui convient le mieux à votre enfant Rappelez-vous qu'un enfant est unique, doté d'un certain mélange de gènes et d'un tempérament biologique différent de tous les autres.

C'est à cause de leur tempérament biologique profond que certains enfants sont plus ou moins faciles à élever. Les méthodes qui réussiront avec un enfant facile échoueront avec un enfant difficile. A vous de trouver la combinaison satisfaisante entre toutes ces méthodes.

Deuxièmement, ce livre abordera une étude progressive de la discipline en fonction du développement de l'enfant, de la naissance à vingt et un ans. Consciemment ou inconsciem ment fort différents les uns des autres, et il est très important que vous sachiez «où ils en sont».

Pour chaque stade de développement décrit dans les chapitres suivants, je donnerai brièvement un aperçu général. Si vous désirez en avoir une description détaillée, depuis la petite enfance jusqu'à la fin de l'adolescence, vous pouvez consulter mes précédents ouvrages: *Tout se joue avant six ans* et *Le père et son enfant* de même que la série de livres de Arnold Gesell, Louise Ames, et Frances Ilg: *Le jeune enfant dans la civilisation moderne* (P.U.F.), *L'enfant de cinq à six ans* (P.U.F.).

C'est seulement quand vous serez sûr du stade de développement où se trouve votre enfant, que vous pourrez vraiment commencer à utiliser le livre avec profit.

Considérez ce livre comme un manuel de tennis ou de golf. Si c'était le cas vous sauriez qu'il ne suffit pas de le lire une seule fois pour être un bon joueur, mais qu'il faudrait le consulter souvent, et assimiler lentement son contenu. Or, croyez-moi, apprendre à élever avec succès un enfant de la naissance à l'âge adulte est une tâche beaucoup plus complexe que d'apprendre à jouer au golf ou au tennis. Et les parents qui auront le mieux profité de ce livre seront ceux dont l'exemplaire sera le plus noirci au coin des pages à force d'être feuilleté.

1

LES CONTACTS HUMAINS, FONDEMENTS AFFECTIFS DE TOUTE DISCIPLINE

Comme je l'ai fait remarquer, la discipline est un véritable enseignement. Grâce à de nombreuses expériences, nous sommes capables d'enseigner pratiquement n'importe quoi a n'importe qui, aussi bien aux bébés, aux enfants, aux adolescents, aux adultes ou aux animaux.

A bien des égards l'enseignement prodigué aux animaux est tout à fait semblable à celui des hommes, bien que ces derniers soient plus « humains ». L'enseignement de la discipline a des bases scientifiques bien établies. Les parents ont la chance que les données existent quand ils cherchent à enseigner un comportement souhaitable à leurs enfants (les parents donneront sans doute une définition différente d'un comportement « souhaitable » ou non). Par conduite souhaitable, j'entends : obéir à une requête raisonnable des parents, coopérer dans le jeu avec les autres, faire ses devoirs. Je considère comme conduite indésirable un refus persistant d'obéir aux parents, frapper d'autres enfants, voler ou troubler l'ordre d'une classe.

Prenons le cas d'un maître de 8e au début de l'année scolaire. Que doit-il faire d'abord pour fournir un enseignement valable à ses élèves ? Son premier devoir est d'établir un *fondement affectif* à tout ce qu'il enseignera. Il faut qu'il établisse *de bons rapports* avec ses élèves. Par rapports, j'entends des sentiments et un respect réciproques, des atomes crochus entre le professeur et sa classe.

Il peut le faire de différentes façons. Il n'y a pas une seule méthode. Il doit faire comprendre à ses élèves qu'il les aime, qu'il sera heureux de leur enseigner, que l'année qu'ils passeront ensemble leur sera profitable aux uns et aux autres. Si un maître ne prend pas la peine d'essayer de connaître ses élèves, et d'établir des rapports solides avec eux en tant qu'individus, il ne pourra pas leur apprendre grand-chose.

Par exemple, quand je donnais des cours dans l'enseignement secondaire ou supérieur, je ne consacrais jamais la première heure à faire un cours de psychologie, mais j'essayais plutôt d'établir le contact. J'encourageais mes élèves à parler un peu d'eux-mêmes, à expliquer pourquoi ils avaient choisi cette matière et ce qu'ils espéraient en tirer. Cela leur donnait l'impression que je m'intéressais sincèrement à eux en tant qu'individus et à ce qu'ils voulaient exprimer. C'était la preuve que le cours se ferait sous forme de dialogue plutôt que comme un cours magistral tout préparé. Je ne parlais pas de psychologie mais je créais des rapports positifs sans lesquels ils ne se seraient pas intéressés à la psychologie.

Quand on pratique une psychothérapie, avant de commencer des tests ou une thérapie, il faut établir le contact. S'il s'agit d'un enfant, je ne le plonge pas immédiatement dans les tests, je ne l'assaille pas immédiatement de questions. Au lieu de cela, à sa première visite, je l'accueille dans la salle d'attente et je lui demande s'il aime les beignets. (En vingt ans de pratique, je n'ai jamais eu une seule réponse négative !) Je lui dis alors : « Très bien. Allons en acheter. » Et nous allons jusqu'à la boutique la plus proche de mon cabinet.

Tout en mangeant nos beignets, nous abordons habituellement toutes sortes de sujets : ses animaux familiers, ses émissions de TV préférées, ses frères et ses sœurs sont-ils détestables (ils le sont toujours !), ses sports favoris, son maître est-il gentil ou désagréable, ce qu'il préfère ou déteste à l'école, etc. J'établis ainsi des rapports avec l'enfant, je lui fais savoir que l'adulte que je suis s'intéresse à lui et à ce qu'il aime ou n'aime pas. Quand nous retournons à mon bureau, au lieu d'être crispé ou anxieux, l'enfant est détendu et subit avec enthousiasme son premier test.

Que vous soyez maître d'école ou psychologue, il vous faut établir un contact positif pour enseigner.

C'est tout aussi vrai pour des parents qui essaient d'enseigner des méthodes de discipline positive à un enfant. De bons rapports en sont le fondement.

Malheureusement, nombre de parents ignorent cette donnée psychologique de base. Ils donnent souvent des ordres ou font une demande sans se soucier d'établir ce contact. Ils croient que leur enfant doit obéir uniquement en vertu du principe que les enfants doivent obéissance aux parents. Même attitude que celle du professeur qui part du principe que la classe voudra suivre attentivement la leçon d'histoire uniquement parce qu'il le lui demande. Or, il n'en est rien. Un enfant doit se sentir en confiance avec son professeur si l'on veut qu'il fasse ce qu'on lui demande. Sur ce point, les parents et les maîtres se trouvent confrontés au même problème.

Dans la pratique, qu'est-ce que cela signifie ? Tout d'abord, les parents ont pour eux cet atout : il faut au moins un an pour qu'un enfant franchisse l'étape du premier âge et commence à ramper et à marcher. Les problèmes de la discipline ne se posent pas, tant que cette mobilité n'est pas acquise. Les parents peuvent donc en profiter pour établir de bons rapports affectifs tant que l'enfant est encore tout petit. A chaque tétée ou à chaque biberon, chaque fois que vous avez câliné votre enfant, joué avec lui, que vous lui avez chanté une chanson, que vous l'avez baigné, il vous aime un peu plus et veut vous plaire. A ses premiers pas, quand vous commencez à lui apprendre certains comportements (et à lui en interdire d'autres) vous bénéficiez déjà d'un important capital affectif.

C'est après cette première année que beaucoup de parents commettent une erreur importante, en négligeant de continuer la construction des rapports affectifs de base. Ils ont trop à faire, ont trop d'autres choses en tête et de ce fait se bornent à dire à leur enfant de faire ceci ou de ne pas faire cela. Mais limiter ainsi le rôle du père ou de la mère à cette fonction « autoritaire », c'est négliger complètement cette nécessité importante : maintenir et consolider les rapports affectifs à chaque étape du développement de l'enfant.

Il est essentiel que les parents consacrent une partie de leur temps rien qu'au plaisir d'être avec leur enfant, sans rien de plus, sans rien exiger d'eux. Aucun ordre, aucune leçon, aucune morale, en ces moments où les parents et l'enfant sont ensemble pour une promenade, un jeu, pour manger un gâteau ou regarder un film à la télévision. Dès les premiers pas, vous devez sans cesse consolider les bons rapports affectifs de base, en consacrant chaque jour ou chaque semaine un certain temps à vous amuser avec lui. Les jeux variant bien entendu avec l'âge et le développement de l'enfant, ainsi qu'avec nos préférences.

A ce propos, une des causes du conflit des générations si aigu de nos jours entre parents et adolescents est à chercher dans le fait que les parents n'ont pas eu le temps ni le souci de se consacrer à ces activités de construction affective avec leurs grands enfants. Pour cela, recherchez le tête-à-tête. Plusieurs de mes patientes m'ont raconté le plaisir intense qu'elles avaient éprouvé, étant adolescentes, lorsque leur père leur offrait des fleurs ou les emmenait dîner au restaurant. La mère d'une adolescente peut aussi trouver beaucoup d'occasions de passer des moments agréables seule avec sa fille, qu'il s'agisse de sortir ensemble ou de se confier l'une à l'autre. Emmener un adolescent faire du shopping, ou au cinéma, ou voir un match, suivant les goûts du jeune garçon ou la jeune fille, c'est généralement le succès assuré.

Quand vous jouez aux échecs avec votre enfant, quand vous vous promenez avec lui, que vous l'emmenez acheter une glace, vous favorisez les rapports personnels, et vous consolidez du même coup les liens sentimentaux qui font de vous la personne aimée. Et c'est là la base affective de tout ce que vous allez lui apprendre en matière de comportement positif. L'importance des bons rapports comme préalable à tout ce que vous voulez apprendre à votre enfant peut se résumer dans les paroles du poète John Masefiel : « Les jours qui font notre joie font aussi notre sagesse. »

2

COMMENT INSTAURER UN SYSTÈME DE RÉCOMPENSE POSITIVE

Je viens d'insister sur le fait que la construction de bons rapports de base doit être sans cesse poursuivie entre vous et votre enfant, car ces rapports sont les fondations indispensables de l'édifice en matière de discipline. Venons-en maintenant à la discipline elle-même. Quelles tactiques utiliser pour inculquer un comportement souhaitable ? A mon avis, la méthode la plus efficace est celle du système de récompense positive ; c'est aussi malheureusement celle que les parents utilisent le moins.

Prenons un exemple dans le comportement animal. Près de Los Angeles, il y avait autrefois un parc d'attractions appelé Japanese Deer Village. Lorsqu'il fut ouvert au public, un des animateurs du parc, le Dr Leon Smith, spécialiste de psychologie animale, apprenait à des ours sauvages venus du Japon à jouer au basket-ball. A leur arrivée les bêtes étaient à l'état sauvage et bien sûr ignoraient tout du basket-ball. Pourtant le Dr Smith parvenait à le leur apprendre sans jamais avoir recours aux méthodes habituelles des parents. Il ne criait pas, il ne les grondait pas et ne leur faisait pas non plus la leçon. Il ne les frappait jamais.

Que faisait-il donc ? Toute sa méthode était fondée sur un

système de récompense positive. *Et sur rien d'autre.* L'ours était dans un coin près du panneau de basket, et dans un autre coin se trouvait la balle. Si l'ours ne faisait que s'agiter dans son coin, rien ne se produisait. Mais s'il se rapprochait même très peu de la balle, on le récompensait au moyen d'un petit morceau de viande. Le Dr Smith s'en tenait strictement à cette attitude, progressant pas à pas, jusqu'à ce que l'ours arrive auprès de la balle. De là il le récompensait à nouveau lorsqu'il ramassait la balle, et encore lorsqu'il s'approchait du panier et tirait.

Bien sûr ce résultat n'était pas acquis en une seule séance, mais l'entraînement une fois terminé, chaque fois que le Dr Smith lançait une balle de basket sur le terrain, l'ours courait la ramasser, l'apportait auprès du panier, et tirait.

Cet exemple *simpliste* devrait pourtant amener tous les parents à une réflexion profonde. Analysons ce que le Dr Smith faisait :

Premièrement : il définissait clairement le comportement souhaité : aller chercher la balle et tirer dans le panier, *à l'exclusion de toute autre attitude.*

Deuxièmement : le Dr Smith accordait une récompense pour le comportement souhaité (ici un morceau de viande), mais aucune pour un comportement non souhaité.

Troisièmement : la rétribution ne venait pas d'un seul coup à l'issue du comportement désiré (le tir dans le panier), mais par petites étapes. Et ce sont précisément ces petites étapes qui permettaient au Dr Smith, d'abord de mener l'ours jusqu'à la balle, puis de le faire tirer dans le panier.

Le principe d'un système de récompense positive consiste à toujours rétribuer un comportement souhaitable, mais à ne jamais récompenser un comportement indésirable. *Lorsqu'une action est suivie d'une récompense ou d'une rétribution, il y a toutes les chances pour qu'elle se répète.*

Et tandis que très peu de parents mettent en pratique ce système de récompense positive, nombreux sont ceux qui utilisent le système contraire. Ils récompensent inconsciemment leurs enfants pour *des comportements indésirables,* et de ce fait leur enseignent exactement le contraire de ce qu'ils souhaitent leur apprendre. Des millions de parents font ainsi de l'antidiscipline sans le savoir.

Que se passe-t-il quand un enfant se comporte selon les désirs de ses parents ? Quand il joue gentiment avec un camarade, quand il prête ses jouets, qu'il ne ronchonne pas, qu'il n'est pas bruyant, qu'il obéit aux demandes de ses parents ? Est-ce qu'on le récompense ? De façon positive ? Le câline-t-on ou exprime-t-on un compliment ? Non, généralement on l'ignore. Les parents considèrent une telle attitude comme normale et ne disent rien. Ils ne voient pas qu'en ne récompensant pas un comportement souhaitable, ils apprennent à leur enfant à l'abandonner.

Étudions la situation inverse maintenant. L'enfant, au lieu de se tenir convenablement, fait des sottises. Il frappe son camarade, renverse sa soupe par terre, agace sa petite sœur, vole de l'argent dans le porte-monnaie de sa mère, devient insolent et refuse d'obéir. Autrement dit, son comportement est le contraire de ce qu'on souhaite. Qu'en résulte-t-il ? Quand il était sage, ses parents l'ignoraient. Dès qu'il se conduit mal, il attire l'attention. Ses parents le grondent, lui font des remontrances, lui donnent une fessée, s'intéressent donc à lui de façon négative.

En agissant ainsi, ils violent ce que j'appellerai *la loi de la frite ramollie.* Un enfant, de toute évidence, préfère une frite croustillante à une frite ramollie. Mais s'il ne peut choisir qu'entre une frite ramollie et rien du tout, il optera pour la frite ramollie. De même, un enfant préfère l'attention positive de ses parents à une attention négative. Mais s'il ne peut choisir qu'entre attention negative et désintérêt complet, il choisira la première. Tout vaut mieux pour lui que l'indifférence totale !

Certes, les parents souhaitent que cette attention négative soit une punition. Mais assez curieusement, elle peut apparaître comme une récompense à l'enfant ! C'est ainsi que les parents peuvent involontairement le pousser à taquiner sa sœur, à se battre avec son camarade, à voler, etc.

Nombre de parents en arrivent ainsi à enseigner exactement le contraire de ce qu'ils voulaient apprendre.

Que faire pour éviter ces erreurs ? Il vous faut établir un système de récompense positive dès que l'enfant commence à marcher, et continuer jusqu'à l'adolescence. En lisant cela certains d'entre vous penseront que leur enfant a déjà huit ans et se diront qu'il est trop tard. Qu'ils ne s'inquiètent pas. Vous pouvez établir ce système à n'importe quel âge, mais ce sera plus facile si vous commencez tôt. La tâche sera plus malaisée à l'adolescence, car un adolescent est par nature en état de rébellion contre ses parents, cette rébellion étant une étape nécessaire à son développement.

Vous trouverez dans ce chapitre une vue d'ensemble sur le système de récompense positive. Nous reprendrons plus en détail les différentes méthodes de discipline dans les chapitres qui suivront. Cependant, pour prendre un exemple concret, imaginez que vous avez un garçon de huit ans et que cette méthode est tout à fait nouvelle pour vous. Comment allez-vous essayer de l'appliquer ?

Il vous faut d'abord distinguer très clairement sentiments et actions. Je vais aborder rapidement cette question importante à laquelle je reviendrai au chapitre 8. Par sentiments, j'entends des états affectifs intimes comme l'amour, la joie, l'excitation, la colère, la tristesse ou la crainte. Ce monde des sentiments est le domaine privé de votre enfant et vous ne pourrez rien faire pour l'influencer ou le changer. Il n'est pas responsable de ses sentiments qui atteignent son esprit sans qu'il puisse les contrôler.

Le problème est tout à fait différent quand il s'agit de ses actions qui sont des manifestations extérieures, qu'on peut observer et qu'on peut donc contrôler. Un enfant ne peut s'empêcher d'être en colère, mais il peut éviter de lancer du sable, de frapper son frère ou de voler. Les parents n'ont pas grande influence sur les sentiments mais ils peuvent en avoir beaucoup sur les actes.

Donc lorsque nous parlons de système de récompense positive, il s'agit des actes de l'enfant et non de ses sentiments.

Second point, vous vous occuperez seulement des actes visibles, ceux que vous ne pouvez voir échappent à votre influence. Ainsi quand je rencontre des parents venus me consulter, et leur demande quelles *actions* chez leur enfant les contrarient, ce qu'ils voudraient changer, ils me répondent souvent qu'il est irresponsable. Je leur réponds que c'est une action concrète qu'ils doivent voir et prendre en considération, au lieu de rester dans des abstractions telles que «agressivité» ou «irresponsabilité». On peut transformer la formule «il est trop agressif» par «il frappe son père». Voilà une action claire et définie contre laquelle nous pouvons agir. De même, on pourra changer l'expression «il est irresponsable» par «au lieu de ranger ses vêtements, il les laisse traîner partout dans sa chambre».

Voilà donc deux règles valables pour vous aider à établir ce système de récompense positive : premièrement, tenez compte des actes et non des sentiments ; deuxièmement, que ce système s'applique à des actions claires et bien définies.

Ce sont des principes généraux. Pour rendre les choses plus concrètes et plus vivantes, nous allons établir les caractéristiques de la personnalité négative et positive d'un enfant hypothétique de huit ans. Il faut d'abord prendre le temps de dresser trois listes séparées :

A. Une liste des actions que vous approuvez et que vous voulez lui voir conserver.

B. Une liste des actions que vous voulez lui voir accomplir moins souvent.

C. Une liste des actions que vous voulez lui voir accomplir plus souvent.

Ces trois listes pourraient contenir les rubriques suivantes :

a) Actions qu'on voudrait lui voir conserver :

1. Il est curieux de tout et pose des questions intéressantes. Vous savez que cela l'aidera à réussir à l'école et plus tard dans la vie.

2. Il aide volontiers à la maison quand on le lui demande (mais pas toujours !).

3. Il est très affectueux par moments et câline spontanément.

4. Il peut jouer assez longtemps avec son petit copain sans discuter ou se battre.

5. Il range (parfois !) ses affaires.

b) Actions que vous voudriez lui voir accomplir moins souvent :

1. Taquiner son frère de six ans.
2. Battre son frère.
3. Hurler quand il ne peut pas faire ce qu'il veut.

4. Refuser parfois d'obéir (quand votre demande était raisonnable).

c) Actions que vous voudriez lui voir accomplir plus souvent :

1. Ranger ses affaires.
2. Faire ses devoirs régulièrement.
3. Jouer avec son frère d'une façon plus gentille et plus constructive.
4. Faire son lit.

La première liste décrit les actions souhaitables que votre enfant fait déjà ; il vous suffit de l'en récompenser sans qu'il soit obligé d'agir ainsi tout le temps. Par exemple, il ne va pas toujours ranger ses affaires. S'il le fait quelques fois par semaine, vous pourrez renforcer ce comportement par une récompense positive : *une action suivie d'une récompense positive sera renforcée et répétée.* Le système positif de récompense se fonde *sur les actions* et *leurs conséquences.* Ces actions renforcées deviendront des habitudes de comportement durable.

Il existe fondamentalement deux sortes de récompenses : les récompenses affectives sous forme de compliments, de baisers, de câlins ou toute démonstration d'affection, et les récompenses tangibles telles qu'une glace chez le pâtissier, une sucrerie, la permission de veiller une demi-heure de plus le soir, la possibilité de regarder une émission télévisée, celle de passer une heure avec vous en faisant ce qu'il veut, l'obtention de bons points qui lui permettront d'obtenir une chose qu'il désire tout spécialement. Si vous commencez dès l'enfance, les récompenses affectives feront l'essentiel et vous n'aurez recours aux rétributions tangibles que pour des situations particulières.

Prenons quelques exemples. Si votre enfant de huit ans vous

pose une question intéressante et manifeste de la curiosité, complimentez-le. Dites-lui que c'est très bien d'avoir pensé à cela.

S'il est plein de bonne volonté pour vous aider à la maison, soyez encore plus laudatif et affectueux. S'il vous a aidé plusieurs jours de suite, vous pouvez lui proposer de l'emmener manger une glace (ou n'importe quelle autre chose agréable).

Supposons qu'il a joué paisiblement avec son camarade pendant une période relativement longue, c'est le moment de créer un effet de surprise en annonçant que puisqu'ils jouent si gentiment, vous les emmenez acheter un gâteau chez le pâtissier.

Ces gratifications seront de deux sortes : celles qui viendront récompenser l'enfant chaque fois qu'il s'est comporté convenablement, et celles qui sont données à l'improviste sans qu'il puisse les prévoir.

Lorsque votre enfant assimile un nouveau comportement souhaitable, il est important qu'il reçoive une récompense chaque fois qu'il agit ainsi. Mais au fur et à mesure qu'il adopte de nouvelles habitudes et qu'il les répète assez régulièrement, vous pouvez espacer les récompenses et le gratifier de façon intermittente ou fortuite. Vous n'avez plus besoin de le recompenser chaque fois. Ainsi, lorsque lui et son camarade jouent sans discussions, vous n'avez pas besoin de les emmener acheter un gâteau automatiquement. Faites-le occasionnellement, quand ils ne s'y attendent pas. S'ils réclament une récompense parce qu'ils ont été sages, vous répondrez que les sorties exceptionnelles sont réservées aux occasions exceptionnelles. Il est très important de ne pas récompenser l'enfant parce qu'il le demande. Sinon, vous vous apercevrez que vous lui apprenez à quémander. *C'est aux parents, et non à l'enfant, de décider du moment où il doit être récompensé.*

Vous serez surpris de voir comme votre enfant admettra aisément que les récompenses ne soient pas automatiques. Il continuera à bien se comporter parce qu'il y aura été habitué, parce qu'il sait que cela vous fait plaisir, et que cela *lui* fait plaisir. Car il y prendra finalement du plaisir. Il ne s'agit pas pour lui d'être sage pour obtenir une récompense tangible, encore qu'il l'apprécie lorsqu'il la reçoit.

Cette récompense que vous accordez à votre enfant parce qu'il agit comme vous le souhaitez, non seulement le pousse à se comporter de la sorte, mais agit aussi positivement sur vous. Vous prendrez l'habitude de rechercher les actions que vous pouvez récompenser. Par vos compliments, *vous vous entraînerez inconsciemment à vous concentrer sur l'aspect positif des choses.* Malheureusement, beaucoup de parents font le contraire. Ils guettent les erreurs commises par leur enfant et sont prêts à le prendre en défaut. Essayez de faire le contraire. Essayez de le surprendre en « flagrant délit de bonne action » et recompensez-le !

La devise de cette méthode pourrait être « on ne prend pas les mouches avec du vinaigre ! » Les parents, qui mettent l'accent sur un comportement négatif, semblent vouloir dire le contraire.

Un père vint un jour me consulter pour son fils de quatre ans : un démon considéré comme chef de bande à la maternelle. Il chipait les jouets des autres, commandait ceux-ci, et les battait s'ils ne lui obéissaient pas. Il n'était pourtant pas totalement irrécupérable. J'essayai de faire trouver au père les aspects positifs de la personnalité de son fils en lui montrant qu'il fallait qu'il s'appuie sur ces éléments au lieu de limiter ses interventions aux gronderies et aux *punitions* pour son comportement négatif.

Je demandai donc au père ce que son fils faisait de bien et ce qu'il souhaitait lui voir faire. Savez-vous que ce père fut incapable de-nommer une seule bonne action de la part de ce petit bonhomme de quatre ans ! Je proposai quelques suggestions pour lui faire voir que cet enfant ne faisait pas tout mal. Je fis remarquer qu'il allait à l'école sans faire d'histoires et qu'il aimait cela, qu'il avait beaucoup de dynamisme, qu'il ne se laissait pas diriger par les autres enfants... Finalement, le père comprit que certaines actions de son fils étaient souhaitables. Nous fûmes alors capables d'établir un programme de récompenses positives en habituant le père à complimenter l'enfant quand il le méritait. Quand, pour la première fois de sa vie, le gamin entendit son père lui faire des compliments, il réagit favorablement. Le premier pas franchi, nous commençâmes à organiser des récompenses pour l'apprentissage de conduites nouvelles et positives.

Ceci nous ramène à notre enfant théorique de huit ans. Nous avons traite des actions souhaitables que l'enfant accomplit déjà. Nous en arrivons maintenant à ce que nous voudrions lui voir faire davantage ou moins. En d'autres termes, nous voulons qu'il apprenne de nouveaux schémas de comportement. Il nous faut donc déterminer des gratifications adaptées.

Tout d'abord, dresser une liste relativement complète des gens, des endroits, des choses et des activités qui peuvent représenter une récompense positive pour notre enfant. Voici une liste que je fais remplir aux parents et que je reproduis ici avec l'autorisation du Dr Paul Clément, qui l'a établie.

Liste pour les parents

Connaître les gens. les endroits, les choses et les activités qui plaisent à notre enfant est notre plus précieux auxiliaire pour nous aider à le comprendre Nous les appelons gratifications ou récompenses Les actions récompensées se produiront sans doute plus fréquemment à l'avenir, puisque nous les aurons renforcées

1. LES GENS

Dresser la liste des dix personnes avec lesquelles notre enfant passe le plus de temps chaque semaine. Mettez après le N° 1 le nom de la personne qui est le plus souvent avec lui, et ainsi de suite par ordre décroissant. En faisant cette liste, tenez compte des frères, sœurs, parents, camarades, membres de la famille, etc.

1	6
2	7
3	8
4	9
5	10

Il y a peut-être d'autres personnes avec lesquelles il aimerait passer plus de temps, ce qui n'est pas le cas actuellement. Vous pensez peut-être qu'il aimerait être plus longtemps près de vous, ses parents, en tête à tête. Établissez donc une liste de ces gens avec lesquels vous croyez qu'il aimerait passer plus de temps qu'il ne le fait actuellement.

1	4
2	5
3	6

2. LES ENDROITS

Notez, par ordre décroissant, les dix endroits où votre enfant passe le plus de temps chaque semaine. Ce peut être sa chambre, la salle de séjour, le jardin, la cuisine, la classe, le jardin public.

1	6
2	7
3	8
4	9
5	10

Il y a peut-être des endroits où il *aimerait* passer davantage de temps qu'il ne le fait actuellement. Notez-les également par ordre décroissant.

1	4
2	5
3	6

3. LES OBJETS

Faites la liste des dix objets avec lesquels votre enfant passe le plus de temps chaque semaine. Pensez à certains jouets, à la télévision, à ses animaux, ses livres, sa bicyclette, sa planche à roulettes, ses poupées.

1	6
2	7
3	8
4	9
5	10

Établissez maintenant la liste de ce qu'il n'a pas ou qu'il ne peut utiliser facilement, et qu'il aimerait avoir.

1	4
2	5
3	6

Faites la liste des dix aliments et boissons qu'il préfère. Tenez compte des sucreries, desserts, et autre gâteries. Vous pouvez inclure des choses que vous ne lui permettez pas d'avoir souvent mais qu'il place très haut dans l'ordre de ses préférences.

1	6
2	7
3	8
4	9
5	10

4. LES ACTIVITÉS

Faites la liste des dix activités auxquelles il consacre le plus de temps, par exemple, regarder la télévision, lire, pratiquer des activités sportives (en spécifiant lesquelles), jouer d'un instrument de musique, nager, faire de la bicyclette, de la planche à roulettes, aller au cinéma, etc.

1	6
2	7
3	8
4	9
5	10

Faites maintenant la liste de ce que vous pensez qu'il aimerait faire davantage.

1	4
2	5
3	6

Quand les parents prennent le temps d'établir cette liste, cela permet souvent de mieux comprendre leur enfant. La plupart ne prennent pas délibérément le temps de penser à leurs enfants en ces termes. Et pourtant, ils auraient une notion bien plus claire de ce qui le motive *effectivement* et qui par conséquent leur sert *déjà* de récompense.

Une des raisons essentielles de l'intérêt de cette liste est qu'elle aide les parents à connaître le caractère spécifique de leur enfant. Il n'existe aucun système universel de récompenses. Chaque enfant est unique, et un certain nombre de gens, de lieux, de choses et d'activités le ou la motivent.

Vous possédez maintenant une liste de ce que vous pouvez utiliser comme récompenses.

Occupons-nous maintenant de la liste des actions que vous voudriez lui voir faire moins souvent. Prenez-en une à la fois. Car il est difficile de vouloir en changer plusieurs ensemble.

Disons, arbitrairement, que vous voudriez qu'il cesse de se battre avec son frère ou sa sœur.

Il faut d'abord analyser les conséquences. A quoi aboutit

une bagarre ? Disons que la plupart du temps vous finissez par gronder ou sermonner l'un ou l'autre des enfants, ou que vous lui ou leur donnez parfois une fessée. Vous allez comprendre que vous enfreignez alors la loi de la Pomme de Terre ramollie. Votre intérêt négatif récompense et renforce l'habitude de se battre, ce qui est pourtant le moindre de vos désirs.

Cessez donc d'abord de gratifier ces bagarres par votre attention négative. Au contraire, appliquez le programme opposé qui renforcera réellement la cohabitation pacifique.

Admettons que vous décidez d'encourager les deux enfants à des moments où ils s'entendent assez bien, cela sera fait au hasard, à trois moments différents de la journée :

1. Une gratification, le matin, avant que les enfants partent pour l'école.
2. Le soir, du dîner à l'heure du coucher, deux encouragements à des moments différents.

Une récompense est particulièrement efficace si vous l'accordez immédiatement après l'action que vous voulez encourager. Vous déciderez peut-être que la récompense la plus souhaitable est un bonbon. Essayez de trouver un moment le matin et deux moments différents dans la soirée où les enfants s'accordent bien. Comme je l'ai déjà dit il faut que vous preniez les enfants « en flagrant délit de bonne action » ! Donnez-leur un bonbon, en disant que vous êtes content qu'ils s'entendent si bien. Si vous vous sentez capable de le faire, remplacez les bonbons par un compliment, mais seulement si vous le pensez sincèrement.

Voici établi un programme de récompense positive parce qu'ils ne se battent pas, et non pas une gratification parce qu'ils se battent. Vous vous demanderez peut-être comment faire quand ils se battent? Nous en parlerons plus tard au chapitre du « Hors-Jeu ».

Ce qu'il faut faire avec une conduite négative, c'est surtout l'ignorer, sauf dans trois cas:

1. Si elle est nuisible à l'enfant ou à quelqu'un d'autre.
2. Si c'est du vandalisme.
3. Si elle vous tape sur les nerfs.

Vous disposez de moyens d'action en cas d'attitude négative, suivant l'âge de l'enfant. N'en concluez pas trop hâtivement que le Dr Dodson pense que vous devez laisser faire à votre enfant tout ce qui lui plaît, que s'il couvre vos murs de graffiti ou sculpte ses initiales sur votre piano à queue vous devez ignorer ce comportement négatif et être concerné uniquement par le côté positif. Loin de moi cette pensée. Il faut arrêter rapidement de tels méfaits mais pas de la façon erronée que la plupart des parents utilisent.

Je veux insister dans ce chapitre sur le fait qu'établir un système de récompenses pour une attitude positive vous mènera très loin dans votre programme de discipline, surtout si votre enfant est jeune. Bien souvent, quand je fais des conférences sur ce sujet, au moment des questions, quelqu'un se lève pour demander si ce n'est pas essayer de corrompre l'enfant. Non, cent fois non. La corruption, c'est essayer de faire commettre à quelqu'un une action immorale ou illégale en promettant de l'argent ou un cadeau. Les activités dont nous avons parlé ne sont ni immorales ni illégales. Ne plus se battre, ranger sa chambre, faire ses devoirs, tout cela est moral et souhaitable.

Quand les parents travaillent dans une société, cette société leur paie un salaire en échange d'un certain travail accompli.

Nous faisons la même chose au niveau de l'enfant quand nous avons recours à un système de récompense positive. C'est la « tâche » de l'enfant que d'apprendre à ne pas se battre, à nettoyer sa chambre, etc. Son « salaire » consiste en récompenses positives. On ne peut donc pas plus les appeler « corruption » qu'on ne peut le dire du salaire des parents.

Souvenez-vous aussi qu'au fur et à mesure que nous passons d'un système de récompenses pour chaque bonne action à un système de récompenses espacées, nous contribuons à faire naître chez l'enfant la satisfaction de soi qui deviendra sa récompense personnelle pour certaines bonnes actions. Notre but final, c'est de faire de notre enfant un adulte autodiscipliné, qui a appris à se récompenser lui-même pour un comportement souhaitable. Plus vous aurez recours à ce système, mieux il fonctionnera, moins vous aurez besoin d'autres systèmes de discipline. Car vous serez de moins en moins confronté à un comportement négatif.

3

LE CONTRAT

La plupart des parents se sentent étrangers au terme de *contrat* quand il s'applique aux relations parents-enfants.

Nous sommes, bien sûr, habitués aux contrats dans le monde des affaires, lors de l'achat d'une voiture, d'une chaîne stéréo ou d'une maison. Dans tout contrat d'affaires, les deux parties souscrivent un accord : l'une promet de faire quelque chose (vendre une nouvelle voiture) et l'autre s'engage à faire quelque chose en retour (payer une certaine somme d'argent selon certaines données).

En tant que méthode de discipline familiale, la notion de contrat se fonde sur le même concept. C'est un accord entre parents et enfants. L'enfant prend un engagement, et les parents promettent de faire quelque chose en retour. En d'autres termes, si l'enfant change de comportement, les parents, à leur tour, se comporteront différemment. Le système de contrat est en fait un prolongement du système de récompense positive. Ce dernier fonctionne de façon plus ou moins unilatérale. Les parents décident quelle conduite positive ils veulent récompenser et orientent l'enfant dans cette direction à l'aide de gratifications. Ce qui n'implique aucune négociation, alors que le contrat se fonde sur la négociation et ne peut exister sans elle.

Voici un exemple de contrat entre un père et son fils de dix ans.

P. – Je me demande si nous pourrions mettre au point un contrat pour que tu fasses la vaisselle trois fois par semaine.

F. – Peut-être.

P. – Que penserais-tu si je t'emmenais prendre une glace, ces soirs-là ?

F. – Non, cela ne vaut pas la peine.

P. – Bon, et si tu pouvais te coucher une heure plus tard ces soirs-là ?

F. – Cette idée-là me plaît davantage, mais je crois que j'en ai une meilleure. Si tu me donnais un dollar pour chaque vaisselle ?

P. – Non, c'est trop. Mais, attends une minute. Et si on allait chez le pâtissier ces soirs-là et si tu pouvais acheter tout ce que tu veux dans le magasin ?

F. – C'est vrai ? N'importe quoi ?

P. – Oui.

F. – Même, une énorme coupe glacée ?

P. – Oui.

F. – D'accord, papa.

P. – D'accord. Nous allons écrire et signer comme dans les affaires.

Le père prend une feuille de papier et écrit :

Moi, XY, promets de faire la vaisselle les lundi, mardi et jeudi soirs. En échange de quoi, moi, RY promets de lui payer n'importe quoi chez le pâtissier.

Signé : XY
RY

Analysons cet exemple de contrat et voyons comment il peut satisfaire les deux parties.

Premièrement, c'est un accord mutuel entre le père et le fils qui résulte de négociations menées entre eux deux. Considérons le contraire d'un contrat : Un père qui dirait par exemple : « Je ne te laisserai pas aller au cinéma samedi si tu n'as pas fait tes devoirs. » Il n'y a pas eu de négociations. C'est une décision unilatérale qui émane du père.

Deuxièmement, ces négociations aboutissent à un engagement des deux parties : le fils s'engage à faire la vaisselle trois fois par semaine, et le père s'engage à sortir son fils ces soirs-là et à lui acheter tout ce qu'il veut.

Troisièmement, c'est un engagement écrit. Il peut y avoir des engagements verbaux, mais il y a plusieurs bonnes raisons pour qu'ils soient le plus souvent écrits. Un contrat écrit évite les malentendus et les discussions ultérieures. Chacun possède un exemplaire, peut voir ce qui y est mentionné ou non. Prévoyez un original et un exemplaire au carbone. Pour un enfant entre six et douze ans, l'effet psychologique est plus grand. Cela ressemble beaucoup plus à une affaire qu'on traite en adultes, et le motive davantage dans l'accomplissement de ce contrat.

Quatrièmement, il faut que ce contrat soit concret et limité. Les actions mentionnées doivent pouvoir être observées et dénombrées. Pas de clauses vagues, inconsistantes telles que « Claude promet d'être plus gentil avec sa sœur ». (Comment l'observer ? Comment en faire le compte ?) Notez plutôt quelques comportements particuliers que Claude s'engage à avoir avec sa sœur.

Cinquièmement, le contrat doit être positif. L'enfant doit accepter de *faire* quelque chose, plutôt que d'admettre qu'il *ne fera pas* telle ou telle chose. S'il doit agir positivement pour obtenir une récompense, il se sentira beaucoup plus concerné.

La plupart des parents définissent les objectifs de façon négative : « Si tu ne fais tes devoirs, pas de télévision ! » On pourrait exprimer la même idée, mais positivement : « Dès que tu auras terminé tes devoirs, tu pourras regarder la télévision. » En y réfléchissant un peu, vous serez à même d'exprimer n'importe quelle idée de façon positive, afin de pouvoir établir un contrat.

Sixièmement, le contrat doit être juste. Parents et enfant doivent avoir le sentiment d'avoir fait une bonne affaire. Si l'enfant croit qu'il en fait trop pour ce qu'il aura, il se débrouillera pour saboter le contrat. Si les parents pensent qu'ils donnent trop pour ce que fait l'enfant, ils auront le sentiment de s'être fait rouler et s'arrangeront pour reprendre ce qu'ils ont promis.

C'est en général aux parents, puisqu'ils sont plus âgés et plus avisés, de mesurer l'équité du contrat. Ils sont plus capables de se tourner vers l'avenir que l'enfant. Il faudrait qu'en tant que parents ils n'acceptent pas d'en faire davantage que ce que vaut la contribution de l'enfant, selon eux. Il faut aussi qu'ils mesurent, par le message muet qu'est le comportement de l'enfant, s'il est vraiment satisfait de ce qu'il « touchera » pour ce changement de conduite. Lorsque, pendant les négociations, l'enfant répond assez évasivement qu'il suppose que cela conviendrait, les parents doivent se montrer insistants et bien s'assurer que le marché lui convient.

Septièmement, il faut que le contrat soit établi pour réussir à coup sûr. Cela signifie que les parents ne doivent pas s'attendre à ce que l'enfant accomplisse parfaitement dès le début ce qu'il a accepté de faire. Il s'améliorera au fur et à mesure des gratifications, quand il sentira le contrat de plus en plus positif. Si, au début, les parents sont trop perfectionnistes et attendent que le contrat soit rempli avec rigueur. l'enfant risque de ne pas pouvoir faire ce qu'il a promis. Et si l'une des parties. parent ou enfant. ne remplit pas ses obligations. quelle qu'en soit la raison. alors c'est qu'une erreur psychologique a été commise pendant la négociation.

Huitièmement. l'aptitude à la négociation n'est pas innée. Elle s'apprend. Les parents qui ont le pouvoir de décision doivent apprendre à abandonner un peu de ce pouvoir pour cultiver l'art du compromis. L'enfant possède encore moins qu'eux la notion de négociation. mais il est capable de l'apprendre rapidement. Presque toute négociation implique le compromis de la part des parents comme des enfants.

Il faut aussi choisir le bon moment pour négocier N'essayez jamais de le faire au plus chaud d'un affrontement ou d'un conflit (*en pleine dispute*). Les contrats doivent être etablis dans une atmosphère de calme et de raison et non sur le coup de l'emotion.

Lors de l'établissement d'un contrat. la première étape consiste pour chacun a essayer de poser le probleme sans condamner l'autre partie. En disant « Notre probleme est que Jean se conduit avec sa sœur comme un garnement insupportable ». on pose la question en termes de condamnation. Mais en disant « Il faudrait que Jean cesse de battre sa sœur ». on fait une affirmation raisonnablement objective. et non une condamnation.

Quelles récompenses les parents peuvent-ils proposer à l'enfant dans le contrat ? Consultez la liste de récompenses du chapitre précédent. Vous aurez ainsi une idée assez complète de ce qui peut intéresser vraiment votre enfant.

Ne croyez surtout pas que les seules choses que vous puissiez offrir soient de l'argent, un nouveau jouet ou un gâteau. Vous pouvez l'autoriser à veiller au lit une heure ou lui accorder une heure de plus pour lire chaque soir (ce qui améliorera également sa lecture). Vous pouvez consacrer une demi-heure ou une heure, pour lui tout seul, sans ses frères et sœurs. Pour les très jeunes enfants, de deux à cinq ans, vous pouvez leur offrir des choses idiotes comme de vous regarder faire des grimaces ou danser la gigue ou vous tenir sur la tête (si vous en êtes capable !). Vous seriez surpris de mesurer l'impact psychologique d'un comportement plein d'humour de la part des parents sur de très jeunes enfants. Ils aiment pouvoir *contrôler* le comportement de leurs parents, et tout contrat chargé de cette implication est un procédé éprouvé. Par exemple, les parents pourraient s'engager à obéir à tous les ordres de l'enfant pendant dix minutes.

Voici quelques autres règles sur les récompenses, et la façon de les utiliser dans l'établissement des contrats.

Premièrement, une récompense doit toujours venir *après* que l'enfant ait accompli ce qu'il avait promis, jamais *avant*. Si vous lui donnez ce que vous avez promis et qu'ensuite il ne tient pas sa promesse, vous êtes perdant. (Cela révèle aussi qu'une erreur a été commise au cours de la négociation).

Deuxièmement, la récompense doit être aussi immédiate que possible. Ce raisonnement se fonde sur la réalité psychologique qui fait que plus la récompense est rapide, plus elle peut renforcer la conduite souhaitable pour laquelle vous avez engagé un contrat. Si votre jeune enfant a tenu sa promesse de ranger ses jouets, mettez-vous immédiatement sur la tête, ou dansez une gigue comme convenu.

Avec un enfant plus âgé, si la récompense est le cinéma le samedi parce qu'il a nettoyé sa chambre tous les jours, vous ne pouvez bien sûr accorder le cinéma du samedi le mardi. Vous pouvez, par contre, placer une liste dans sa chambre et marquer chaque jour de nettoyage d'une étoile d'or. C'est une recompense immédiate et l'assurance tangible que le cinéma du samedi arrive.

Troisièmement, en établissant un contrat avec votre enfant, prenez modèle sur les questionnaires d'enseignement programmé ou les ordinateurs. Ils sont fondés sur la notion que l'elève commence par des questions très faciles et évolue lentement vers de plus difficiles. De cette façon, il acquiert un sentiment de confiance en soi quand il s'aperçoit qu'il peut traiter aisément les premières questions. Progressivement, il s'aperçoit qu'il peut traiter des questions de plus en plus difficiles. Votre contrat doit fonctionner de la même façon. Au début, établissez des contrats faciles à remplir. Acceptez des promesses seulement lorsque vous êtes sûr qu'il pourra les tenir et qu'il en a bien l'intention. Puis, peu à peu, vous établirez des contrats plus difficiles.

Quatrièmement, il est très important de laisser votre enfant exprimer son mécontentement pourvu qu'il observe le contrat. Il donne ainsi libre cours à ses sentiments, ce qui est très bien. En effet, le contrat spécifie qu'il doit nettoyer sa chambre ou vider les ordures, il ne spécifie pas qu'il doit aimer cela. Souvenez-vous de cette distinction primordiale entre les sentiments et les actes.

Cinquièmement, évitez le type de contrat dans lequel l'enfant gagne des bons points pour sa bonne conduite et en perd pour sa mauvaise. Cela entraîne une attitude défaitiste au fur et à mesure que l'enfant perd des points (surtout s'il en perd beaucoup) il va devenir de plus en plus hostile et adopter une attitude de perdant. N'accordez de points que pour un comportement positif. Dans ce cas, l'enfant s'approche toujours du but même s'il gagne seulement quelques points au début. Des points enlevés pour mauvaise conduite provoquent toujours le decouragement et l'hostilité. Il voudra très vite abandonner ou saboter le contrat.

Voici un exemple d'un autre contrat. Un garçon de onze ans, Jerry, et ses parents suivaient une psychothérapie en famille avec moi. Jerry lança l'idée d'un contrat car il voulait sortir jouer avec ses camarades, les soirs d'école, ce à quoi ses parents s'opposaient. Finalement, après maintes concessions, ils elaborerent le contrat suivant. Jerry promit ce qui suit :

1. Être a la maison a l'heure des repas.
2. Faire ses devoirs s'il en avait (les parents décidèrent de faire confiance a Jerry sur le detail des devoirs).
3. Pas de planche à roulettes le soir, parce que c'est dangereux.
4. Être avec un ou plusieurs camarades, mais pas seul le soir.
5. Être à la maison à 9 heures.

Le pere et la mère, de leur côté, admirent que si Jerry remplissait les cinq clauses de ce contrat, il pourrait sortir n'importe quel soir de la semaine jusqu'à 9 heures.

En additif au contrat, si les bulletins scolaires laissaient voir que Jerry n'avait pas fait un devoir important, il perdrait pendant une semaine le droit de sortir le soir. Comme les parents etaient assez méfiants, et sceptiques, il fut convenu par ailleurs que ce premier contrat serait mis à l'essai pour une semaine.

Autre raison de rédiger le contrat : la tentation éprouvée par chaque partie d'en ajouter ou d'en retirer certains éléments. Dans le cas qui nous intéresse, ce furent les parents qui essayerent d'introduire après coup un élément au contrat. Jerry reçut un mauvais bulletin scolaire, et ses parents ne le laissèrent pas sortir cette semaine-là sous prétexte qu'il n'avait pas respecté son contrat. Jerry protesta avec juste raison en disant qu'on n'avait jamais rien dit des bulletins hebdomadaires. Au cours de la séance suivante, je fis remarquer que même s'il était regrettable que Jerry ait obtenu un mauvais bulletin, il n'en était fait aucune mention dans le contrat, où l'on parlait seulement de devoirs non faits. Donc, puisqu'il avait rempli ses engagements, ses parents devaient remplir les leurs.

Cette histoire nous fournit par ailleurs un exemple typique de comportement parental. Quand l'enfant fait quelque chose de mal, les parents reviennent sur les clauses du contrat, même si l'acte répréhensible n'y figure pas. D'où l'importance de le rédiger avec une grande précision.

Dans l'exemple que je viens de décrire, Jerry et ses parents avaient quelque chose à gagner. Les parents ne parviennent pas à faire faire ses devoirs à leur fils. Tous les soirs il avait une longue liste de bonnes excuses pour « ne pas s'y mettre tout de suite ». Mais le contrat donnait à Jerry une puissante motivation pour faire ses devoirs sans perdre de temps parce qu'il pouvait sortir jouer avec ses amis dès qu'il avait rempli ses engagements. Et comme ses parents étaient inquiets pour sa sécurité, ils avaient introduit les clauses lui interdisant de faire du skate board et de sortir seul le soir.

Comme je l'ai dit précédemment, beaucoup de contrats comportent une liste d'articles. Supposons par exemple que vous ayez convenu avec votre fille de huit ans que si elle s'occupe de nourrir le chien tous les jours de la semaine, vous lui payerez le cinéma le samedi après-midi. Vous suggérez l'idée d'une liste ou d'une fiche de contrôle parce que vous voulez apporter un renforcement immédiat tous les jours, chaque fois que le chien reçoit sa nourriture. En effet, aucun renforcement n'est possible si aucune récompense n'intervient avant le samedi.

Mais s'il existe une fiche de contrôle que votre enfant puisse pointer tous les jours après avoir nourri le chien, le fait de le porter sur la fiche de contrôle agit comme un renforcement auprès de votre fille. Cela lui rappelle que chaque fois elle est un peu plus près de sa sortie du samedi. Certains enfants sont plus sensibles aux étoiles dorées : dans ce cas utilisez-les plutôt que des croix.

Si la récompense promise se situe dans l'avenir, il vous faudra trouver un renforcement plus tangible chaque jour, au lieu de cocher une liste. Supposons que votre fille de dix ans songe a une nouvelle bicyclette de 600 F. Le contrat stipule qu'elle doit ranger ses vêtements, faire son lit, et nettoyer sa chambre pendant quatre mois. Si vous maintenez le contrat sous cette forme, vous vous apercevrez rapidement que la perspective d'une bicyclette neuve en octobre est bien trop lointaine pour la motiver vraiment. (Ce genre de récompense lointaine est dépourvu de réalisme.)

Mais vous pouvez établir un contrat qui renforce l'idée quotidiennement aussi bien qu'à longue échéance. L'enfant doit remplir son contrat, mais chaque jour sa tâche accomplie, elle recevra un billet de 10 F qu'on gardera dans un endroit défini. Les billets s'accumulent peu à peu pour atteindre la somme magique de 600 F, moment auquel elle aura sa bicyclette. Vous avez maintenant deux motivations puissantes pour la pousser à observer le contrat : la bicyclette neuve qu'elle attend impatiemment et le tas croissant de billets comme preuve tangible de cadeau à venir.

Dans cet exemple, la récompense de base était la bicyclette. Avec des points sur une carte vous pouvez aussi offrir : un moment particulier passé seul avec un des parents, la lecture d'une histoire supplémentaire le soir, l'autorisation de veiller plus tard pour lire au lit, une partie de pêche, une journée de camping, ou un certain nombre de pièces de monnaie pour chaque point.

Il serait souhaitable que les parents songent à une nouvelle récompense pendant que l'enfant en gagne une. Demandez-lui ce qu'il souhaiterait avoir quand il aura gagné celle du contrat actuel. Des leçons de natation ? Aller voir un match de football ? Ou un film particulier ?

Non seulement vous enseignez à votre enfant un comportement souhaitable par le biais du contrat mais vous l'initiez en même temps à l'art de la négociation Cela lui sera d'une grande aide quand il sera adulte. Quand il se sera habitué au contrat, vous verrez qu'il en prendra l'initiative pour ce qu'il désire vraiment, ce qui vous permettra d'en établir de plus efficaces. Quand il y sera vraiment habitué, vous l'entendrez peut-être en proposer un à l'un de ses camarades.

Pour respecter les délais du contrat avec un enfant de moins de cinq ans, ne lui accordez pas une durée de plus d'un jour. Pour un enfant de six à douze ans, ne dépassez pas une semaine (ou organisez une récompense quotidienne comme pour le vélo ou les pièces de monnaie). Avec des adolescents, vous pouvez établir un contrat qui s'étale sur un trimestre.

Si votre enfant s'est familiarisé très jeune avec ce système, cela vous sera d'une grande aide au moment de son adolescence. Car l'adolescent apprécie l'aspect adulte du contrat et le fait que lui et ses parents l'abordent d'égal à égal.

Quand vous aurez parfaitement maîtrisé tel ou tel comportement chez votre enfant, vous n'aurez plus besoin d'un contrat formel. Vous le supprimerez peu à peu comme vous espacerez les récompenses dans le système positif de récompense positive. Ainsi lorsque votre enfant lit avec intérêt, ne le récompensez plus parce qu'il lit. Le contrat a fait son œuvre, et n'est plus nécessaire.

4

RÉACTIONS EN FACE D'UN COMPORTEMENT REGRETTABLE

Jusqu'ici nous n'avons traité que des façons d'apprendre à votre enfant à bien se comporter grâce à un système de récompense positive. Je suis certain que vous pensez que c'est intéressant pour favoriser un bon comportement mais que vous ne savez toujours pas comment réagir en cas de conduite blâmable, vous ne savez que faire si votre bébé de quatorze mois mord un autre enfant, si celui de sept ans bat son frère, ou si celui de onze vole dans les magasins.

Avant de vous apprendre comment réagir devant ces comportements, je vais commencer par vous dire ce qu'il *ne faut pas faire.* La plupart des parents usent alors *du pouvoir de punition.* Il faut donc que vous preniez conscience que c'est une méthode faible et inefficace qui finit généralement par aggraver ce comportement regrettable plutôt que l'améliorer.

Quand les parents ont recours aux punitions, ils grondent, sermonnent, suppriment une permission, menacent ou frappent.

Dans quelle mesure ces punitions sont-elles mauvaises ?

Premièrement, elles transgressent la « loi de la frite ramollie. » Les parents veulent que la punition soit assez désagréable pour être dissuasive. Malheureusement, l'attention négative est préférable au désintérêt complet, joue donc le rôle de récompense pour l'enfant et renforce le comportement que les parents voudraient précisément supprimer.

Deuxièmement, la personne qui punit pousse l'autre à l'éviter. Comment pourrez-vous jouer un rôle important et constructif dans la vie de votre enfant s'il vous évite parce que vous le grondez et le punissez ?

Troisièmement, punir c'est avant tout chercher à réfréner un comportement indésirable. La punition, par elle-même, n'incite pas l'enfant à mieux se comporter. Elle lui apprend *ce qu'il ne doit pas faire, et non ce qu'il doit faire.*

Prenez l'exemple de nos prisons. Si la punition avait pour effet d'apprendre un meilleur comportement, les criminels, relâchés après plusieurs années de détention, ne retomberaient pas dans la délinquance. La réalité est tout autre. Un pourcentage extrêmement élevé d'entre eux retournent en prison dans des délais assez courts.

Quatrièmement, le pouvoir de punir perd son impact au fur et à mesure que l'enfant grandit. Il peut être temporairement efficace (tout au moins en ce qui concerne le comportement visible car nous ignorons tout des sentiments cachés) avec un enfant de cinq ou sept ans, mais lorsqu'il atteint onze ans ou l'adolescence, le vieux système de la punition, des gronderies ou de la fessée ne marche plus.

Comme de nombreux parents n'ont jamais connu d'autre méthode, ils admettent sans discussion, comme les lois de la pesanteur, la punition comme seul moyen possible. C'est pour cela que je vais analyser certaines punitions infligées aux enfants, comme si elles étaient subies par des adultes.

1. *Gronderies.* Vous avez perdu 50 dollars en jouant au

poker samedi dernier et votre femme vous en fait le reproche: «Combien de fois faudra-t-il te dire que tu joues très mal? Tu n'es pas au niveau de tes prétendus amis. A moins que par miracle tu apprennes à jouer correctement, je te conseille de cesser de jouer au poker. Ou alors il faudrait que tu trouves de jeunes collégiens pour être de force avec eux. J'en ai assez de te voir perdre l'argent dont nous avons besoin.»

Analysez ce genre de réprimande. Elle ressemble beaucoup à celle des parents. Aimeriez-vous être critiqué de cette façon? Est-ce que cela vous inciterait à changer à l'avenir? Sûrement pas.

2. *Les Sermons.* Vous avez sorti votre voiture du garage et heurté la voiture neuve de votre mari. Le voilà qui vous sermonne: «Maintenant, ma chérie, combien de fois faudra-t-il t'apprendre à reculer ta voiture? Tu te tournes et tu regardes derrière toi. Tu ne regardes pas devant toi, dans le rétroviseur. Je me demande si tu comprendras un jour. Comment as-tu fait pour heurter ma voiture? Je ne te comprends pas.»

Appréciez-vous le sermon? Serez-vous plus prudente la prochaine fois? Sûrement pas. Cela vous donnerait plutôt envie d'accrocher délibérément sa voiture toute neuve! Une fois de plus, beaucoup d'enfants doivent écouter malgré eux beaucoup de sermons de ce genre.

3. *Suppression de certains avantages.* Vous avez dépensé le budget mensuel réservé à la nourriture et aux frais de maison; c'est le 18 du mois et il ne vous reste plus rien. Votre mari vous répond qu'il est désolé, mais qu'il devra supprimer votre carte de crédit dans les magasins pendant six mois. Que penseriez-vous? Cela vous pousserait-il à mieux organiser votre budget le mois suivant? Absolument pas. Vous en voudriez sûrement

à votre mari et auriez envie de saboter encore plus le budget du mois suivant !

4. *Enfermer le coupable dans sa chambre*. En rapportant de chez le teinturier la plus belle robe de votre femme, vous glissez sur le trottoir mouillé et déchirez la robe. Pour vous punir, elle vous envoie dans votre chambre tout le samedi, *avec les enfants* et vous interdit de descendre avant dîner. Vous sentez-vous très motivé ?

5. *La fessée*. Vous n'avez pas noté vos dépenses sur votre livre de comptes et vous vous apercevez que vous avez un découvert de 300 dollars. Vous avez fait des chèques à droite et à gauche. Votre mari vous attrape, vous pousse dans la chambre et vous administre une bonne fessée. Est-ce que cela vous donne envie de faire plus attention à l'avenir ? Ou vous sentez-vous seulement furieuse, prête à vous venger d'une façon ou d'une autre ?

Nous voyons tout de suite à quel point il est absurde d'essayer de changer le comportement d'un adulte par des punitions. Mais nous en sommes souvent moins conscients avec les enfants.

Ce que les punitions créent chez les enfants, les adolescents et les adultes c'est un sentiment d'hostilité, de rancune, et un désir de vengeance. Vous ne pouvez donc pas apprendre un comportement souhaitable en créant des sentiments négatifs. Devant l'échec des punitions, que faire ? Ce sera le sujet du prochain chapitre.

5

DE NOUVELLES FAÇONS D'EMPÊCHER LA MAUVAISE CONDUITE

Une fois le système des punitions éliminé, par quoi allons-nous le remplacer ?

Tout d'abord, il nous faut cesser de gratifier une conduite indésirable. C'est une méthode à laquelle nous pouvons avoir recours quand l'enfant ne fait pas de mal aux autres, quand il ne fait pas preuve de vandalisme ou qu'il ne nous épuise pas nerveusement.

Laissez-moi vous expliquer ce que j'entends par suppression de récompenses. Presque toujours, lorsque votre enfant se conduit mal, il reçoit une gratification de quelque façon que ce soit. A vous de faire la chasse à ce genre de récompense.

Prenons un exemple chez les animaux. Vous avez un cochon d'Inde dans une cage où se trouve un levier. Le cochon d'Inde a été dressé à appuyer sur le levier pour avoir une poignée de graines, et cela marche toujours. Imaginons maintenant que vous vouliez lui faire cesser d'appuyer sur ce levier. Que feriez-vous ? Vous pourriez essayer de le « punir » en lui envoyant une secousse électrique à chaque fois qu'il presse le levier. Ceci « marcherait » pendant un temps. Mais tôt ou tard, les effets de la punition s'estomperaient et il recommencerait à appuyer sur le levier pour avoir des graines.

Comment donc le faire arrêter ? C'est facile : supprimez la récompense de la nourriture. Au début, il appuiera plus fréquemment sur le levier. C'est comme s'il pensait : « Comment se fait-il que je n'aie plus de graines quand j'appuie sur le levier ? Peut-être que si j'appuie plus fort ou plus souvent, cela marchera de nouveau. » A la longue, il s'arrêtera : plus de gratifications, donc inutile d'appuyer.

Prenons maintenant un exemple chez l'enfant. Il y a quelques années, une mère vint me consulter au sujet de son fils de neuf ans. Elle avait quatre enfants mais, selon elle, celui-ci était « la brebis galeuse ». Elle me raconta tout ce qui la contrariait dans son comportement et conclut : « Il ne mange même pas les gâteaux de la même façon que les autres. Et il sait que cela m'exaspère ! » Je lui demandai comment il mangeait les gâteaux et pourquoi cela l'irritait. Elle m'expliqua que toutes les fois qu'il y avait un gâteau pour le dessert, il grattait le glaçage, en faisait une boule qu'il mangeait et laissait le reste sur son assiette. Je ne sais pourquoi cela mettait la mère hors d'elle. Je lui proposai une solution et après en avoir discuté, elle accepta avec réticence.

Au repas suivant, il y avait un gâteau au chocolat. Bien entendu, le garçon commença à gratter le glaçage. Sa mère ne dit rien. Elle resta assise à bouillir intérieurement. Surpris par son silence, l'enfant lui fit remarquer qu'il grattait le glaçage. Sa mère lui répondit qu'elle le voyait bien. L'enfant demanda alors : « Et tu ne dis rien ? » – « Non », répondit-elle. L'enfant se sentit désemparé en face de cette attitude nouvelle et incompréhensible de sa mère, mais comme d'habitude, il fit une boule du glaçage, la mangea et laissa le reste du gâteau. Il continua encore une fois, tandis que sa mère s'abstenait de tout commentaire. La huitième fois, elle eut la surprise de le voir manger son gâteau comme ses frères et sœurs.

Quand la mère vint à la consultation suivante, elle était confondue par le résultat. Elle me demanda comment il en était arrivé là. Je lui expliquai qu'auparavant il était récompensé par son agacement. Quand sa mère n'avait plus réagi, il s'était mis à manger comme les autres.

Cette méthode marche aussi merveilleusement bien pour les gros mots. C'est vers quatre ans que l'enfant rapporte habituellement des mots grossiers à la maison et les essaie. Si vous réagissez en vous scandalisant, cela constitue une gratification qui le renforcera dans son comportement. Si vous l'ignorez, il cessera peu à peu de les employer.

Cette méthode d'élimination est efficace sauf pour les actes que j'ai déjà mentionnés et qui appartiennent aux catégories suivantes :

1. Actes qui sont dangereux pour l'enfant ou quelqu'un d'autre (il serait absurde d'ignorer qu'il va frapper son petit frère avec un camion).
2. Actes de vandalisme (gribouiller sur les murs, taper sur le piano).
3. Actes qui ne sont nuisibles ni aux gens ni aux choses mais qui vous exaspèrent. (Par exemple, l'enfant qui en voiture va répéter pendant une demi-heure la même phrase stupide.)

Que faire dans ces cas-là ? La méthode de loin la plus efficace est la méthode du « hors-jeu ». Voici en quoi elle consiste.

Rappelez-vous d'abord que *ce n'est pas* une punition et que vous ne devez pas la considérer comme telle. Imaginez que votre fils frappe son jeune frère. Vous allez lui expliquer que vous ne pouvez l'admettre et que vous pensez qu'il a besoin d'un « hors-jeu ». Il ira dans sa chambre pendant cinq minutes. Vous lui direz quand ce sera terminé. (S'il n'a pas sa chambre à lui, envoyez-le dans la salle de bains ou dans un endroit où il peut être seul.)

Notez les avantages du «hors-jeu». Vous avez supprimé matériellement ce comportement indésirable. Si l'enfant est seul dans sa chambre et le frère ailleurs, ils ne peuvent plus se battre. Vous pouvez donc créer l'isolement, à chaque fois que l'enfant se conduit mal.

Deuxièmement, puisque ce n'est pas une punition, il n'y a pas transgression de la «loi de la frite ramollie», il n'y a donc pas renforcement involontaire d'une action regrettable en essayant de la supprimer. Ce hors-jeu ne représente que cinq minutes relativement ennuyeuses où rien ne se passe.

Je me suis aperçu qu'après avoir conseillé cette méthode à des parents, ils l'utilisaient comme punition et supprimaient complètement l'effet attendu: «Très bien! je t'ai dit cent fois de laisser ta sœur tranquille, tu n'obéis pas, tu vas avoir un «hors-jeu», on verra si tu aimes ça!» Si les parents commentent cette méthode en ces termes, ils la transforment en punition avec tous les inconvénients que j'ai déjà signalés.

Il faut administrer ce «hors-jeu» calmement, avec sang-froid et aussi rapidement que possible. Ce qui veut dire que vous ne répétez pas dix fois à votre enfant d'arrêter de se comporter comme il le fait, pour finir par lui donner un «hors-jeu». Vous serez alors incapable de garder votre sang-froid.

Une fois qu'il est dans sa chambre, peu importe ce qu'il fait. Le but de cette exclusion temporaire est d'arrêter ce comportement indésirable, et l'isolement suffit à lui seul. Si vous essayez de contrôler ce que fait l'enfant dans sa chambre, vous renforcez sa mauvaise conduite par votre attention négative. Au bout de cinq minutes, appelez-le et ne faites aucun commentaire. Évitez: «Tu peux sortir de ta chambre» ou «Tu peux venir jouer maintenant.» Ne lui dites pas ce qu'il peut faire.

Annoncez simplement que les cinq minutes sont passées.

Troisièmement, la méthode de l'exclusion temporaire est efficace parce que très souple. On peut l'utiliser avec deux enfants, en les mettant chacun dans une pièce séparée. Ou trois. En fait si vous avez assez de pièces, vous pouvez l'utiliser avec autant d'enfants que vous voudrez ! C'est un système très valable entre frères et sœurs. Que se passe-t-il quand deux enfants commencent à se battre ? Tous deux se précipitent vers leur mère pour se plaindre amèrement : « C'est lui qui a commencé ! » – « Ce n'est pas vrai ! Elle me taquinait ! » Pauvre mère : quelle que soit son attitude en face des enfants, intérieurement elle pense : « Nous y voilà, une fois de plus. Il va falloir jouer au tribunal, être à la fois juge et procureur, trouver qui a commencé et punir le coupable. J'en ai vraiment assez ! »

Grâce au système du « hors-jeu », les parents n'ont plus besoin de se transformer en juges. En cas de bagarre, dites-leur tout simplement que vous voyez qu'ils ne sont pas capables de s'entendre pour l'instant. Envoyez-les chacun dans une pièce pendant cinq minutes et si l'un d'eux rétorque qu'il n'a rien fait, vous répondez que vous ne voulez pas savoir qui a commencé et qu'ils ont l'un et l'autre besoin d'être seuls pendant cinq minutes.

Quatrièmement, ce système est salutaire pour les parents aussi, qui se sentent moins démunis pour affronter les sottises de leurs enfants. Ils savent qu'ils ont à leur disposition une méthode efficace.

Vous pouvez commencer à l'utiliser avec un enfant de trois ans et cela marchera jusqu'à douze. Pus tôt vous commencerez et mieux ce sera. Après un certain temps, vous entendrez peut-être votre enfant reconnaître d'un ton résigné qu'il a besoin d'un « hors-jeu ».

Avec de jeunes enfants, certains parents se heurtent à une

difficulté : le refus de l'enfant d'aller dans sa chambre quand on le lui demande (il s'agit là d'un aspect particulier d'un problème plus vaste : quand les parents ont perdu leur autorité par peur de dire non ; nous y reviendrons au chapitre 8). Si l'enfant refuse d'obéir, il faut que les parents l'emmènent de force dans sa chambre, même s'il hurle et donne des coups de pied. Ils doivent le faire entrer dans la pièce, fermer la porte, la tenir fermement à l'extérieur, en silence, pendant les cinq minutes. Selon le degré d'entêtement de l'enfant, il faudra plusieurs jours ou plusieurs semaines pour qu'il comprenne que cela ne lui sert à rien de résister.

Je suis sûr que vous vous dites : « Tout cela est bien beau, mais comment faire quand on n'est pas à la maison. » Que faire dans un magasin ou en voiture, par exemple ? Sans aucun doute, cette méthode marche bien chez soi. Mais vous pouvez l'adapter à d'autres endroits. Si vous allez en voiture vous promener, pique-niquer, voir un film, et si vous n'êtes pas particulièrement pressé, arrêtez la voiture et désignez un endroit précis de la voiture à l'enfant. Ou bien, la voiture arrêtée, faites sortir les enfants et désignez-leur des endroits séparés dans un champ ou un parking. Si les enfants ont hâte d'arriver au pique-nique ou à la plage, vous êtes sûr que vous n'aurez pas besoin d'y recourir deux fois !

Cette méthode est très efficace pour des enfants de trois ans ou plus, mais il n'est pas question de l'utiliser avec les tout-petits (de dix-huit mois à deux ans), et elle est tout à fait déconseillée pour les enfants chez qui le développement du langage est limité. Voilà ce que vous pouvez faire avec eux : c'est ce que j'appelle le « hors-jeu inverse » et que les parents appellent très irrespectueusement « les vacances de la mère dans la salle de bains ». Au lieu d'isoler l'enfant, c'est la mère qui s'isole.

Quand l'escalade des caprices commence, et que votre tout-petit vous harcèle, ne l'envoyez pas dans sa chambre. Réfugiez-vous plutôt dans une pièce où il ne peut vous atteindre. Prenez un livre, un magazine, retirez-vous dans la salle de bains et enfermez-vous. Ne répondez à aucun prix. Il faut que ses hurlements, ses supplications, ses coups de pied dans la porte restent sans effet.

Ne cédez pas, c'est très important, et ne sortez pas, même si l'enfant tape dans la porte depuis vingt minutes. Si vous le faites, vous l'incitez à taper beaucoup plus la prochaine fois que vous vous retirerez dans la salle de bains.

Attendez que le bébé se calme et que l'atmosphère soit de nouveau paisible à l'extérieur. C'est cette attitude-là que vous voulez valoriser. Alors et alors seulement, vous accordez une récompense en ouvrant la porte et en sortant. Si l'enfant recommence ses caprices, retournez vous enfermer. N'utilisez jamais ce système comme une menace. Ne dites-pas : « Très bien, maman va dans la salle de bains » ; contentez-vous d'agir.

Une autre méthode consiste à empêcher physiquement l'enfant de mal se conduire. Cela n'est valable qu'en cas d'urgence, quand le système du « hors-jeu » n'est pas assez rapide. Si par exemple votre enfant de quatre ans veut enfoncer un bâton pointu dans l'œil de son camarade. Précipitez-vous, arrachez-lui le bâton des mains. Tenez-lui les bras fermement et dites-lui d'une voix forte : « Les bâtons sont faits pour jouer au sable ou pour remuer la terre. Ils ne sont pas faits pour frapper les autres. »

Imaginons que votre petit de quatre ans joue des pieds et des poings contre sa petite sœur. Il est bien trop en colère pour que l'exclusion temporaire ait quelque effet, prenez-le dans vos bras et immobilisez-le jusqu'à ce que ça aille mieux.

Ce que je peux dire c'est que vous avez surtout besoin de faire preuve de bon sens. En cas d'urgence, ayez recours a une méthode rapide plutôt qu'à un système valable quand on a le temps

6

D'AUTRES MANIÈRES DE FAIRE FACE A UNE CONDUITE RÉPRÉHENSIBLE

Une autre méthode est ce que j'appelerai *le contrôle du milieu.* Beaucoup de parents omettent de l'utiliser et se créent aussi bien des problèmes qu'ils pourraient éviter.

Observez des enfants à l'école maternelle sur un terrain de jeux qui leur convient. Y observez-vous un comportement negatif sauf lancer du sable de temps en temps ? Les enfants jouent heureux, sans problèmes, parce que l'environnement convient à leur âge. Ils n'ont pas à s'adapter à un milieu d'adultes qui ne leur est pas approprié.

Étudiez maintenant les maisons dans lesquelles vivent des petits de un ou deux ans. La maison est souvent telle qu'elle était avant la naissance de l'enfant. Vous trouvez ça et là des vases et des bibelots fragiles et coûteux, et la mère, affolée, court dans la maison en hurlant « non, non » et en donnant des tapes sur la main du bébé. Cet environnement n'est pas adapté à l'âge de l'enfant. On attend de lui un comportement d'adulte (impossible bien sûr puisqu'il commence seulement à faire ses premiers pas).

Quel sentiment de frustration inutile à la fois pour la mère et pour l'enfant ! Si, au contraire, le petit peut explorer ce qui l'entoure en toute sécurité (et si les objets fragiles pour adultes sont supprimés) il se sentira aussi à l'aise que sur le terrain de jeux; quant à la mère, elle sera rassurée.

Le principe est donc très simple : vous devez contrôler l'environnement de l'enfant, de telle sorte qu'il ait très peu d'occasions de mal agir. Vous aurez des ennuis s'il est entouré de choses qui le poussent à faire des sottises.

Les voyages prolongés en voiture en sont la démonstration éclatante. Je ne puis dénombrer les parents de jeunes enfants qui m'ont dit en vingt ans : « Nous sommes allés rendre visite à des parents à l'autre bout du pays et vous ne pouvez imaginer comme ils se sont mal tenus en voiture. Nous étions épuisés. Nous ne recommencerons jamais plus ! »

En demandant plus de détails sur le voyage, une chose apparaissait : le père et la mère conduisaient souvent pendant cinq heures d'affilée, sans s'arrêter. Les parents reconnaissent rarement qu'ils voudraient que les enfants se tiennent tranquilles et regardent, avec plaisir, le paysage défiler devant eux. C'est une attitude tout à fait irréaliste pour de jeunes enfants.

Placer les enfants dans un tel environnement, c'est préparer la catastrophe. Que les parents prévoient plutôt des jeux (intéressants) et des jouets. Quand il devient évident que les enfants sont à bout de résistance, arrêtez-vous dans un café pour vous restaurer, ou sur une aire de repos où les enfants pourront dépenser leur trop-plein d'énergie pendant au moins vingt minutes. En outre, dissimulez dans la voiture des jouets et des jeux à proposer lorsque la situation commence à se détériorer.

En préparant l'environnement et l'ambiance du voyage, que les parents prévoient des exutoires pour l'inévitable surplus d'énergie des jeunes enfants. C'est en effet beaucoup plus facile que d'essayer de contrôler leur niveau d'énergie (chose impossible) ou de ne pas en tenir compte (ce qui est aussi impossible).

Cette méthode s'applique aussi bien aux enfants d'âge scolaire. Je connais une famille avec un garçon de neuf ans. Au cours de longs parcours en voiture, ils s'arrêtent toutes les deux heures dans un endroit où l'enfant peut se détendre, ils laissent leur fils courir dans tous les sens et se dépenser. Dix minutes plus tard ils remontent tous en voiture et reprennent la route beaucoup plus détendus.

Voici un autre exemple : une famille de deux garçons, de huit et six ans. Ils ont l'intention d'aller camper pendant le week-end. Si les parents, se rappelant le comportement antérieur de leurs enfants, ont assez de bon sens pour imaginer ce qui risque de se passer, ils doivent s'attendre à une bagarre ininterrompue entre les deux garçons. Que peuvent-ils faire pour l'empêcher ? Un des moyens les plus simples sera de pratiquer le contrôle de l'environnement. Que chacun des garçons invite un ami. Ainsi l'énergie qu'il aurait certainement consacrée à agacer son frère risque d'être dépensée dans les jeux avec son camarade.

Là encore, un minimum de contrôle de l'environnement peut empêcher beaucoup d'énervements et beaucoup de conflits.

Dernier exemple : celui des parents qui me disent fréquemment que leurs jeunes enfants volent de l'argent dans le portemonnaie de la mère, le portefeuille du père, ou un tiroir de la maison. L'enfant ne vole jamais rien à l'extérieur. On peut avoir recours à plusieurs moyens pour mettre fin à ce comportement : par exemple instaurer un système de récompense positive si l'enfant ne vole plus, ou prendre des mesures répressives s'il continue de voler. En pratiquant cette manière de contrôle de l'environnement, les parents résoudront ce problème du vol.

Le principe de contrôle de l'environnement est le suivant : si vous êtes confronté à un comportement répréhensible chez votre enfant, posez-vous la question : « Puis-je, dans l'environnement de mon enfant, modifier quelque chose qui puisse éliminer le problème ? Si ce quelque chose existe, changez-le. Appliqué ainsi, le contrôle de l'environnement est un acte de discipline *préventive.*

Abordons maintenant le principe *des conséquences naturelles* par lequel le père ou la mère laissent tout simplement se produire des conséquences désagréables mais naturelles résultant du comportement négatif répréhensible de l'enfant. Là encore je vous propose un exemple pour rendre les choses plus claires.

Des parents me consultèrent un jour parce qu'ils étaient très préoccupés de la conduite de leurs enfants : un garçon de treize ans et une fille de onze ans. Surtout le matin. Ils avaient tout essayé pour que leurs deux enfants soient prêts à l'heure pour partir pour l'école. Après les avoir sans succès réveillés, poussés, cajolés, suppliés, ils étaient épuisés moralement. Littéralement à bout de ressources, ils ne savaient plus quoi faire.

Pour rétablir la situation, je leur proposai de faire chaque matin seulement deux choses : réveiller les enfants, mais rien qu'une fois. S'ils se rendormaient ensuite c'était leur problème. Ensuite la mère devait les prévenir que le petit déjeuner était prêt, mais là encore rien qu'une fois. Et c'était tout.

On avertit les enfants que s'ils n'étaient pas prêts à temps pour le ramassage scolaire, ils devraient s'arranger pour aller à l'école par leurs propres moyens. Sans être autorisés à prendre leur bicyclette (ils n'auraient demandé que cela !) ils devraient aller à l'école à pied, ce qui faisait pour eux un long trajet. Cette mise au point fut aussi simple et aussi claire que possible. En d'autres termes, la responsabilité d'être prêt et d'aller à l'école le matin cessait de peser sur les parents pour peser uniquement sur les enfants. S'ils n'obéissaient pas, ils se trouveraient dans l'obligation d'aller à pied.

Qu'arriva-t-il ? Pendant quatre ou cinq jours, rien d'anormal : les enfants étaient habillés et prêts au passage du car. Puis un vendredi, ils ne furent pas prêts à temps, et le chauffeur du car, mis au courant de la situation, partit sans attendre. Tempête à la maison : « Papa, nous avons raté le car, conduis-nous en voiture ! » Le père et la mère refusèrent et continuèrent à s'occuper de leurs affaires. Un jour de la semaine suivante la fille fut à l'heure et le garçon manqua le car de ramassage. Et de ce jour-là, plus le moindre ennui.

On peut de même faire intervenir le principe des conséquences naturelles pour que les enfants respectent l'heure des repas. La mère agit comme si c'était à elle et non pas à l'enfant, de s'arranger pour qu'il vienne déjeuner ou dîner à l'heure. S'il s'agit de jeunes enfants appelez-les *une seule fois*. Quant aux plus grands, qui peuvent être au-dehors, vous pouvez à peu de frais leur fournir une montre. Qu'ils sachent que le repas est servi à une certaine heure, et ceux qui sont là à temps peuvent – comme conséquence naturelle – savourer un repas chaud. Ceux qui sont en retard doivent supporter la conséquence naturelle et déplaisante d'avoir à manger froid, ou de se passer de dîner si le reste de la famille ne leur a rien laissé. (La mère doit, bien sûr, résister à la tentation de garder au chaud le repas du retardataire, ce qui aurait pour seul résultat de l'encourager à être en retard.)

Je me rappelle un de mes patients qui utilisa cette méthode avec profit au cours de vacances en camping. Il avait insisté auprès de ses deux garçons de dix et douze ans, pour qu'ils n'oublient pas de mettre un matelas de caoutchouc entre leur sac de couchage et le tapis de sol. Il remarqua que Harry avait oublié de le faire, et laissé son matelas dans la voiture. Mais il se garda d'en parler, malgré sa femme qui lui soufflait : « Dis à Harry qu'il a oublié de mettre son matelas dans la tente. » Le lendemain matin, Harry se plaignit d'avoir eu très froid pendant la nuit. On lui dit qu'il aurait pu mieux s'emmitoufler dans son sac de couchage, bien le fermer, etc., jusqu'au moment où le père fit remarquer devant tout le monde que Harry n'avait pas mis son matelas. Harry avait subi les conséquences naturelles de sa négligence. Mais depuis ce jour-là il n'oublia plus jamais de prendre son matelas de caoutchouc. Et si son père le lui avait rappelé, Harry n'aurait rien appris.

Le principe fondamental du système des conséquences naturelles consiste à laisser l'enfant acquérir un comportement par son expérience personnelle, chaque fois qu'il est possible de le faire sans risquer d'accident grave. Si les conséquences de ses actes sont agréables l'enfant ne modifiera pas son comportement. Si au contraire les conséquences naturelles sont désagréables, il sera de ce fait motivé pour le modifier.

Vous êtes souvent très tenté de mettre votre enfant à l'abri de conséquences naturelles désagréables. Mais si vous le protégez, il n'aura aucune raison motivante de changer de comportement. Vous serez alors contraint de vous occuper de lui sans qu'il apprenne à se prendre en charge lui-même. Au contraire, en lui donnant l'occasion d'apprendre au moyen de conséquences naturelles de ses actes, vous favorisez sa confiance et son estime de soi.

7

LA FESSÉE : LE POUR ET LE CONTRE

La fessée est une forme de punition si universellement employée qu'elle mérite bien un chapitre.

Certains psychologues et psychiatres ont affirmé que les parents ne doivent jamais donner de fessée. Je pense que c'est absurde. Imaginez une mère pleine de bonnes intentions qui croirait naïvement les affirmations des nombreux manuels d'éducation « anti-fessée ». Voyez-la qui meurt d'envie de donner quelques bonnes tapes sur le derrière de son marmot insupportable ! Mais ce livre lui dit qu'elle sera une mère indigne si elle le fait. Et elle croit ce livre. Alors elle se retient de toutes ses forces et ne donne pas la fessée. Mais l'atmosphère est si tendue entre elle et son enfant qu'elle en est insupportable. Je pense qu'il s'agit là d'une attitude parfaitement fausse et irréaliste.

Elle ferait beaucoup mieux de donner quelques bonnes tapes pour assainir l'atmosphère. Après quoi, l'un et l'autre pourraient repartir d'un bon pied.

Je tiens à affirmer que la fessée est une méthode d'éducation peu efficace. Si les parents étaient parfaits, on ne parlerait pas de fessée. Mais justement, ils ne sont pas parfaits. Ce sont des êtres humains qui peuvent perdre leur calme et démontrent par là-même qu'ils sont humains. L'usage occasionnel des châtiments corporels peut être excusé pour cette seule raison, non pas parce que c'est une bonne façon de montrer aux enfants comment se comporter

Je vais d'ailleurs vous montrer combien j'en ai peu fait usage avec mes propres enfants. Pas une fois je n'ai frappé ma fille, tellement elle était docile, j'ai dû donner douze ou treize fois la fessée à mon fils aîné en cinq ou six ans, et à peu près trois ou quatre fois à mon autre fils dans le même laps de temps. Comme vous voyez, la fessée n'est pas ma méthode préférée. Encore faut-il entendre par fessée, appliquer avec la main de bons coups sur le derrière de l'enfant.

Si vous vous servez des indications contenues dans ce livre, je pense que vous n'aurez que rarement le besoin de vous calmer en administrant une « bonne raclée ». Du fait qu'elle est une punition, la fessée en présente tous les inconvénients psychologiques (elle viole la « loi de la frite ramollie », etc.).

Chaque fois que nous frappons un enfant, nous lui apprenons à nous haïr, à nous redouter, et à fuir. Comment être pour lui un éducateur si nous lui avons appris à nous détester, à nous craindre, à nous éviter ? De plus, certains châtiments éveillent, suscitent un profond désir de vengeance. J'ai encore le vif souvenir des quatre ou cinq fois où mon père m'a frappé avec la lanière à affûter les rasoirs. Je n'oublierai jamais combien je l'ai détesté en ces occasions et comme je me suis promis de me venger quand je serai grand.

La fessée, comme toutes les autres formes de châtiments corporels, est inutile quand l'enfant grandit, disons quand il atteint onze ou douze ans. Qui pourrait administrer une fessée à un adolescent à moins d'être lutteur professionnel ? (Et même dans ce cas, le boxeur ne pourrait empêcher son enfant de faire une fugue après avoir reçu une fessée.)

Le vrai drame réside dans le fait que beaucoup de parents considèrent la fessée comme leur moyen de discipline essentiel. Ces parents ne voient pas combien un régime constant de fessées peut être inefficace et nuisible aux relations parents-enfants. Ils ne comprennent pas qu'ils auraient affaire à un enfant tout à fait différent et que leurs rapports seraient beaucoup plus gratifiants s'ils avaient recours aux méthodes beaucoup plus positives et humaines que j'ai décrites précédemment.

Avant de conclure, je voudrais parler d'une fessée bien particulière. Celle qui résulte d'autre chose que la mauvaise conduite de l'enfant. Une fois la fessée donnée, vous vous apercevez qu'il ne la méritait pas, vous vous étiez peut-être disputée avec votre mari et c'est l'enfant qui a été le bouc émissaire. Alors vous allez trouvez l'enfant et vous lui expliquez que vous avez perdu patience parce que vous étiez déjà énervée et que vous le regrettez. Si vous êtes capable de faire cela, l'effet sera extraordinaire.

Je m'aperçois de cet intérêt obsessionnel pour la fessée à chaque fois que je passe à la télévision ou à la radio. On me pose toujours des questions sur la discipline et mon interlocuteur aborde presque inévitablement la question de la fessée comme si c'était la partie essentielle de la discipline pour un psychologue.

Permettez-moi de me résumer : pour moi, la fessée n'est pas un moyen efficace et valable : je ne crois pas que si les parents y recouraient davantage, les enfants seraient plus sages. Mais je ne pense pas non plus qu'une fessée de temps en temps soit un péché mortel.

C'est sûrement une méthode qui se range parmi les moins souhaitables, mais il faudrait être un saint pour ne pas administrer quelques bonnes raclées de temps en temps.

8

QUI MÈNE LE JEU ?

Nombre de livres et d'articles de magazines déplorent la disparition de la fermeté chez les parents et l'avènement de l'ère permissive. C'est elle qu'on rend responsable de l'augmentation de la criminalité, de l'usage de la drogue, du manque de moralité, du vandalisme, de la violence et de l'acné. Et c'est ce pauvre Dr Spock qu'on rend responsable de tout cela. On l'accuse d'avoir plongé dans l'erreur toute une génération de parents en leur apprenant à être indulgents. Ceux qui mènent l'offensive semblent démentis par la réalité. D'abord, bien des parents dont les enfants posent des problèmes à l'école ou sont délinquants, ou les deux à la fois, n'ont jamais lu le Dr Spock, ils ne le connaissent même pas ! Comment donc cela pourrait-il être sa faute ?

D'autres faits semblent contredire cette idée selon laquelle cette attitude permissive ruine notre pays. Ainsi les déclarations publiques des trente-huit individus inculpés ou incarcérés dans l'affaire du Watergate, prouvent clairement qu'ils n'étaient pas partisans d'une attitude permissive. Et le Vice-Président des U.S.A. qui attaqua verbalement le Dr Spock et le libéralisme se vit obligé de démissionner plutôt que de répondre aux accusations portées contre lui.

Qu'entend-on par *attitude permissive ?* (Vous remarquerez que la plupart de ses détracteurs ne prennent même pas la peine de la définir.) Pour ma part, c'est l'attitude de parents qui n'osent pas dire non ou poser des limites à leur enfant et qui ont généralement abdiqué leur autorité parentale pour la transmettre à leur enfant. Si telle est votre définition, je *ne pense pas* que la majorité des parents américains *soient permissifs*. Ils *dirigent* bel et bien leur famille ; ils n'ont pas renoncé à leur autorité. Et c'est pourquoi *la plupart* des enfants ne deviennent pas délinquants, ne se droguent pas, n'ont pas de problèmes scolaires.

Ce chapitre ne s'adresse donc pas à la majorité des parents qui ont conservé leur autorité, mais à cette minorité qui essaie désespérement, mais sans succès, de garder le contrôle de ses enfants. Nous voulons bien sûr parler de l'obéissance à une autorité parentale raisonnable. Si vos exigences sont *raisonnables* et que votre enfant se refuse à y souscrire, alors vous avez de vrais problèmes. Si votre enfant n'a pas le désir profond de vous obéir, aucune des méthodes de discipline que j'ai déjà mentionnées ne sera valable.

Voici quelques exemples qui illustreront ma pensée et qui concernent deux de mes patientes (j'ai changé les circonstances, comme toujours lorsqu'il s'agit d'expériences cliniques, afin de protéger l'anonymat de mes patients). L'une et l'autre était mères d'enfants uniques. Je les reçus le même jour : l'une à 8 heures, l'autre a 9. Comme elles se succédaient, je fus frappé par la similarité des deux situations, qui n'était pas évidente à première vue.

Ma première patiente était une femme divorcée de vingt-sept ans avec une petite fille de trois ans. Elle venait me consulter car elle voyait que c'était l'enfant qui dirigeait la famille au lieu d'elle. Sa petite fille était très volontaire et très entêtée. Quand on lui demandait de faire quelque chose qui ne lui plaisait pas, elle se mettait à hurler de rage. Elle me raconta qu'elle avait hurlé une fois pendant trois quarts d'heure sans s'arrêter. La mère, pour éviter ces crises, cédait à l'enfant et, désespérée, elle se décida à venir me consulter.

Ma seconde patiente était une femme mariée de trente-six ans avec un petit garçon de quatre ans. Alors que la petite fille de trois ans dirigeait sa mère ouvertement et sans nuances, le petit garçon agissait avec plus de subtilité. Il mangeait certaines choses, des croquettes de poisson, des carottes, des sandwiches, du beurre de cacahuètes et du lait. Il refusait absolument quoi que ce soit d'autre. Le pédiatre avait assuré à la mère que le régime, tout en étant mal équilibré, convenait tout de même. Mais la mère n'était pas rassurée. Elle s'inquiétait de la nutrition de son fils, ne cessait alternativement de le gronder et de le cajoler pour qu'il mange autre chose. L'enfant refusait simplement, en disant qu'il détestait ceci ou cela et qu'il ne le mangerait pas.

Différents à bien des égards, ces deux enfants avaient un point commun : c'était eux qui prenaient les décisions au lieu de leurs parents. Les parents parlementaient avec eux pour leur faire faire ou arrêter de faire quelque chose. A la place des parents, c'étaient les enfants qui commandaient.

Que votre enfant ait trois ans, neuf ans ou qu'il soit adolescent, s'il sait qu'il détient vraiment le pouvoir, vous avez perdu en tant que parent. Vous êtes comme un patron dont les employes ne tiendraient aucun compte.

Voici encore un autre exemple : celui d'un patient avec un petit garçon de trois ans. Un jour où le petit garçon donnait systématiquement des coups de pied dans la porte derrière la maison, le pere lui dit d'arrêter. La mère intervint en lui demandant de ne rien dire et de se rappeler le Dr Spock. Le père répondit que le Dr Spock pouvait aller au diable. La mère ajouta qu'il pouvait aussi bien accepter qu'il casse la porte. Le père répondit qu'il ne tolérerait pas cela, il attrapa l'enfant et lui interdit fermement de donner des coups de pied. L'enfant se mit immédiatement à frapper son père. Les parents s'affolèrent et essayèrent en hâte de trouver un moyen pour le calmer. Il est évident qu'en agissant ainsi, ils ne pouvaient résoudre le problème de la porte ni celui des coups de pied de l'enfant à son père, ni le fait que l'enfant détenait maintenant l'autorité de ses parents.

Qu'est-ce qui a fait naître cette sensiblerie chez un petit nombre de parents américains d'aujourd'hui ? Je pense qu'il y a deux raisons.

D'abord, beaucoup de parents hésitent beaucoup et s'inquiètent de l'éducation qu'ils doivent donner à leurs enfants. A l'époque lointaine où on ignorait tout de la psychologie de l'enfant, les parents ne savaient pas que la façon dont ils élèveraient leurs enfants était déterminante pour leur comportement futur et que s'ils devenaient des criminels, des drogués ou des alcooliques, ce serait leur faute.

Dans mon enfance, j'entendais souvent répéter un mot qu'on utilise rarement de nos jours. C'était le mot « fond ». Un enfant pouvait avoir un bon ou un mauvais fond. Ce « fond » représentait la nature profonde et la personnalité de l'enfant qui apparaîtrait à l'adolescence et dans la vie adulte. On ne pouvait rien contre lui. La façon dont les parents élevaient l'enfant n'avait aucune incidence et ne pouvait modifier les résultats. Cette certitude était incorrecte d'un point de vue scientifique mais ô combien réconfortante pour les parents ! Ils pouvaient élever leurs enfants sans se poser trop de problèmes sur ce qu'ils faisaient.

Voilà ce que les parents croyaient en 1900. Un pasteur pouvait alors faire un sermon sur un fils ivrogne qui faisait la honte de parents pleins d'amour en montrant toute l'abjection d'un tel comportement. De nos jours des fidèles plus évolués souriraient d'une telle naïveté et se demanderaient quelle éducation les parents ont pu lui donner pour en faire un alccolique a l'âge adulte.

Cette évolution a rendu les parents très peu sûrs d'eux-mêmes. Ils ont très peur de se tromper. Là où nos grands-parents ou arrière-grands-parents auraient agi avec fermeté, de nos jours les parents hésitent car ils se demandent intérieurement ce qui arrivera s'ils se trompent.

Comment réagir ? De toute évidence, nous ne pouvons revenir en 1900, et à ses naïvetés psychologiques et éducatives ? Comment donc aider les parents à surmonter leur peur de commettre une erreur ?

Permettez-moi de recourir à un exemple. Je suis absolument incapable de réparer une voiture ou de m'en occuper, de faire la différence entre le moteur et le carburateur. Si on me demandait tout à coup de faire le travail d'un mécanicien, je craindrais sûrement de commettre des erreurs ce qui me ferait agir avec hésitation. Mais si on m'apprenait d'abord, patiemment comment faire le travail d'un mécanicien, ma peur de me tromper disparaîtrait de façon étonnante. Sur un terrain familier, vous ne craignez pas les erreurs comme dans un domaine qui vous est étranger.

C'est un travail sûrement plus complexe d'élever un enfant, de sa naissance à vingt et un ans, que d'être mécanicien. Vous avez besoin de connaître toutes les étapes du développement de l'enfant et ce qui le caractérise. Il faut que vous sachiez, à chaque étape, ce que vous devez apprendre à votre enfant au niveau de la discipline. Tous les parents, conscients ou non, doivent acquérir certaines connaissances dans la psychologie de l'enfant, car ils sont psychologues et enseignants *à part entière*.

Malheureusement, peu de parents reçoivent cette formation. En conséquence, est-il surprenant que tant d'entre eux soient si peu sûrs d'eux-mêmes et craignent tant de se tromper ?

Malgré l'évidence de la réponse, on mettra probablement des années à en tenir compte. Il y a un léger début, cependant. On a commencé a enseigner l'art d'être parents dans certains établissements secondaires des États-Unis. En plus de l'enseignement prodigué, les adolescents sont confrontés à des enfants de maternelle et ils acquièrent l'expérience avec de vrais enfants, qui *crient* et *chahutent*. Je prédis le jour où nous serons assez sages pour étendre ces cours à *toutes* les écoles américaines.

Mais cela ne suffit pas. Pour beaucoup de lycéens, l'âge d'être parent semble très éloigné et cet enseignement risque d'avoir peu d'impact. La plupart des parents ne ressentent ce besoin qu'à la naissance de leur premier enfant. Voilà que le bébé est là, vingt-quatre heures sur vingt-quatre, et il ne risque pas de partir ! C'est à ce moment qu'il faudrait des cours pour adultes dans tout le pays, pour que le père et la mère puissent s'initier aux principes de l'éducation.

Nous arrivons maintenant à la seconde cause, essentielle selon moi, de l'indulgence des parents. Le type de parent qui apaise constamment un enfant, cède à tous ses caprices et se laisse manipuler, le fait souvent pour une raison psychologique profonde. De son subconscient, surgit l'idée que s'il ne laisse pas son enfant faire ce qu'il veut, il ne l'aimera pas. Je vais illustrer cette idée par une anecdote qui vous semblera invraisemblable mais je vous donne ma parole qu'elle est authentique...

Il y a quelques mois, j'entrai dans un magasin de jouets proche de mon cabinet. Je ne pus m'empêcher de remarquer sur le comptoir une pile de paquets de près de un mètre de haut et la vendeuse en empaquetait encore. Comme je connais la vendeuse, je lui demandai ce qui se passait. Elle m'indiqua un coin de magasin et murmura : « C'est pour les cinq ans de la fille de Mme Benson ! » Je dois avouer que j'étais trop intrigué pour me taire. Quand Mme Benson ajouta encore cinq ou six cadeaux, je m'excusai et lui demandai pour qui étaient tous ces paquets. (Il devait y avoir en tout vingt cadeaux.) Mme Benson me répondit que c'était pour les cinq ans de sa fille Harriet, le samedi suivant. Je lui demandai pourquoi tant de cadeaux. Mme Benson me répondit : « Ma fille ne pensera pas que sa mère ne l'aimait pas, quand elle sera grande. Je vais prendre comme preuves, des photos de tous les cadeaux ! »

Manifestement, Mme Benson avait affreusement peur que sa fille ne l'aimât pas. Et il y a beaucoup de parents comme elle. Ils craignent de perdre l'amour de leur enfant s'ils se montrent fermes et décidés, s'ils disent non et s'en tiennent à ce refus. En d'autres termes, s'ils usent de leur autorité de parents. Il est inutile de recommander à des parents atteints d'un tel blocage psychologique d'avoir recours à la fermeté. Il leur faut d'abord vaincre la crainte de perdre l'amour de leur enfant, utiliser la technique de la *pensée négative* (voir au chapitre 14) pour surmonter ce besoin d'apaisement. Il leur faudrait peut-être aussi suivre des cours dans un institut de psychologie pour affirmer leur propre personnalité.

En cas d'échec, ces parents auraient besoin d'une psychothérapie individuelle ou de groupe, avec quelqu'un de compétent !

Quand une mère a peur de perdre l'amour de son enfant si elle exerce son autorité parentale avec fermeté, vous voyez qu'elle a besoin d'autre chose que d'être informée des méthodes de discipline. Elle a besoin d'autre chose que de conseils de fermeté bien intentionnés. Si elle le pouvait, elle serait ferme. Il faut qu'un spécialiste l'aide à changer ses sentiments, à se débarrasser de sa peur de ne pas être aimée par son enfant, afin qu'elle ose s'affirmer en tant que parent.

J'ajoute en conclusion à ce chapitre que je considère que la plupart des parents américains ne sont pas permissifs. Pourtant, beaucoup de parents qui se montrent fermes jusqu'à ce que leur enfant atteigne douze ans, se trouvent atteints par ce virus dès l'adolescence. Pourquoi ? C'est bien simple. Ces parents ignorent les méthodes de discipline qui se trouvent dans ce livre, et s'appuient uniquement sur les punitions. Cela peut maintenir l'enfant dans le droit chemin jusqu'à douze ans, puis les choses changent complètement. Une mère remarquait que son fils de quatorze ans était trop grand pour qu'elle lui donne une fessée et que même si elle était assez forte, elle ne pensait pas que cela serait très efficace. Elle se demandait donc ce qu'elle pouvait faire. C'est le moment où beaucoup de parents, qui jusqu'ici n'ont pas été permissifs, s'aperçoivent que leurs méthodes sont inutilisables, et se sentent totalement démunis. Nous traiterons de ce problème et des différentes façons de se comporter avec les adolescents au chapitre 10, avec la technique de la solution collective ainsi que dans les chapitres traitant de la première adolescence.

9

LA TECHNIQUE DU FEED-BACK

Jusqu'à présent, j'ai exposé des techniques de discipline s'appliquant aux actes de l'enfant. Je vais maintenant voir avec vous comment agir sur les sentiments de l'enfant. Dans les chapitres précédents, j'ai insisté sur la différence entre sentiments et actions. Les sentiments sont des états psychologiques internes à l'esprit de votre enfant, tels que la peur, l'amour, la joie, l'impatience, la tristesse ou la colère. Il ne peut les contrôler. Ils envahissent son esprit sans qu'il puisse les arrêter. La volonte ne peut rien contre eux. Les actions, elles, sont très différentes. Votre enfant peut contrôler ses actes. Tant qu'il est très jeune, disons par exemple un an, votre enfant ne peut s'empêcher d'être en colère contre son frère, mais il peut se retenir de le battre ou de lui lancer des objets. A cause de l'énorme difference qui existe entre les sentiments et les actes, les parents doivent essayer de les resoudre de manière aussi très différente.

Quelquefois, au cours de mes conférences, on me demande en quelque sorte de dresser une «liste» des actes que les parents doivent tolerer de leurs enfants. Une telle liste est impossible a etablir, parce que les actes que certains parents accepteront sans problème pourront paraître intolérables à d'autres, ce qui est bien normal. Toute liste d'actions permises à l'enfant est valable si les parents la jugent acceptable et s'ils se sentent capables de la justifier et de la défendre logiquement et raisonnablement. Il n'existe pas une liste type qui puisse convenir à tous.

Cependant, puisqu'on aborde la question des sentiments, j'exprimerai un avis plus net et plus définitif. Je crois que les parents doivent laisser leurs enfants exprimer *tous* leurs sentiments – bons et mauvais, positifs et négatifs – (en paroles). Malheureusement très peu de parents permettent à leurs enfants d'exprimer leurs sentiments par les mots. En particulier les sentiments négatifs, et cela parce que eux-mêmes n'ont jamais été autorisés à les exprimer lorsqu'ils étaient enfants. Je garde encore le souvenir du jour où l'on me lava la bouche au savon pour avoir exprimé quelques paroles hostiles contre ma mère.

Quoi qu'il en soit, les enfants éprouvent des sentiments positifs et des sentiments négatifs, et les parents doivent trouver des moyens pour que leurs enfants puissent les maîtriser. A ce sujet quelle attitude choisir ?

1. *Nous pouvons leur apprendre à réprimer tous leurs sentiments et à n'en exprimer aucun. Ce qui conduit à coup sûr a former des enfants aux réactions stéréotypées, ressemblant davantage à des poupées mécaniques qu'à des individus ouverts et spontanés.*

2. *Nous pouvons les laisser exprimer tous leurs sentiments positifs mais aucun sentiment négatif. L'enfant sera autorisé à dire : « Maman, je t'aime », mais jamais « Maman, je te déteste. » Ce qui apprend à l'enfant à refouler tous ses sentiments négatifs, avec toutes les conséquences que cela peut entraîner pour son équilibre.*

3 *Nous pouvons leur permettre d'exprimer tous leurs sentiments positifs et certains de leurs sentiments négatifs, pourvu qu'il le fassent «gentiment» A tous les parents qui seraient sérieusement tentés d'adopter cette solution, je demande s'il leur est jamais arrivé de se disputer «gentiment». (Ou si par hasard, au cours de leurs disputes, ils n'ont pas, comme tous les autres couples, exprimé de violents sentiments négatifs?)*

4. ***Nous pouvons les encourager à exprimer la totalité de leurs sentiments, négatifs aussi bien que positifs. C'est l'attitude que je préconise (bien que je n'aie pas du tout été élevé de cette façon) et je vais vous dire pourquoi.***

Premièrement, permettre à des enfants d'exprimer leurs sentiments, particulièrement leurs sentiments négatifs, c'est leur accorder une soupape de sécurité, comparable à celle d'une chaudière qu'elle empêche d'exploser. Un enfant qui a la possibilite de défouler ses sentiments ne risque pas non plus d'exploser. Je pense ici à cet étudiant en théologie de San Diego qui tua son père et sa mère à coups de pistolet. Les voisins furent scandalisés, non seulement à cause de l'aspect tragique du drame, mais parce que le meurtrier passait pour un garçon très gentil et un fils modèle. Je ne connaissais pas personnellement ce jeune homme ni sa famille mais je suis sûr que son éducation ne lui avait jamais permis d'exprimer de sentiments négatifs. Son agressivité n'ayant jamais trouvé de soupape éclata d'un seul coup et le poussa finalement au meurtre de ses parents.

Deuxièmement, si un enfant est systématiquement entraîné à garder secrets ses sentiments négatifs, il ne peut en purger son univers psychologique pour faire face aux sentiments positifs.

Troisièmement, un enfant, surtout très jeune, ne peut faire la différence entre bons et mauvais sentiments : s'il réprime les mauvais, il réprime aussi les bons. Cette remarque me rappelle une expérience avec un enfant de huit ans dans la salle de jeux de mon cabinet. Les murs sont recouverts de plastique afin de pouvoir être lavés facilement. Et pour encourager les enfants timides et renfermés à s'exprimer, je leur propose toujours de peindre et d'écrire leur nom sur les murs. Évidemment, qu'ils puissent le faire dans une salle de jeux que j'appelle «free room» ne les autorise pas pour autant à le faire chez eux.

Cet enfant de huit ans, inhibé, maladroit, mal à l'aise, entra dans la salle de jeux à sa première visite et jeta un coup d'œil réprobateur autour de la pièce. Puis il dit : «Docteur Dodson, je n'ai jamais vu une pièce aussi sale et aussi mal rangée !» – «Qu'est-ce que tu trouves à redire, Franck ?» – «Toutes ces inscriptions et tous ces dessins sur les murs sont épouvantables. Pourquoi laissez-vous les enfants faire toutes ces saletés ?» – «Parce que c'est amusant et qu'ils aiment cela» – «Docteur Dodson, vous ne devriez pas laisser faire. C'est comme cela que les enfants deviennent délinquants !»

Quel choc pour moi ! Il était évident que même si la voix qui prononçait ces paroles était bien celle d'un enfant, elle ne faisait qu'exprimer les sentiments des parents. Je remarquai aussi qu'il parlait des «enfants» comme s'il n'en était pas un lui-même, mais une copie d'adulte. La façon artificielle et contrainte de s'exprimer révélait à coup sûr l'enfant à qui on avait appris à refouler ses sentiments.

Quatrièmement, si un enfant n'a pas la possibilité d'exprimer par ses paroles ses sentiments négatifs, ils resurgiront sous la forme d'un comportement antisocial. Je demande au lecteur l'autorisation de citer ici une anecdote figurant dans mon dernier livre, «*Le père et son enfant* [1]», et qui illustre parfaitement mon propos.

«Un samedi après-midi en rentrant chez moi, j'allais dans la salle de bains pour me laver les mains et je remarquai un vase avec des fleurs, qui s'y trouvait d'habitude, mais plein cette fois d'un étrange liquide jaune. Je me penchai pour sentir et mes sentiments se confirmèrent : ce n'était pas de l'eau ! Je me mis à chercher qui avait bien pu faire cela. J'écartai les soupçons de ma femme et de ma fille aînée, de même que du petit Rusty, âgé d'un an et incapable de viser aussi juste. Restait mon fils Randy, âgé de six ans. J'allai donc le chercher et le mis en face de ces preuves accablantes.

«Randy, pourquoi as-tu fait pipi dans le vase à fleurs ?

– Je ne sais pas, répondit-il tout à fait à la manière d'un garçon de six ans.

– Tu devais être très en colère. Qu'est-ce qui t'a rendu si furieux ?»

Il finit par reconnaître que sa colère venait de ce que sa mère ne l'avait pas laissé aller au cinéma. C'était pour cette raison qu'il avait commis ce forfait. Je lui dis alors : «Randy tu sais que tu peux nous dire que tu es furieux. Alors la prochaine fois, dis-le, mais ne fais plus pipi dans le vase à fleurs !»

Ce petit incident me semble particulièrement révélateur. Quand un enfant exprime ses sentiments de colère (et d'agressivité) par les mots, ils s'atténuent et sont éliminés de son système psychologique. Dans le cas contraire, il y aura toutes les chances pour qu'il se livre en cachette à une action antisociale comme substitut à l'expression franche de ses sentiments. Je me rappelle ainsi qu'à sept ans, un jour où j'étais très en colère contre le petit voisin qui habitait à côté de chez moi, je tirai notre

---

1 Editions Robert Laffont. Coll. «Réponses», 1975. Marabout Service n° 320.

poubelle et la renversai devant sa porte. (Inutile de dire que je fus vite démasqué et que je fus obligé de nettoyer les ordures).

Cinquièmement, les enfants qui ne sont pas autorisés à exprimer leurs sentiments ne peuvent généralement pas les exprimer lorsqu'ils sont adultes. Vous seriez surpris d'apprendre combien d'heures les psychiatres passent à déterrer chez leurs patients les sentiments négatifs refoulés et à les mettre au grand jour. Quand les malades parviennent à exprimer ces sentiments d'agressivité ou de sexualité refoulés qui sont la cause de leurs crises d'angoisse, celles-ci disparaissent. Quand ils peuvent exorciser les sentiments refoulés de colère qui sont à l'origine de leurs dépressions, ces dépressions disparaissent. Il en est ainsi pour beaucoup d'affections mentales. Et si vous voulez que votre enfant n'ait pas besoin de fréquenter plus tard les cabinets des psychiatres, donnez-lui cette liberté inestimable de pouvoir exprimer *tous* ses sentiments dès son plus jeune âge.

J'ai tenté de vous démontrer que la liberté d'exprimer ses sentiments est un des plus grands cadeaux que vous puissiez faire à votre enfant. Mais de nombreux problèmes peuvent se poser dans la pratique.

Premièrement, vous voudrez peut-être qu'il ne s'attire pas d'ennuis en disant tout ce qu'il pense à son maître d'école, au moniteur ou à l'éducateur, ou à toute autre personne avec qui il sera en contact. Soyez sans crainte à ce sujet. Les enfants savent très bien faire la distinction entre ceux avec qui on ne peut exprimer ses sentiments et ceux avec qui on peut le faire sans risque.

Nous avons laissé à nos trois enfants la liberté absolue de s'exprimer à la maison, et pourtant aucun d'entre eux ne s'est jamais attiré d'ennuis en exprimant des sentiments négatifs à l'extérieur. Par exemple, en septième, Randy détestait son professeur de musique. Il nous en parlait souvent à la maison. Mais pas une fois il ne laissa voir ses sentiments au professeur de musique. Et si un de mes enfants s'était attiré des ennuis en étant insolent ou incorrect avec un professeur, je lui aurais simplement rappelé qu'à la maison il pouvait nous dire tout ce qu'il pensait librement, mais qu'en classe il était préférable de s'en abstenir.

Deuxièmement, si un enfant n'est pas autorisé à exprimer ses sentiments devant ses parents, il lui sera difficile, en tant qu'adulte, de changer d'attitude et de laisser ses propres enfants le faire. Ce fut précisément mon cas. Quelquefois, lorsque je laisse un de mes enfants me parler en termes violents, j'entends au fond de moi-même une petite voix me dire : « Je t'interdis de me parler sur ce ton. Je suis ton père ! » Bien sûr, cette voix n'est pas celle du psychologue, mais la voix de mon propre père qui surgit du passé. Il n'existe aucune solution miraculeuse à ce problème, il faut seulement travailler sans relâche à surmonter les inhibitions et les préjugés venus de notre enfance. La technique de la « pensée négative », décrite au chapitre 14, peut vous y aider efficacement.

Quand je fais une conférence sur l'opportunité de laisser les enfants exprimer librement leurs sentiments, il se trouve presque toujours quelqu'un pour demander : « Mais que faites-vous alors du respect dû aux parents ? » Définissons ce que nous entendons par *respect.* Pour beaucoup de gens, c'est lorsqu'on est très en colère contre son père ou sa mère, se dire ses sentiments à soi-même, en silence, au lieu de les exprimer directement et à haute voix. Si le respect se limite à cela, alors je ne vois pas ce qu'il peut avoir de valable. Le respect tel que je le comprends peut plutôt se définir ainsi : un enfant respecte ses parents quand il a conscience qu'ils ont beaucoup plus d'expérience de la vie que lui et qu'il les reconnaît comme des êtres d'une intégrité absolue à qui il peut demander conseil. Je pense que la possibilité, pour un enfant, de donner libre cours à des sentiments de colère contre ses parents n'a aucun rapport avec le respect.

Une fois adoptée par les parents la décision de laisser l'enfant exprimer ses sentiments, comment les contrôler ? On peut utiliser la méthode que j'appelle le feed-back et dont voici le fonctionnement.

Les enfants ont le désir éperdu que nous comprenions leurs sentiments et leurs états d'âme. Malheureusement la plupart ne peuvent trouver chez leurs parents ce type de compréhension. Non que ces derniers soient cruels ou dépourvus de sentiments, ils sont plutôt incapables de faire savoir à leurs enfants qu'en fait ils les comprennent, parce que personne ne leur a appris à communiquer cette compréhension. De plus, beaucoup de parents n'ont pas appris combien il était important d'écouter leurs enfants et de partager leurs émotions. La méthode du feed-back peut les aider à surmonter les barrières qui s'opposent à cette mutuelle compréhension.

Le principe du feed-back est simple : voici trois choses à faire absolument quand votre enfant exprime ses sentiments :

1. Écouter attentivement ce qu'il vous dit.
2. Reformuler dans votre esprit (en vous-même ou pour vous-même) ce que votre enfant est en train d'exprimer.
3. Lui redonner dans vos propres termes les sentiments qu'il vient d'exprimer devant vous.

Avec cette méthode, l'enfant sait qu'on le comprend, parce

qu'il entend son père ou sa mère lui renvoyer ses propres sentiments. Voici quelques exemples montrant d'abord comment les parents traitent d'ordinaire ce genre de situation, et ensuite comment ils pourraient le faire en utilisant la méthode du feed-back.

Helen est en sixième et elle a très peur avant l'interrogation de mathématiques du lendemain. Elle vient trouver sa mère pour lui en parler. Voici d'abord comment les parents réagissent habituellement à ce genre de situation :

Helen : Maman, je voudrais te dire, demain, l'interrogation de maths, j'ai drôlement peur de tout rater.

Maman : Voyons, Helen, ne sois pas ridicule. Tu as eu beaucoup d'interrogations de maths cette année et tu n'en as encore raté aucune !

Helen : Non !

Maman : Et même, ta plus basse note a été B, alors...

Helen : Oui maman, mais...

Maman : Il n'y a pas de « mais » ; ce que tu as, c'est le trac, c'est tout ! Moi aussi j'avais le trac à ton âge, avant une composition, en pensant à toutes les fautes que je risquais de faire ! Ce qu'il faut dans ce cas-là, c'est seulement un peu de bon sens. Tu n'as qu'à te dire : « Je sais que je vais réussir cette interrogation parce que je n'en ai encore jamais ratée. » Pense que tu vas tout savoir et rendre ta copie avant les autres. Pense à tout cela et révise bien, tu verras que tout va bien marcher.

Helen : Bon, puisque tu me le dis, je vais essayer.

Il est bien évident que la mère n'a fait aucun effort pour se mettre à l'unisson des sentiments d'Helen, trouver pourquoi elle a peur, et lui faire savoir qu'elle comprend vraiment ses sentiments. Au lieu de cela, elle se contente de lui donner quelques conseils superficiels, de lui adresser quelques paroles rassurantes, en pensant que cela suffit pour l'aider. Alors qu'il n'en est rien. Helen pense probablement au fond d'elle-même : «Cette interrogation de maths est plus difficile que les autres et maman ne veut pas comprendre pourquoi j'ai peur.»

Voyons maintenant la même situation, en faisant intervenir la méthode du feed-back.

Helen: Maman, je voudrais te dire, demain, l'interrogation de maths, j'ai drôlement peur de tout rater !

Maman: Explique-moi pourquoi tu as si peur de rater cette interrogation ?

Helen: Voilà, je sais que j'ai toujours eu de bonnes notes à mes interrogations, mais celle de demain est différente : c'est des maths modernes et il y aura des fractions à résoudre d'une manière nouvelle, alors j'ai peur de me tromper !

Maman: Je vois ; cette interrogation te fait peur parce qu'elle est différente des autres. Il faudra faire des opérations sur les fractions d'une façon tout à fait nouvelle, et tu as peur de ne pas savoir.

Helen: C'est ça ! J'ai vu la méthode trois ou quatre fois dans le livre, et je ne comprends toujours pas !

Maman: C'est toujours ennuyeux quand après avoir vu le cours deux fois on n'a toujours pas compris !

Helen: Je crois bien ! Peux-tu regarder avec moi les passages difficiles ? Si je pouvais comprendre ce qu'on demande au juste, je crois que cela irait déjà mieux !

Maman: Alors ce qui te gêne le plus, ce sont les principes de cette leçon ?

Helen: C'est ça.

Maman: D'accord, je vais voir cela avec toi. Tu sais je n'ai pas fait de maths modernes, alors tout cela me semble difficile à moi aussi. Mais à nous deux nous devrions pouvoir comprendre.

Helen: Oh ! merci maman, toi au moins tu me comprends !

Notez comme en utilisant le feed-back la mère ne se hâte pas de conseiller ou de rassurer superficiellement. Elle prend très au sérieux les appréhensions d'Helen, sans les tourner en dérision, et en les lui renvoyant lui fait savoir qu'elle comprend vraiment ses sentiments. Elle peut aussi découvrir pourquoi elle redoute tant cette interrogation : parce qu'il s'agit de maths modernes avec lesquelles elle n'est pas familiarisée, et qu'elle n'a pas encore saisi le principe de la leçon. Dès lors, elle est en mesure de répondre à l'appel lancé par sa fille pour résoudre ces questions nouvelles et difficiles pour elle.

Voici maintenant une autre situation, et d'abord, voyons comment les parents réagiront le plus souvent.

Jeff (six ans) : Papa, Bryan (trois ans) me prend encore mes jouets et dérange toutes mes affaires.

Papa : Eh bien, dis-lui de s'arrêter.

Jeff : Je lui dis, il ne veut pas. J'en ai assez d'avoir un frère. Je le déteste.

Papa : Jeff, il ne faut pas dire cela. C'est ton frère et il faut vous aimer tous les deux.

Jeff : Facile à dire, papa, ça n'est pas dans tes affaires qu'il fouille, c'est *mes* affaires qu'il dérange. Je voudrais le jeter dans les water pour ne plus le voir.

Papa : Jeff, ça suffit comme ça. Encore un mot et tu auras affaire à moi.

Jeff : Et puis en plus de déranger mes affaires, il est sans arrêt en train de me taquiner en répétant gna gna gna ! gna gna gna !

Papa : Écoute il n'a que trois ans, et ça n'est pas bien méchant !

Jeff : Si, c'est méchant ! Et si quelqu'un te répétait sans arrêt gna gna gna, qu'est-ce que tu dirais ?

Papa : Je t'ai déjà dit qu'il n'avait que trois ans ! Il ne se rend pas compte !

Jeff: Mais il n'arrête pas, papa. Donne-lui une fessée pour qu'il arrête de m'embêter !

Papa : Certainement pas, c'est plutôt à toi que je vais donner une bonne gifle si tu continues. Laisse-moi lire tranquille maintenant, et va jouer dehors.

Ici le père n'a fait aucun effort pour comprendre les sentiments de Jeff et pour lui montrer qu'il l'a compris. Au contraire son attitude transmet ce message : « Je ne veux pas me tracasser avec tes sentiments. Va jouer et arrange-toi pour supporter Bryan du mieux que tu pourras ! »

Voici maintenant la même situation, si on a recours au feedback.

Jeff: Papa, Bryan me prend encore mes jouets et dérange toutes mes affaires !

Papa : C'est ennuyeux pour toi !

Jeff: Ennuyeux ! Tu parles tranquillement ! Ça me rend furieux ! Il n'a pas le droit de fouiller dans mes jouets. Il a les siens, il n'a qu'à laisser les miens.

Papa : Je vois ; ça te met en colère quand il touche à tes jouets !

Jeff: Tu l'as dit ! Je regrette d'avoir un frère, je le déteste !

Papa : Parfois tu le détestes tellement que tu regrettes d'avoir un frère !

Jeff: Sûrement ! Je voudrais le jeter dans les water pour ne plus le voir !

Papa : Quelquefois tu le détestes tellement que tu voudrais le jeter dans les water et ne plus le voir.

Jeff: C'est vrai ! Mais ce n'est pas tout. En plus de déranger mes jouets, il ne fait que m'embêter.

Papa : Raconte-moi ça, qu'est-ce qu'il te fait ?

Jeff: Eh bien, il me suit sans arrêt en disant : gna gna gna ! gna gna gna !

Papa: Et qu'est-ce que ça veut dire ?

Jeff: Ça ne veut rien dire, c'est seulement pour m'embêter ! Il fait ça sans arrêt.

Papa: Et alors quand il fait cela, ça t'embête.

Jeff: Tu peux le dire ! Papa, est-ce que tu peux lui donner une fessée pour qu'il arrête de fouiller dans mes jouets et de me taquiner.

Papa: Je comprends ce que tu dis, Jeff, tu es tellement furieux qu'il touche à tes jouets et qu'il te taquine que tu veux que je lui donne une fessée. Je comprends que tu sois furieux, mais je vais arranger cela autrement. Je vais le mettre « hors-jeu », et pendant ce temps-là il ne pourra pas toucher à tes jouets ni te taquiner !

Notez cette fois l'atmosphère totalement différente de la relation parent-enfant. Le père ne tente rien pour que Jeff abandonne ses sentiments. Il accepte le fait qu'il soit en colère et au moyen du feed-back lui restitue ses sentiments.

Quand Jeff demande à son père de donner une fessée à Bryan, il fait une distinction entre les sentiments et les actions. Le père montre à Jeff qu'il comprend sa colère, mais lui dit qu'il n'aura pas recours à la fessée mais à d'autres moyens. Il est clair cependant que le père reconnaît le droit à Jeff d'être en colère.

On pourrait employer la même méthode pour rassurer un enfant qui éprouve une peur irraisonnée, par exemple le soir dans l'obscurité. En prenant l'enfant de front, et en lui affirmant que sa peur du noir est stupide, que personne ne peut entrer pour le prendre, etc., on n'obtient généralement aucun résultat. Par contre, en prenant au sérieux, non pas l'objet de sa peur, mais son sentiment de peur, au cours d'une conversation qui permet de lui restituer ce sentiment, on aura beaucoup plus de chance que l'enfant puisse s'en dégager, «user» sa peur tout en discutant avec vous.

Ce qui ne veut pas dire qu'on peut toujours très facilement faire disparaître une peur irrationnelle. Même en utilisant la méthode du feed-back, la peur peut subsister, mais l'enfant aura moins peur, lorsqu'il sentira que son père ou sa mère sont ses alliés pour combattre ce sentiment, lui permettant ainsi de mieux le surmonter.

La méthode du feed-back est très simple à comprendre mais difficile à mettre en pratique au début, parce qu'elle va à l'encontre de nos réactions habituelles. En l'utilisant, vous montrez à votre enfant que vous comprenez ses sentiments en les formulant vous-même pour les lui restituer. C'est pourquoi vos phrases commenceront par les mots: «Tu ressens», ou «tu as peur», «tu es en colère», «tu dis que...» Vous ne demanderez pas à votre enfant *pourquoi* il éprouve un sentiment particulier. Vous accepterez d'abord le fait qu'il l'éprouve. Ne faites pas intervenir vos sentiments, mais limitez-vous aux siens dont vos paroles seront l'écho. S'il se tait et n'exprime aucun sentiment, taisez-vous aussi.

Au cours des séances d'initiation à cette méthode, j'utilise une voie détournée pour l'enseigner aux pères. Pour être franc, beaucoup de pères ne prennent pas cette technique au sérieux, même s'ils sont trop polis pour me le dire. Je leur demande s'ils ont par hasard affaire à quelqu'un de contact difficile dans leur vie professionnelle: collègue, client, supérieur. S'il en est ainsi (et c'est souvent le cas), j'essaie de les convaincre d'utiliser la technique du feed-back avec ces personnes difficiles à aborder. Je leur fais même remarquer que si rien n'a pu améliorer les contacts avec tel cadre de leur entreprise, ils ne risquent rien à essayer le feed-back. Et si un père peut constater par lui-même que cela marche avec des adultes, il se trouve tout à coup très impatient de l'essayer avec ses enfants.

Voici comment peut fonctionner le feed-back avec des adultes : l'exemple m'en fut donné il y a longtemps par le Dr Volney Faw, du Lewis and Clarck College, lui-même disciple du Dr Carl Rogers, initiateur de cette technique. Le Dr Faw ne se bornait pas à l'enseigner ; il la mettait en pratique chaque jour. Et un jour qu'il venait de rendre des copies d'un examen trimestriel, alors que nous étions tous autour de lui pour en discuter, un étudiant parmi nous s'écria : « Docteur Faw, vous m'avez fait un sale coup ! » Au lieu de répondre comme un professeur l'aurait fait il y a trente ans, le Dr Faw lui dit : « Dites-moi pourquoi je vous ai fait un sale coup !

— J'ai eu 88 sur 100 et vous m'avez mis B. C'est injuste, je méritais A.

— Vous êtes convaincu que je vous ai fait un sale coup en vous mettant B au lieu de A, alors que vous aviez 88 sur 100.

— Vous pensez bien ; c'est mon année préparatoire de médecine. Il faut que j'aie les meilleures notes possibles pour être admis dans la meilleure école de médecine et ce B est injuste !

— Vous voulez obtenir les meilleures notes possibles pour pouvoir entrer dans une bonne faculté, et vous croyez que ma note est injuste ? »

Le Dr Faw continua ainsi de lui réfléchir ses sentiments pendant à peu près cinq minutes, et puis il dit : « Voyez-vous, il fallait bien que je fixe la barre quelque part, et je l'ai fixée à 90. »

A ce moment de la discussion l'étudiant finit par dire qu'il admettait sa note.

Or, je suis sûr que l'étudiant n'aurait pas réagi de cette façon si le Dr Faw n'avait pas montré au moyen du feed-back qu'il comprenait réellement ses sentiments.

Voilà donc cette technique : les gens ne peuvent entendre les explications rationnelles tant qu'ils ne sont pas convaincus que l'autre comprend leurs sentiments. Ce fait psychologique est valable pour les enfants comme pour les adultes.

Voyons maintenant un exemple de feed-back mis en pratique avec des enfants : au cours d'un week-end à la campagne, alors que mes fils Randy et Rusty avaient respectivement neuf et trois ans, Randy se montrait particulièrement détestable avec son frère, ne cessant de l'ennuyer et de le taquiner. A la fin je décidai qu'il fallait intervenir, et je suggérai à Randy une promenade avec moi dans la montagne. En route je lui dis : « Randy, tu es vraiment méchant avec ton frère depuis le début du voyage. Qu'est-ce qui ne va pas ? » Il finit par me dire : « Toi et maman vous aimez Rusty mieux que moi. » Bien sûr, cette réponse aurait pu être l'occasion même de raisonner l'enfant en utilisant des arguments logiques, en disant des choses comme : « Tu sais bien que cela n'est pas vrai, nous vous aimons autant l'un que l'autre ! » Ce qui n'aurait eu aucun effet contre la jalousie et la rancune de Randy. C'est pourquoi j'utilisai le feed-back :

« Tu penses que Rusty est toujours favorisé et que tu as toujours la plus mauvaise part.

— Bien sûr, toi et maman vous êtes toujours en train de le féliciter et moi vous me grondez sans arrêt.

— Tu crois que nous sommes toujours gentils avec lui, et que toi tu te fais toujours gronder. »

Et ainsi, pendant vingt bonnes minutes, je ne fis rien que lui restituer ses sentiments, afin qu'il puisse extirper toute sa rancœur et toute sa jalousie. Après cela, je le pris par l'épaule et lui dit: « O.K., Randy, rentrons maintenant! »

Je ne dis pas qu'il fut un ange pendant le reste du week-end, mais son attitude à l'égard de Rusty fut grandement améliorée. Pourquoi ? Parce qu'il avait pu donner libre cours à ses sentiments négatifs et qu'on avait su les comprendre et les accepter.

Voici toutefois quelques précautions à prendre avec cette méthode. Beaucoup de parents me disent, lorsque je la leur expose, qu'ils se sentent ridicules en la pratiquant, qu'ils ont l'impression d'être des perroquets à répéter ainsi ce qu'on leur dit. Mais n'est-il pas normal de se sentir ridicule, maladroit ou emprunté lorsqu'on apprend une nouvelle technique ? Quand vous avez commencé le tennis, le golf, la voile ou le bridge, est-ce que vous vous êtes sentis à l'aise et sûrs de vous les premières fois ? Alors tranquillisez-vous, avec l'expérience, vous vous sentirez plus à l'aise et votre maladresse disparaîtra.

Le moment le plus propice pour commencer à pratiquer le feed-back est lorsque l'enfant a trois ans. Quand il aura dix ans, il y sera habitué et vous serez expert en la matière.

Veillez à ne pas répéter *exactement* ce qu'il dit, sans quoi vous aurez *vraiment* l'air d'un perroquet. Paraphrasez ses sentiments en utilisant des expressions qui vous sont propres.

Je vois beaucoup de parents revenir me voir, déçus, après avoir essayé le feed-back. Cela n'a pas « marché ». C'est que la technique n'a pas été bien comprise, car elle *marche à chaque fois*. Ce qui ne veut pas dire que l'on obtienne systématiquement une réponse explicite ou une réaction visible. Mais chaque fois que vous restituez à un enfant ses sentiments, il sait que maman ou papa le comprend vraiment, et c'est là le résultat positif. Ne vous attendez pas toujours à un changement spectaculaire chez votre enfant, bien qu'il ne soit pas rare.

Et si je devais n'enseigner aux parents qu'une seule méthode disciplinaire, je crois bien que je choisirais le feed-back. C'est, à ma connaissance, le moyen le plus sûr et le plus efficace de garder le contact entre les parents et l'enfant, en lui faisant savoir que vous comprenez ses pulsions intimes, en lui donnant la certitude que ses sentiments sont considérés et respectés, et en lui fournissant le moyen d'exprimer ses sentiments négatifs en toute sécurité. De plus cette méthode du feed-back contribue à établir un climat de respect mutuel entre parents et enfants.

Elle est aussi un préalable à la technique de discipline exposée au chapitre suivant : *La technique de la solution collective à un problème.*

10

TECHNIQUE DE LA SOLUTION COLLECTIVE A UN PROBLÈME

Toute famille, de temps à autre, se heurte à des conflits entre les souhaits des parents et ceux des enfants. La plupart peuvent se régler grâce aux méthodes dont j'ai déjà parlé, mais elles sont parfois insuffisantes surtout lorsque les enfants grandissent.

Comme je l'ai déjà dit, un des inconvénients du système des punitions est qu'il devient tout à fait inefficace avec un adolescent. L'enfant ne craint plus la punition et son attitude relève souvent du défi.

Des parents affolés viennent me consulter (quand l'enfant atteint onze ou douze ans ou plus) et expriment leur désarroi : ils n'ont plus aucun contrôle sur leur fille, qui était si douce et si obéissante quelques années plus tôt. Elle fait tout ce qui déplaît à ses parents et ceux-ci ne savent plus comment l'arrêter.

Avant de vous présenter la technique de la solution collective d'un problème, étudions l'attitude de beaucoup de parents quand un conflit éclate. Bill, quatorze ans, porte les cheveux longs, comme ses camarades. Pas jusqu'aux épaules, mais beaucoup plus longs que son père ne le voudrait. Le conflit dure depuis des années et une fois de plus le père demande à son fils d'aller chez le coiffeur. Bill rétorque que son père le harcèle toujours et que lui ne fait pas de remarques désobligeantes sur sa «brioche». De plus tous ses camarades ont les cheveux longs et il veut faire comme les autres. Le père, excédé, réitère son ordre et menace finalement Bill de lui interdire d'écouter la chaîne stéréo qu'il a payée de ses deniers, s'il n'obéit pas. Bill, furieux, sort en claquant la porte et va chez le coiffeur.

Que s'est-il passé? Bill et son père en sont arrivés à l'épreuve de force à propos des cheveux de Bill. Il résulte de ce drame familial que *l'autorité des parents l'emporte* et que *l'enfant a perdu.*

Étudions maintenant la situation. Personne n'aime faire quelque chose contre son gré. Manifestement, les rapports entre Bill et son père se sont détériorés. Bill est furieux et aimerait trouver l'occasion de se venger. Imaginons que la semaine suivante, un ami propose de la drogue à Bill; il y a de fortes chances qu'il accepte, pour se venger inconsciemment de son père. Celui-ci a remporté cette épreuve de force mais il le paiera peut-être très cher, sans même le savoir. Il ne verra peut-être que le résultat tangible de cette lutte: Bill a été assez raisonnable pour aller se faire couper les cheveux. Que se serait-il passé si Bill, au lieu de quatorze ans, en avait seize? Le père n'aurait probablement pas remporté aussi aisément la victoire.

Et puisque le but de toute éducation consiste à faire naître l'auto-discipline, et à former un individu capable de prendre ses propres décisions, la contribution du père dans cette épreuve de force a été nulle. En menaçant Bill de lui interdire l'usage de la chaîne stéréo, il l'a *forcé* à se faire couper les cheveux. Il ne l'a absolument pas aidé à gagner en maturité psychologique et à devenir plus responsable. Il en est de même lorsqu'une mère dit à son enfant de cinq ans de dire merci. Machinalement, l'enfant dira peut-être merci, comme un perroquet, mais vous ne lui aurez pas pour autant appris à être réellement courtois. C'est votre enseignement qui compte et non une politesse formelle.

Imaginons ce qui se passe lorsque la situation est inverse, c'est-à-dire que les enfants gagnent et que les parents perdent. Prenons l'exemple d'Arnaud, seize ans et de la voiture familiale. (Cette famille ne possède qu'une voiture.) Arnaud demande l'usage de la voiture pour le samedi suivant pour emmener sa sœur chez des amis. Le père refuse d'abord, car lui et sa femme sont également invités chez des amis. Arnaud tempête, fait remarquer que c'est la voiture de la famille et qu'on la considère bien comme telle quand on lui demande de la laver. Jamais on ne tient compte de ce qu'il demande. Le père gémit que jamais son père n'a fait le tiers de ce qu'il fait pour ses enfants. Tout à coup, Arnaud a une idée. Ses parents sont invités avec d'autres amis, qui pourraient passer les prendre. Le père accepte cette solution avec réticence, peu satisfait d'avoir cédé.

Voilà un exemple typique d'une situation où *les parents ont perdu* et où *l'autorité des enfants l'a emporté.* D'abord, le père d'Arnaud lui a appris que s'il se plaignait, gémissait, etc., il arriverait à ses fins. Les enfants élevés dans les familles où règne cet état d'esprit sont généralement égoïstes, égocentriques et exigeants. Ils se croient le centre du monde, ils sont passés maîtres dans l'art de créer un sentiment de culpabilité chez leurs parents. Adolescents, il arrive qu'on ne puisse plus les contrôler. Je songe à un adolescent que je connais qui, un soir, sauta à travers la vitre d'une fenêtre pour aller rejoindre ses amis parce que son père lui avait interdit de sortir et avait verrouillé la porte.

Quand aux parents, s'ils abdiquent leur autorité, ils sont furieux que leur enfant triomphe. Ils s'en veulent de ne pas être assez forts pour résister et éprouvent la honte de ne pouvoir s'affirmer.

Comment éviter ces conflits désastreux ? Par la méthode de la solution collective, où les deux parties gagnent et où personne ne perd. Voici comment procéder :

Premièrement, il faut définir clairement la nature du conflit qui oppose enfant et parents. L'enfant désire une chose, les parents autre chose. C'est ce problème qui doit être résolu.

Deuxièmement, ce conflit peut opposer un des parents et un enfant, ou les deux parents et un enfant, ou les deux parents et deux enfants. De toute façon, tous ceux qui sont concernés doivent se mettre d'accord pour essayer de trouver une solution.

Troisièmement, les parties concernées nomment un rapporteur. Sa tâche consiste simplement à noter toutes les idées qui surgissent, susceptibles de résoudre ce problème.

Quatrièmement, les intéressés utilisent le système du brainstorming. C'est le Dr Alex Osborn qui inventa ce terme et cette technique. Il l'appliqua d'abord pour susciter des solutions aux problèmes des entreprises. Il avait remarqué que lorsque trois ou quatre personnes s'asseyaient ensemble pour résoudre un problème, l'un d'entre eux avançait une proposition, un autre en exposait les inconvénients, et cette dialectique se reproduisait plusieurs fois, avec alternativement, proposition d'une idée, puis critique. Il en résultait que les gens hésitaient à proposer des idées nouvelles.

La première règle du brainstorming est donc que nul n'est autorisé à critiquer les idées des autres. Chacun est encouragé à émettre des idées quelle que soit leur hardiesse. Aucune limite n'est imposée. Même si une idée est absolument dépourvue de réalisme, elle peut stimuler un autre membre du groupe à émettre une idée valable.

Expliquez ce qu'est le brainstorming à votre famille. Chacun offre autant de suggestions que possible, le rapporteur les écrit et les numérote. Le temps n'est pas limité, mais il vaudrait mieux limiter la durée entre cinq et vingt minutes.

Une fois que toutes les idées ont été notées, examinez-les une par une, pour essayer de trouver une ou plusieurs solutions au problème. L'accord sur la solution doit être unanime. Si un des participants ne peut accepter l'idée, rejetez-la. Il ne faut pas que vous votiez, car dans un vote il y a un gagnant et un perdant.

Si tout le monde est d'accord, tout le monde gagne et personne ne perd. Chacun sera beaucoup plus motivé par l'application de la décision que s'il n'avait pris aucune part à sa mise en œuvre.

Cette façon de régler les différends n'est pas nouvelle. Employés et chefs d'entreprise l'utilisent depuis des années, quand ils s'assoient à la même table pour trouver un accord. Il en est de même pour les couples qui s'entendent. C'est seulement chez les couples en difficulté que l'un ou l'autre des époux impose son pouvoir à l'autre.

Cette méthode est seulement nouvelle *quand on l'applique aux rapports parents-enfants*, car très peu de parents se réunissent avec leurs enfants pour essayer de régler ainsi les conflits.

Laissez-moi vous donner un exemple : Karen allait avoir quinze ans. Elle épuisait ses parents. Ils se plaignaient qu'elle mentait tout le temps, qu'elle « séchait les cours », qu'elle était entêtée et volontaire, il fallait que tout se passe comme elle le voulait. Elle s'acoquinait avec les pires éléments de son école, elle se rebellait contre tout ce qui symbolisait l'autorité : ses parents, ses professeurs. Elle voulait rentrer tard à la maison et voulait sortir avec un garçon de vingt-trois ans.

Après avoir écouté les récriminations des parents, je leur enseignai la méthode de la solution collective. Je suggérai que ce soit le père qui lance l'idée. Nous arrangeâmes une rencontre avec la mère, le père, Karen et moi. Je resterais à l'arrière-plan mais je voulais que les parents fassent l'expérience pratique de cette méthode.

Le père nota les problèmes et récriminations de chacun. Ainsi, Karen commença par dire qu'il fallait qu'elle soit rentrée à 10 heures et demie, les vendredis et les samedis soirs et que c'était ridicule car aucun de ses amis n'avait à rentrer si tôt. Son père expliqua que sa femme et lui se préoccupaient de son manque d'assiduité à l'école. Jouant le rôle du rapporteur, le père nota les différents problèmes.

Puis tous les trois consacrèrent environ dix minutes au brainstorming avec des suggestions qui aideraient à résoudre ces problèmes. Ils proposèrent environ vingt-cinq idées. Je fis quelques suggestions, généralement stupides, pour insuffler un peu d'humour dans cette atmosphère tendue et lourde : je proposai que Karen apprenne la danse du ventre avec des disques et qu'elle ait ainsi une activité constructive à la maison pour avoir moins envie de sortir.

Ensuite, ils reprirent les idées une à une. L'un ou l'autre rejetèrent promptement certaines d'entre elles. Certaines ne furent pas définitivement repoussées mais nécessitèrent une discussion. Karen accepta d'assister régulièrement aux cours si ses parents l'autorisaient à rentrer plus tard à la maison aux week-ends. Sa mère reconnut que 10 heures et demie, heure limite, pour une fille de quinze ans, était effectivement bien tôt. Le père était assez réticent mais il accepta car il voulait surtout que Karen cesse de manquer l'école. La mère de Karen proposa minuit, Karen répondit par minuit et demi, et ils s'arrêtèrent à un compromis de minuit un quart. Le père écrivit donc la solution proposée : « Karen ne s'absentera plus et elle pourra rentrer à la maison à minuit un quart le vendredi et le samedi. »

Karen semblait accorder une grande importance aux heures d'entrée et de sortie. Elle voulait rester chez des amis jusqu'à 10 heures, les soirs d'école. La discussion prit un ton assez vif car les parents refusaient qu'elle rentre à 10 heures tous les soirs, mais Karen affirma que ce ne serait pas le cas. Elle rentrerait tard peut-être deux soirs par semaine, mais ce qu'elle revendiquait c'était le droit à une certaine indépendance. Elle souffrait d'avoir à demander la permission comme une « petite fille ». Après en avoir débattu, la solution suivante fut acceptée à l'unanimité : Karen ferait ses devoirs avant de sortir. Elle dirait où elle allait, et elle pourrait ne rentrer qu'à 10 heures.

Les parents s'inquiétaient que Karen fréquente des garçons qu'ils ne connaissaient pas et se faisaient beaucoup de soucis à propos de ce garçon de vingt-trois ans. Ils voulaient qu'elle leur présente chaque garçon. Karen, furieuse, fit remarquer que cela ne se faisait plus, que les garçons considéraient cela comme une enquête du F.B.I. et que le garçon de vingt-trois ans devait s'en aller le mois suivant en Oregon et que leurs soucis étaient donc superflus. Après avoir beaucoup parlementé, l'accord suivant fut conclu : Karen amènerait chaque nouveau garçon jusqu'à l'entrée et le présenterait à ses parents. Elle accepta de ne pas fréquenter de garçons de plus de dix-huit ans.

Il leur fallut deux heures pour élaborer tous ces compromis. Croyez-vous que ce fut du temps perdu ? Sûrement pas, car cela régla bien des conflits auxquels Karen et ses parents se heurtaient. De plus cela les familiarisa avec cette nouvelle technique qu'ils pourraient utiliser ultérieurement en cas de difficultés.

Voici un autre exemple de cette méthode avec de jeunes enfants – les miens en l'occurrence.

Randy avait alors huit ans et Rusty trois, quand naquit ce conflit. Nous allions souvent en famille au cinéma dans des drive-in en plein air, mais à chaque fois le même problème surgissait. Rusty posait des questions sur le film et Randy hurlait parce qu'il nous dérangeait tous. Les éclats de Randy se prolongeaient et inutile d'ajouter qu'on ne pouvait plus rien entendre du film. La comédie durait depuis un mois quand je décidai qu'il fallait faire quelque chose. Je réunis Randy et Rusty et leur dis : « Chaque fois que nous allons au cinéma, il se passe quelque chose qui nous contrarie beaucoup maman et moi. Rusty pose des questions sans arrêt, et aussitôt Randy se met à hurler. Si bien que nous n'entendons plus rien et que nous ne pouvons plus profiter du film. Nous allons essayer de régler cette question et de satisfaire tout le monde. »

Je leur expliquai comment nous allions procéder et décidai d'être le rapporteur de la séance de brainstorming. Randy proposa immédiatement qu'on prenne une baby-sitter pour Rusty et qu'on le laisse à la maison. Rusty, pour ne pas être en reste, proposa son unique solution : laisser Randy à la maison avec une baby-sitter, pour qu'il ne crie plus. Toutes les idées proposées pendant cette première séance d'environ un quart d'heure furent à peu près du même genre. Aucune, naturellement, ne rallia tous les suffrages. Je levai la séance et en proposai une autre pour le lendemain.

La nuit qui suivit permit en quelque sorte aux deux garçons de laisser décanter leurs idées bouillonnantes. Le lendemain ils considérèrent la question plus sérieusement et émirent des idées plus valables. Finalement, nous eûmes deux idées auxquelles tous pouvaient adhérer. D'abord, Rusty essaierait de garder ses questions pour lui afin de les poser, une fois le film terminé. Randy ferait son possible pour ne faire aucun commentaire si Rusty oubliait sa promesse. Vous allez peut être penser que c'est se donner bien du mal pour arriver à des solutions aussi simples. Je vous répondrai que la différence tient à ce que les deux garçons y pensèrent eux-mêmes, qu'ils étaient donc beaucoup plus motivés que si je leur avais dit d'agir de cette façon. Je mentirais si je disais que tout fut parfait par la suite, mais l'atmosphère se détendit, Rusty posa moins de questions et Randy cessa de hurler aussi fort.

Parents et enfants trouvent leur avantage dans cette méthode

D'abord, elle crée des liens plus profonds entre eux, puisque tout le monde gagne et que personne ne perd.

Deuxièmement, l'enfant est motivé pour bien appliquer la solution proposée, puisqu'il a participé à son élaboration. Ce n'est pas une décision unilatérale et autoritaire des parents.

Troisièmement, cette méthode développe la pensée créatrice chez l'enfant. Elle lui apprend aussi à négocier et à entretenir des rapports sociaux. Il pourra utiliser cette aptitude à l'école et plus tard dans le monde du travail. C'est comme si parents et enfants se mettaient à résoudre ensemble un problème difficile.

Quatrièmement, la dose d'hostilité de l'enfant diminue généralement. Puisqu'il doit accepter une solution, il risque moins de s'en aller furieux, en pensant qu'il va saboter cette idée.

Enfin, on essaie de résoudre un problème, ce procédé conduit au-delà de la présentation du problème, jusqu'aux difficultés sous-jacentes. Tandis que parents et enfants discutent du problème, selon leur point de vue, les vrais éléments qui ennuient l'enfant peuvent éclater au grand jour. Une fois ces difficultés résolues, les parents verront avec étonnement comment on peut mener rapidement les négociations et arriver à un accord.

Pour finir, pensez que toutes ces méthodes peuvent être utilisées dès les premières années et jusqu'à onze ou douze ans. Alors, il ne faut plus utiliser la méthode du «hors-jeu» qui marchait si bien quand il était petit. Il sera bientôt adolescent, puis adulte. La méthode de la solution collective est vraiment la méthode à utiliser, ainsi que celle du conseil de famille dont je traiterai au prochain chapitre. Votre tâche sera sans doute plus facile si vous avez adopté ce système quand l'enfant était encore petit.

Si vous avez essayé cette méthode très soigneusement comme je vous l'ai expliqué tout au long de ce chapitre, et si vous subissez un échec retentissant, c'est que vous commettez une erreur. Allez consulter un psychologue qui pourra vous aider à trouver pourquoi cette méthode ne fonctionne pas dans votre famille.

11

LE CONSEIL DE FAMILLE

En un sens, on peut considérer *le conseil de famille*, comme un prolongement de la méthode de la solution collective dans la mesure où toute la famille est impliquée. Voici en quoi il consiste :

Chacun, dans la famille, est membre du conseil. Les enfants trop jeunes pour parler, peuvent en faire partie s'ils ne sont pas trop gênants.

Le conseil devrait se réunir régulièrement une fois par semaine, à un moment où vous risquez peu d'être dérangés. Les réunions manquées rompent la continuité et le sentiment de cohésion qui se forme à la longue.

Le conseil a un président et un secretaire, renouvelés chaque semaine. La seule nécessité pour le secrétaire est qu'il sache lire et écrire car il faudra qu'il rédige le procès-verbal de la réunion et qu'il lise celui de la précédente.

Le principe est que chacun est libre, personne n'est obligé d'assister à une réunion et un membre peut partir à n'importe quel moment.

Comment empêcher un ou plusieurs membres de perturber une réunion ? De façon assez inhabituelle. S'il y a un gêneur, un des membres gênés peut quitter la réunion. Ou bien le prési dent peut demander au perturbateur de mieux se comporter S'il n'obéit pas, les autres membres peuvent décider de sortir

L'ordre du jour est un débat ouvert. Chacun peut aborder un problème qui l'intéresse et parler aussi longtemps qu'il le souhaite. Si un membre du conseil est vraiment intarissable, les autres peuvent se lever et sortir, s'ils ne souhaitent pas écouter

Chaque membre (à l'exception du président) peut parler de ce qu'il veut, *à condition que cela intéresse toute la famille.* Il reviendra au président de séance de décider s'il en est ainsi ou non.

De quoi peut-on parler ? De n'importe quoi. Des problèmes, conflits, difficultés, reproches, projets d'activités positives, etc

Comme pour la méthode precedente, tous doivent être d'ac cord sur la solution. Il ne faut pas voter, car encore une fois, le vote implique un gagnant et un perdant. Si vous ne pouvez pas obtenir l'unanimite à une seule reunion, essayez à la seance suivante.

Dans toute famille où le système du conseil est bien rodé, les parents recourent très souvent à la technique du feed-back C'est une merveilleuse occasion donnee aux enfants de libérer leurs griefs avant de régler positivement leurs problemes essen tiels.

Cependant il ne faut pas considérer le conseil de famille comme le lieu où se règlent les problèmes et ou les rancunes se donnent libre cours. C'est là aussi qu'on établit des projets de sorties, de voyages, d'activités familiales ou de vacances. Ce qui importe, c'est que les décisions prises sur ces activités le soient de façon démocratique, par toute la famille, plutôt que de façon arbitraire par l'un ou l'autre des parents.

C'est une bonne idée de ne pas fixer le conseil de famille au week-end, car trop d'activités autres risquent de faire obstacle.

Un soir de la semaine semble préférable. C'est une bonne idée de faire suivre le conseil par quelque chose d'amusant (manger une glace, aller au restaurant par exemple). Rappelez-vous le système de récompense positive.

Comment organiser un conseil de famille? D'abord, les parents doivent étudier et discuter le concept à fond. Comprenez bien que si vous décidez d'adopter un tel système, vous prenez un grand risque! Celle que votre système familial devienne démocratique! (Un danger qui guette le conseil de famille, est que les parents en fassent mauvais usage et qu'ils manipulent les enfants pour essayer de leur faire faire ce qu'ils veulent.)

Une fois que vous êtes bien décidés, que la structure vous semble claire, vous présentez l'idée. Faites bien remarquer que la famille tout entière décidera en dernier ressort du fonctionnement du conseil.

Puis, vous leur expliquerez ce que je viens de vous dire. Ils souhaiteront peut-être se réunir seulement une fois tous les quinze jours, ils décideront peut-être qu'il n'y a pas besoin de secrétaire. Etc. Dès cette première réunion, ce n'est pas les parents qui etabliront le règlement, mais la famille unanime.

Je vous conseille de faire des réunions courtes au début (un quart d'heure peut-être) puis d'une demi-heure ou de trois quarts d'heure selon le cas. Si vous avez plusieurs adolescents, les débats sur certains problèmes seront peut-être assez longs.

Quels sont les avantages de ce système? Il aide manifestement à calmer les plaintes, les disputes au sein de la famille Mais c'est bien peu de choses si on le compare à la formation extraordinaire qu'il représentera pour vos enfants dans l'art des relations humaines Si vous commencez avec un enfant de trois ans et continuez jusqu'à ce qu'il atteigne dix-huit ans et entre à l'université, pendant quinze ans il aura appris à comprendre, à s'adapter, à s'entendre avec les autres membres (d'âges variés) de sa famille. Il aura eu maintes fois l'occasion de présider la séance, d'essayer de concilier des points de vue opposés. Il aura appris, comme secrétaire, à analyser le déroulement d'un débat.

Je suis prêt à parier que lorsque vos enfants seront grands, ils considéreront le conseil de famille comme l'un de vos plus beaux cadeaux !

12

L'ENSEIGNEMENT DE LA MORALE

La conscience n'est pas naturelle. On ne naît pas avec le sens du bien et du mal. d'un comportement conforme aux regles morales. La conscience *s'acquiert*, et les enfants la reçoivent en grande partie de leurs parents, et à un moindre degré de leur maîtres. de leurs catechistes et de leurs camarades.

Certains êtres sont denués de conscience. On les appelle des psychopathes criminels. Ils sont capables de voler, d'escroquer, d'attaquer et même parfois de tuer sans ressentir beaucoup de remords. Ils ne regrettent pas ce qu'ils ont fait ou les consequences humaines de leurs actes asociaux. Ils regrettent seulement de s'être faits prendre.

Certains peuvent aussi avoir trop de conscience, c'est-à-dire qu'ils sont ecrases par un sens excessif de leur culpabilité. Je pense a une de mes patientes qui souffrait de remords insensé a chaque fois qu'elle avait le plus leger sentiment d'hostilite contre quelqu'un dans son groupe de therapie. Ces gens-là se traitent eux-mêmes avec trop de rigueur par le canal de leur conscience.

Au debut du siecle, vers 1900, beaucoup d'Americains se comportaient ainsi. Leurs vies etaient gouvernees par un type de conscience victorien et autoritaire, rigoureux et répressif

Si nous analysons la société américaine actuelle – à travers notre littérature, nos films, nos émissions télévisées – nous nous apercevons que la situation a radicalement changé. Personnellement, je pense qu'une partie de ce changement a été bénéfique. Nous nous sommes débarrassés de ce type de conscience sévère et répressive, et c'est tant mieux

Mais malheureusement, je crois que nous sommes allés trop loin à l'autre extrême. Nous éduquons maintenant trop d'individus avec très peu de conscience. On les rencontre partout.

Ainsi il y a quelques années, il eût été impensable de trouver des tricheurs chez les scouts, ce groupement symbolisait le summum de l'intégrité. Et pourtant le scandale est apparu là aussi, quand on a découvert des chefs scouts qui falsifiaient leurs effectifs. On ne pouvait non plus imaginer de fraude a West Point ou à l'Académie navale, et voici que des étudiants ont été pris à tricher dans l'une et l'autre de ces écoles. Il en a été de même avec des étudiants en médecine sans qu'on puisse s'assurer qu'on allait mettre fin à ces scandales Posez-vous seulement cette question «Que penseriez-vous si l'un des vôtres était opéré par un chirurgien qui a triché tout au long de ses études?» Quand j'étais étudiant, nous avions quelques condisciples qui copiaient aux examens, mais c'était un tout petit groupe et ils agissaient sans organisation Il y a maintenant des annonces publicitaires, sur les tableaux d'informations des universités, pour des organismes dirigés par des étudiants qui se proposent de faire les devoirs De temps en temps l'administration essaie de réagir mais ce commerce continue

Une certaine conscience de la décence et la notion de ce qui est honnête et de ce qui ne l'est pas, s'applique aussi aux sports. Ainsi, quand j'étais étudiant, les supporters d'une équipe de basket-ball n'auraient jamais tenté de gêner un joueur de l'équipe adverse lorsqu'il tirait un coup franc. Voyez ce qui se passe de nos jours, où les spectateurs font au contraire tout le vacarme possible pour troubler le joueur qui s'apprête à tirer.

On trouve des exemples aussi flagrants dans d'autres sports. Cela signifie que le concept d'une attitude honnête et d'un esprit sportif semble avoir complètement disparu.

Cette crise morale se retrouve encore plus clairement dans nos scandales politiques. Parmi les trente-huit inculpés dans l'affaire du Watergate, tous sauf un étaient des hommes de loi, c'est-à-dire qu'ils appartenaient à ce qui est considéré dans notre société comme une des professions les plus liées à la morale. L'un était Attorney général des États-Unis, un des postes les plus responsables parmi ceux qui font appliquer la loi dans notre pays. Un autre était le président, et tous deux ont été obligés de renoncer à leur charge pour avoir manqué à leur parole. Il faut que notre société se soit bien égarée pour devoir admettre devant nos enfants que ceux qui sont censés mener le pays et donner l'exemple de la morale ont échoué si lamentablement.

Dans mes deux livres précédents, *Tout se joue avant six ans* et *Le père et son enfant* [1], l'idée d'un enseignement de la morale, du sens du bien et du mal et de certaines valeurs était implicite. Je m'aperçois maintenant qu'il faut l'aborder de façon explicite.

Je vous le déclare brutalement. Si nous, parents, avons élevé nos enfants jusqu'à vingt et un ans, avec des méthodes de discipline que nous avons choisies, et qu'à cet âge, ils n'ont aucun

---

1. Éditions Robert Laffont, coll. «Réponses», 1972. Marabout Service n° 225.

sens moral, alors nous avons manqué à la partie la plus importante de notre métier de parents.

Ce que je veux essayer de définir dans ce chapitre c'est un ensemble de critères moraux que vous pouvez transmettre à vos enfants, quelle que soit votre orientation religieuse, que vous soyez catholique, protestant, juif ou même agnostique ou athée.

Premièrement, soyez conscients de ce fait: *c'est vous, parents, qui êtes essentiellement responsables de ce sens moral chez vos enfants.*

Deuxièmement, il faut que vous sachiez que vous pouvez sans le vouloir saboter cet enseignement. La pire méthode pour leur enseigner la moralité est à n'importe quel âge de leur faire des sermons et leur rebattre les oreilles de discours sur l'importance de la morale et de la vertu.

Troisièmement, la meilleure méthode est d'enseigner par l'exemple, en étant soi-même doué de ce sens moral, et être ainsi imité. Je vais illustrer très simplement, à partir d'un contexte très différent, l'extrême besoin que les enfants ressentent d'imiter leurs parents. Lorsque mes enfants étaient plus jeunes, nous allions souvent dans un petit restaurant. Je mangeais mes hamburgers d'une façon assez particulière. J'ôtais les deux morceaux de pain et mangeais seulement la viande hachée. (Ceci, pour consommer moins de calories et me permettre de temps en temps une douceur pour le dessert.)

Jamais je n'ai dit à mes garçons de manger leur hamburger comme je le faisais. Mais un jour, au restaurant, Randy, qui avait neuf ans, demanda une fourchette, et se mit à manger exactement comme moi. Dès qu'il eût commencé, Rusty, quatre ans, réclama aussi une fourchette et fit de même.

Nos enfants nous copient dans les petits détails de la vie et en font tout autant pour imiter notre sens moral, et nos critères. C'est donc sans aucun doute la méthode la plus efficace.

Quatrièmement, vous pouvez utiliser le moment des repas pour en faire de petits séminaires sur le sens moral et la vertu, en vous inspirant des nouvelles de la journée. Bien entendu, il est important que vous n'insistiez pas lourdement et que vos enfants se disent : « Tiens, voilà la leçon de morale qui recommence ! » Mais chaque fois que vous le pouvez, n'hésitez pas à aborder le sujet en relation avec les événements décrits par les journaux ou les magazines, ce qui s'est passé à l'école ou ailleurs. Mais soyez toujours discrets.

Beaucoup vont se demander quels critères moraux compréhensibles ils peuvent enseigner. Voici quelques suggestions fondées sur mon expérience personnelle. Je crois que tout le monde devrait pouvoir les accepter. Commençons par une proposition très simple. Tout ce qui nuit à un autre être humain ou a soi-même est mal. Toute action qui ne fait de tort à personne, est probablement bonne. Si votre enfant a volé au supermarché, vous avez un fondement logique pour lui expliquer que c'est mal, non pas, arbitrairement, parce que vous le lui dites, mais parce que le vol nuit au propriétaire du magasin.

De la même façon, s'il triche à une interrogation, il nuit à ses camarades et à lui-même. Il manque de loyauté vis-à-vis de ceux qui ont travaillé et qui n'ont pas copié, car il obtient injustement l'avantage. Et il se fait du tort à lui-même car il se prive d'acquérir les connaissances qu'une étude honnête lui apporterait.

Il faut que vous viviez en accord avec cette proposition si vous voulez que votre enseignement soit efficace et vous devez l'enseigner comme un système qui englobe tout au-dessus et au-delà de tout événement particulier. Si vous vous apercevez que votre enfant de six ans a volé des bonbons dans un magasin, vous voudrez bien sûr qu'il rapporte ces bonbons au magasin, ou s'il les a mangés, qu'il aille les payer. Mais vous ne voudrez pas vous limiter au règlement de cette affaire, vous voudrez lui expliquer tout d'abord, en évitant un sermon interminable, pourquoi c'était mal fondamentalement de prendre des bonbons.

A la première proposition selon laquelle tout ce qui nuit à autrui ou à soi-même est mal, j'ajouterai une autre proposition sur laquelle tout le monde peut être d'accord : il est bien d'agir avec amour pour les autres et soi-même. Cette proposition comprend l'idée que c'est un acte d'amour que d'aider une personne qui a été blessée ou qui est en danger. Nous avons eu récemment nombre d'exemples où ce principe était violé, ou plusieurs témoins d'un crime ou d'une attaque n'appelaient même pas la police. Il n'est plus temps d'enseigner ces principes moraux aux individus quand ils ont quarante-cinq ans mais à six ou sept ans et lorsqu'on taquine ou qu'on bat un de leurs camarades dans la cour de récréation.

Il faut retenir deux choses à propos de cet enseignement des principes moraux. Nous devons être prêts, à la période d'adolescence, à voir nos enfants combattre ces principes de toutes les façons possibles. Ils s'y opposeront dans la vie pratique, et verbalement soit en les critiquant soit en les dénigrant.

Il faut aussi que les parents sachent que cette rébellion est une phase normale de l'adolescence. S'ils ne combattaient pas les principes dans lesquels ils ont été élevés, ce serait inquiétant. Les parents s'affolent souvent, ils ont tort. Ils verront, non sans surprise, les mêmes adolescents retourner vers vingt ans aux valeurs qu'ils avaient rejetées dans leur adolescence.

Je pense que vous devez éviter deux positions extrêmes devant votre adolescent rebelle. La première est celle de beaucoup de gens aujourd'hui (particulièrement les jeunes) qui pensent que la morale consiste « à faire ce qui vous plaît ». C'est un relativisme complet en morale. Tout le monde agit a sa guise et tout le monde est heureux. C'est une idée que je rejette violemment. Si on laisse à chaque individu le droit de décider ce qui est bien ou mal, on peut justifier les atrocités commises sous Hitler ou Staline. L'exemple extrême de cette doctrine mène à Charles Manson et à une fille de sa «famille» décidant qu'il leur fallait tuer une personne par amour pour cette personne. La morale individuelle n'a aucun sens psychologique pour moi.

Je crois aussi qu'il faut faire très attention à ne pas donner l'impression à nos adolescents que nous, parents, avons des liens privilégiés avec le ciel qui nous rendent infaillibles dans notre appréciation du bien et du mal. Combien de fois ma mère m'a-t-elle dit : « Au moins, mon garçon, je t'ai appris à faire la différence entre le bien et le mal. » Elle me fit cette réflexion pendant une de mes périodes de rébellion alors que j'étais étudiant et je me rappelle lui avoir répondu : « Toutes mes félicitations. Tu as réussi à définir ce que les philosophes, depuis Platon, ont cherché à faire sans aboutir ! »

J'avais tort d'être sarcastique, mais mes sarcasmes étaient fondés sur un point. Ma mère confondait sa notion individuelle et limitée du bien et du mal qu'elle pouvait avoir en mère de famille des classes moyennes de la banlieue de Baltimore, avec la vision universelle du bien et du mal. Il faut donc que nous, parents, ayons une éthique bien définie, mais nous ne devons pas la projeter avec la certitude absolue qu'elle a une valeur universelle. Il est important d'aborder ce sujet par des phrases telles que celles-ci : « Voilà ma façon de penser mais il se peut que d'autres individus ou toi-même aient un point de vue autre », ou bien : « Voilà ce que je considère comme sensé sur le plan des principes moraux, mais d'autres ne seront peut-être pas d'accord. »

13

COMMENT RECOURIR A LA FORCE

J'ai traité de toutes les méthodes de discipline sauf une. Si vous les utilisez, vous n'aurez sans doute jamais besoin de recourir à cette méthode extrême. Mais comme j'ai eu affaire à nombre de parents, surtout d'adolescents, qui considéraient ce système comme nécessaire, il serait négligent de ne pas en parler.

Je veux parler de la force à l'état pur de la part des parents, ou ce que j'appellerai *la force musclée des parents*. Je ne considère pas, *à priori,* le recours à la force comme nécessairement immoral ou mauvais. Je pense avoir été assez clair jusqu'ici pour qu'on comprenne que je tiens un accord réciproque pour bien supérieur à des rapports de force imposés soit par les parents, soit par les enfants. De toute évidence, je crois qu'il vaut beaucoup mieux régler un conflit par des négociations que par la force. Cependant, dans certains cas limités, quand toutes les autres ressources ont été utilisées sans succès, je crois qu'il faut recourir à la force pure pour sortir certains enfants du chaos.

Mais avant ce dernier recours, les parents devraient encore chercher l'aide d'un psychologue. Dans un livre, on ne peut traiter que de problèmes généraux. Un praticien est capable de s'occuper de votre enfant ou de votre famille en particulier, comme aucun livre ne peut le faire.

Avant de recourir à ces méthodes désespérées, consultez un spécialiste.

L'usage de la force pure se révèle presque toujours nécessaire avec des adolescents. Les enfants plus jeunes, s'opposent rarement à l'autorité parentale avec autant de violence.

Ainsi, une mère divorcée avait trois enfants : un garçon de quatorze ans, un de seize ans, et une fille de dix-sept ans. Elle n'avait aucune autorité sur ses enfants. Quand elle leur demandait de rincer les assiettes ou de les ranger dans le lave-vaisselle, ils lui répondaient : « Fais-le toi-même, Bobonne ! » Quand elle réclamait de l'aide de la maison elle s'entendait dire : « je suis occupé », ou « la barbe ». D'après sa description, il etait évident que les enfants dirigeaient la maison et qu'elle était leur esclave, bien malgré elle.

Après en avoir longuement discuté, nous décidâmes de la meilleure solution : elle allait faire la grève.

Elle expliqua à ses enfants qu'elle ne pouvait plus tolérer qu'ils ne tiennent aucun compte d'elle quand elle leur demandait de l'aider à la maison, et qu'elle se mettait en grève jusqu'à ce que la situation change. Elle ne ferait plus les courses ; elle ne préparerait plus les repas et ne donnerait plus d'argent à aucun. Son moyen d'action était donc la force de l'argent. Au début, les trois enfants crurent qu'elle plaisantait. Ils avaient tellement l'habitude d'une mère soumise qu'ils furent confondus de se trouver en face de quelqu'un dont il fallait tenir compte.

Ils essayèrent d'abord de la manœuvrer. Ils firent le tour des amis pour aller manger chez eux. Ils empruntèrent de l'argent pour acheter de l'essence. Mais au bout de cinq ou six jours, ils commencèrent à en avoir assez. Ils étaient confrontés à l'évidence que c'était leur mère qui détenait les cordons de la bourse et qu'ils ne pouvaient rien y faire. J'avais conseillé à la mère de ne tenter aucune approche et d'attendre que les enfants viennent à elle. C'est ce qui arriva finalement : ils lui dirent qu'ils voudraient bien discuter tous ensemble avec elle. Le débat fut plutôt pénible, mais la mère resta ferme sur ses positions. Ils en arrivèrent à l'accord suivant : la mère acceptait de fournir l'argent et de préparer les repas à condition qu'une liste répartissant les corvées des trois enfants soit affichée dans la cuisine. D'une situation où la mère donnait et où les enfants recevaient, on était arrivé à une situation où chacun participait à la bonne marche de la maison. La grève de la mère avait prouvé l'efficacité du pouvoir des parents.

Voici un exemple encore plus extrême. La famille qui me consultait avait un fils de dix-huit ans. Il avait abandonné ses études, ne travaillait pas et passait la plus grande partie de son temps à traîner dans la maison et à se droguer. Croyez-moi, nous tentâmes d'abord toutes les méthodes que je vous ai décrites : ce fut un échec total. Il était même venu me voir deux fois avec ses parents et avait abandonné. Finalement, le père en eut assez. Il me dit : « Nous avons tout essayé et rien n'a marché. Il a abandonné ses études, il ne veut pas travailler. Je crois que nous devrions le mettre à la porte. » La mère fut horrifiée : « Quelle horreur ! C'est tout de même notre fils ! » Je fus d'accord avec le père. Je fis remarquer à la mère qu'ils ne rendaient pas service à Joey en le laissant se dégrader jour après jour. Elle accepta avec réticence.

Le père donna à Joey une semaine de délai. Il lui expliqua : « Écoute, Joey, si tu poursuivais tes études, je paierais bien volontiers. Si tu ne veux plus étudier et si tu préfères travailler, d'accord. Mais je ne peux pas te laisser traîner ainsi à la maison à ne rien faire d'autre que te droguer. Si d'ici à une semaine la situation n'a pas changé, il faudra que tu partes. »

Rien, bien sûr, n'avait changé au bout d'une semaine et Joey partit. Il alla d'abord chez sa grand-mère et se fit héberger pendant trois semaines, jusqu'au moment où elle en eut assez et le mit à la porte. Puis il se rendit chez des amis et resta chez eux jusqu'à ce que, las de son comportement, ils lui demandent de partir.

Finalement, il trouva du travail dans une station-service. La vie le força à faire cela, car il avait épuisé tous les gens susceptibles de le nourrir, de l'héberger et de le supporter. Un an plus tôt il aurait méprisé le métier de pompiste, mais maintenant il était content d'avoir ce travail. Il se débrouilla pour louer une chambre, faire sa cuisine sur un petit réchaud. Huit mois plus tard, il avait économisé assez d'argent pour se louer un petit appartement qu'il meubla avec des caisses et décora d'affiches. Il avait cessé de se droguer, comprenant qu'il ne pouvait garder sa place ; or, il avait besoin de l'argent qu'il gagnait.

Un an et demi plus tard, il décida qu'il en avait assez d'être pompiste, qu'il y avait d'autres métiers plus intéressants et chercha autre chose. Il avait toujours été bon en maths et décida d'être analyste-programmeur. Avec beaucoup d'hésitations, il retourna voir son père et lui expliqua qu'il désirait reprendre des études d'informatique. Il voulait savoir si son père acceptait qu'il revienne à la maison s'il reprenait ses études. Le père, trop heureux, accepta. Le garçon reprit ses études, obtint son diplôme et trouva une place intéressante.

Pour moi le moment décisif fut celui où le père mit ce garçon à la porte de la maison.

En plus de vingt ans de pratique, je ne pense pas avoir conseillé cette méthode draconienne plus de deux ou trois fois.

Mais il arrive que le recours ultime du pouvoir parental à l'état pur soit nécessaire.

Je répète que des méthodes aussi extrêmes que celles-ci ne sont presque jamais nécessaires avant l'adolescence. Et même avec des adolescents, il vaut mieux avoir recours aux méthodes du feed-back, de la solution collective, du conseil de famille, etc.

J'ai cru nécessaire d'ajouter ce chapitre car les livres qui traitent de la discipline, ne se préoccupent pas assez, à mon avis, de ce que les parents peuvent faire quand ils affrontent un adolescent qui refuse à tout prix d'obéir à des exigences raisonnables. Ainsi, dans un livre qui valorise l'écoute active, lorsque les parents disent à leur enfant de s'asseoir pour les écouter, celui-ci s'asseoit bien sagement pour discuter ! Mais que ferez-vous si votre enfant vous répond « la barbe », refuse le dialogue et quitte la maison ? Ou bien si vous êtes dans la situation de ce père qui défend à son fils de quatorze ans de sortir et ferme la porte à clé, si celui-ci casse un carreau et saute par la fenêtre ? Comment les parents peuvent-ils affronter une situation aussi extrême ?

je réponds que devant de tels cas de défi à l'autorité parentale, les parents doivent user de leur pouvoir pour amener l'adolescent à obéir. Jusqu'à ce que votre enfant souhaite obéir, vous aurez le désordre dans votre famille.

C'est une chirurgie définitive qu'une telle méthode, il ne faut donc pas l'entreprendre à la hâte, mal à propos ou légèrement. Mais il y a des moments où elle devient nécessaire

14

L'ART DE LA «PENSÉE NÉGATIVE»

Jusqu'ici nous avons décrit comment enseigner à votre enfant à bien se comporter ou comment l'aider à se débarrasser d'une attitude indésirable. Tout ceci implique que l'enfant n'agit pas comme vous le voudriez. Nous en arrivons maintenant à un problème que les experts traitant du sujet de la discipline, semblent ignorer presque totalement. Supposons que le comportement de l'enfant soit parfaitement normal et approprié à son âge, mais qu'à cause de manques chez les parents, le comportement normal de cet enfant les irrite? Ceci peut toucher l'un des parents ou les deux.

Je songe, par exemple, à ce père qui m'a consulté à propos de son fils unique, un garçon de huit ans. Le père possédait une aptitude exceptionnelle à être objectif devant une situation. Il me dit qu'il avait lu un grand nombre de traités de psychologie sur le sujet, et qu'il en concluait que son fils, Donald, était un enfant tout a fait normal. S'il avait su plus tôt ce qu'il savait maintenant sur les enfants de cet âge, il aurait probablement décidé de ne jamais avoir d'enfants. Il n'avait pas pris cette décision à ce moment-là et se trouvait donc confronté à cette situation. Tout ce que Don faisait, courir dans la cour en criant avec ses camarades, faire irruption dans la maison en claquant les portes, laisser traîner dans la cuisine la confiture, ou le beurre ou le coca-cola, faire de la bicyclette dans le jardin, tout cela l'irritait. Il savait que c'était un comportement normal à son âge, mais cela le gênait. Il souhaitait qu'il soit calme comme un adulte au lieu d'être un petit garçon de huit ans turbulent et plein de vie. Il me demandait donc conseil.

C'était un cas très net où le père comprenait qu'il n'y avait pas de vrai problème dans le comportement de son fils. Le problème se posait non pas chez l'enfant, mais dans les sentiments du père. Il attendait que son fils se comporte comme l'adulte qu'il n'était pas, au lieu d'agir comme l'enfant de huit ans qu'il était. Pour répondre à ce dilemme, j'enseignai au père *l'art de la pensée négative.*

Depuis que le Dr Norman Vincent Peale a publié son livre intitulé *The Power of Positive Thinking* à la fin des années 30, des millions de gens essaient de penser positivement pour transformer leur attitude vis-à-vis d'eux-mêmes, de leur travail, de leurs épouses, leurs clients, des situations particulières qu'ils doivent affronter et tout ce que vous pouvez imaginer.

Je suis d'accord avec le Dr Peale sur le but qu'il demande à ses lecteurs de viser. C'est très bien que de pouvoir penser positivement à soi-même, à votre femme, vos enfants, votre travail. Mais je ne suis absolument pas d'accord sur les moyens par lesquels il pousse les gens à atteindre ce but. Il suggère aux lecteurs de créer des images positives dans leur esprit et de tendre à orienter leurs pensées dans une direction positive. L'ennui c'est que bien peu de gens réussissent. Quand on se trouve saisi par une peur intense ou accablé par une profonde dépression, la pensée positive est tout simplement impossible. Elle n'a pas assez de poids pour affronter les forces qui montent de l'inconscient profond.

Je plaiderai plutôt pour ce que j'appelle *la pensée négative.* Voici en quoi elle consiste. Il y a longtemps de cela, un psychologue, le Dr Knight Dunlap, apprenait à taper à la machine, relativement tard, puisqu'il avait trente-cinq ans. Il s'aperçut qu'il faisait toujours la même erreur. A chaque fois qu'il voulait frapper « THE » il tapait : « HTE ». S'il avait essayé de recourir à la pensée positive pour corriger son erreur, il aurait essayé de penser positivement à frapper THE. Il aurait songé aux lettres qu'il devait frapper au lieu de cette suite erronnée. Mais comme c'était un psychologue averti, il fit une petite expérience sur lui-même. Il tapa délibérément son erreur « HTE » peut-être deux cents fois. Quand il essaya ensuite de frapper THE, il s'aperçut qu'il n'avait aucune difficulté à le faire correctement.

C'est ainsi qu'il réussit à se corriger. Consciemment il vou lait frapper « THE », mais inconsciemment, et contre son contrôle conscient, « HTE » ressortait régulièrement. Il contrôla donc cette erreur involontaire et inconsciente en faisant délibérément ce qu'il voulait éviter.

A l'aide de ce principe, le Dr Dunlap travailla avec des gens qui apprenaient à taper à la machine, à jouer du piano, à maîtriser le « Morse », ou tout autre activité machinale. J'ai étendu cette idée originale du Dr Dunlap au domaine des sentiments et des émotions. C'est une technique que j'enseigne aux gens pour les aider à se débarrasser de sentiments indésirables et les remplacer par des émotions positives et souhaitables. Un exemple rendra peut-être son fonctionnement plus clair.

Je me souviens d'une cliente de vingt-sept ans qui vint me trouver au départ parce qu'elle se sentait timide et mal dans sa peau. Quand je la vis la première fois, elle travaillait comme employée au classement. Pendant une de nos premières séances de psychothérapie, elle remarqua d'un ton presque dégagé : « Je sais que je ne suis pas très intelligente mais je suppose qu'il faut que je m'y habitue. » Après avoir discuté avec elle, je pouvais répondre de son intelligence ; je lui donnai donc un test d'intelligence à faire. Elle obtint 83 pour cent ce qui signifie qu'elle était plus intelligente que 82 individus sur 100 de son âge, et moins intelligente que 17 autres, c'était donc un fort bon résultat. Croyez-vous qu'elle en fut satisfaite ? Pas du tout. Elle pensait en fait que j'avais truqué les résultats pour la faire passer pour plus intelligente qu'elle n'était !

Pendant que j'essayais d'élucider pourquoi elle trouvait si difficile de croire qu'elle était intelligente, nous découvrîmes bientôt la raison. Un des mots favoris de sa mère à son égard était le mot « stupide ». Elle lui disait : « Ce que tu as fait est stupide ! Comment peux-tu être aussi stupide ! Tu ne fais jamais rien de bien ! » etc. Ces répétitions négatives venant de sa mère couraient dans sa tête et la poussaient à se sous-estimer.

Il fallait donc que je réussisse à lui faire créer des sentiments positifs à propos de son intelligence. Mais *surtout pas* en lui disant d'y penser positivement. Ce qu'elle avait enregistré de négatif était trop puissant. J'eus donc recours à la pensée négative. Je lui dis de se regarder tous les matins pendant cinq minutes dans un miroir et d'exagérer délibérément toutes les expressions négatives que sa mère avait utilisées à son sujet. Je lui fis répéter des phrases semblables à celle-ci : « Margaret, tu es vraiment stupide. Tu as de la chance que ton patron n'ait pas compris à quel point tu es sotte, sinon il t'aurait mise à la porte. Tu fais tellement d'erreurs idiotes que tu le mériterais bien. » Je lui fis répéter le même genre de phrase en voiture quand elle allait à son bureau ou qu'elle revenait chez elle. Il fallait qu'elle accentue délibérément tous les sentiments négatifs que sa mère avait semés en elle à propos de son intelligence.

Dans un tel cas, tant que les enregistrements négatifs peuvent opérer silencieusement, ils sont tout-puissants et l'empêchent d'avoir des sentiments positifs à propos de son intelligence. Une fois qu'elle les contrôle consciemment et les exagère délibérément, elle commence à ressentir leur absurdité. C'est comme si, tôt ou tard, une petite voix intérieure la persuadait que tout cela est ridicule, et qu'elle est vraiment intelligente. C'est ce qui commença à se produire chez Margaret, au bout de trois ou quatre mois. Elle commença par se révolter contre les répétitions négatives de sa mère. Ce processus se manifesta extérieurement quand elle décida de s'inscrire à des cours de secrétariat administratif. Le cours achevé, elle obtint un poste beaucoup mieux rétribué.

Puis nous commençames à travailler son aspect extérieur. A nos premières rencontres, on aurait cru avoir affaire à une petite souris. Sa mère avait eu le même effet destructeur sur son apparence que sur son intelligence. Elle lui disait qu'elle était trop maigre, qu'on pouvait compter ses côtes, que ses jambes étaient comme des allumettes, qu'il fallait qu'elle mange davantage, que maigre comme elle était, aucun homme ne la regarderait. Nous utilisâmes le même système de pensee négative.

Une fois de plus, après quelques mois, la petite voix intérieure commença à se rebeller contre ces paroles désobligeantes de sa mère. Elle commença à se maquiller et à mieux s'habiller. Elle arriva un jour à son rendez-vous absolument charmante. Je compris tout de suite qu'elle gagnait la partie et commençait à mieux se sentir dans sa peau. Elle eut bientôt un ami et peu de temps après elle était prête à achever sa psychothérapie.

Cette jeune femme avait donc commencé en se considérant inintelligente et peu attirante. Grâce à la pensée négative, elle avait pu se débarrasser de ces schémas négatifs et comprendre qu'elle était au contraire intelligente et jolie. Mais ce n'est pas en se disant qu'elle était intelligente ou jolie qu'elle réussit. Il lui fallut recourir à la pensée négative pour effacer les schémas négatifs de son esprit et penser du bien d'elle-même.

Revenons maintenant au père du garçon de huit ans. Si j'avais essayé la pensée positive avec lui, je lui aurais demandé de se dire à lui-même : « mon fils est un garçon merveilleux, et je dois penser le plus grand bien de lui, même s'il fait des tas de choses normales à huit ans et qui m'agacent. » Cela n'aurait jamais réussi. Ç'aurait été lui demander de se bercer de l'illusion que certaines actions du garçon ne l'irritaient pas. Je le conduisais inéluctablement à l'échec.

Je l'entraînai donc à la pensée négative. Je lui demandai de s'isoler une fois par jour pour se parler à haute voix, pendant qu'il conduisait pour aller à son travail ou revenir chez lui, et pratiquer ainsi la pensée négative. Je lui fis exagérer consciemment tout ce qui l'agaçait chez son fils. Je lui fis répéter des phrases comme celles-ci : « Mon fils n'a pas le droit de se conduire comme un enfant normal de huit ans. Il doit parler doucement tout le temps. Il faut qu'il fasse de la bicyclette aussi tranquillement qu'une vieille dame. Mes nerfs sont trop fragiles et trop précieux pour que j'accepte qu'il se comporte comme un garçon de son âge. Il faut à tout prix qu'il respecte mon équilibre nerveux si sensible. Ou bien j'aurai une dépression nerveuse et je finirai mes jours dans un asile psychiatrique. » Je demandai au père de prononcer tout cela assez fort et d'y joindre une pointe de colère s'il pouvait.

Je mentirais si je disais qu'il changea complètement d'attitude et qu'il accepta totalement le comportement tout à fait normal de son fils. Cela lui permit cependant de se désensibiliser à propos de choses qui l'auraient exaspéré auparavant. Il fut à même de les considérer comme des sujets d'irritation mineurs, il pouvait avoir recours à cette méthode non seulement sur le trajet de sa maison à son travail, mais également chez lui, il pouvait se retirer dans sa chambre et maîtriser son agacement chaque fois que le comportement de son fils le contrariait.

N'attendez pas que la pensée négative vous change complètement quand votre enfant vous agace, si vous vous transformez à 50 pour cent c'est déjà un beau résultat.

Voici un cas que j'ai soigné et que je voudrais vous donner en exemple. Le fils avait treize ans et le père aurait voulu dialoguer avec lui à propos des problèmes sexuels. Son fils étant au début de la puberté, cela lui paraissait essentiel. Ses intentions étaient bonnes, mais il avait très peur d'aborder le sujet, inhibé par l'éducation qu'il avait reçue dans sa jeunesse. Il me confia son problème, me dit qu'il ne voulait pas que son fils souffre autant que lui, surtout à propos de la masturbation. Tout problème sexuel était tabou chez lui, enfant, et il voulait que ses enfants abordent librement ces questions quand ils le voulaient. A chaque fois qu'il souhaitait leur en parler, il restait muet, paralysé par ses propres blocages.

Après avoir écouté le père, je lui expliquai le mécanisme de la pensée négative et lui conseillai de l'utiliser pour vaincre ses difficultés, répéter des schémas tels que : « C'est très mal de parler de sexe avec son fils, de se dire qu'il était un père immoral et vicieux que de vouloir parler de masturbation, que c'étaient des sujets de conversation repoussants, qu'il devait aborder seulement des sujets convenables comme les boys-scouts ou l'école, que le reste ne ferait que bouleverser son fils. »

Le père suivit fidèlement mes conseils, en arriva au moment où il s'était suffisamment révolté contre la stupidité de ces schémas négatifs pour être prêt à parler à son fils. Il me dit qu'il était encore mort de peur mais qu'il était bien décidé à aborder le problème et qu'il espérait que son fils ne sentirait pas sa panique. Je lui dis qu'au contraire il était très important de lui faire part de ses craintes, de se placer au même niveau que lui pour lui expliquer qu'il voulait lui éviter les problèmes qui l'avaient rendu si malheureux dans sa propre adolescence.

C'est ce qu'il fit. Il s'aperçut que cela l'aidait beaucoup. Son fils lui dit que cela lui était pénible à lui aussi et cela créa immédiatement un lien de compréhension entre eux deux. Le père aborda différents problèmes, lui parla de relations sexuelles, des systèmes contraceptifs et de la masturbation. Il s'aperçut que son fils se masturbait depuis près d'un an et entretenait un sentiment de culpabilité à ce sujet. Quand le père lui expliqua que c'était une conduite normale chez les adolescents, que lui-même l'avait fait à son âge, le sentiment de culpabilité du fils s'en trouva très amoindri.

La pensée négative peut également être d'un grand secours pour des beaux-parents. Imaginez que vous épousiez la femme que vous aimez et que vous vous retrouviez nanti de deux ou trois enfants. La situation est difficile. Vous pouvez vous trouver tout à coup beau-père d'un petit garçon de quatre ans, d'une petite fille de neuf ans et d'un autre garçon de onze ans. Ce n'est pas très facile de se retrouver brusquement père ! Vous vous entendrez probablement plus facilement avec les deux plus jeunes, mais il peut jaillir quelques étincelles entre l'aîné et vous.

Si vous étiez parfaitement honnête avec vous-même, vous devriez reconnaître que vous ne l'aimez pas. Il peut y avoir plusieurs raisons : vous n'avez peut-être pas d'enfants vous-même et manquez donc d'entraînement Vous leur demandez peut-être trop, ou bien le petit garçon est un sale gosse à qui sa mère laisse tout faire, même si ce n'est pas le cas avec ses plus jeunes frères et sœur Ou alors il n'y a aucun point vraiment précis Si ce n'est que vous n'avez absolument aucun attachement pour lui

Que faire dans une pareille situation? Si par certains côtés son caractère est franchement détestable, vous pouvez tenter de régler le problème avec votre femme. Il sera alors possible d'user des methodes de discipline contenues dans ce livre. Malgre tout, si le véritable problème ne vient pas du garçon mais des sentiments qu'il vous inspire, il est alors possible d'employer la pensée négative.

Prenez chaque aspect de son comportement qui vous irrite et exagérez-les. Dites-vous par exemple : « Il répond et fait le raisonneur. Comment peut-il seulement oser cela? Comme si un môme de onze ans pouvait se permettre de ne pas être d'accord! Est-ce qu'il se rend compte que je suis cadre moyen dans ma boîte? Aucun respect pour mon intelligence ou ma sagesse! Comme lorsqu'il m'a fait remarquer, l'autre mardi, que j'avais fait une erreur en physique. Il aurait dû se taire, et c'est tout! »

Et ainsi de suite. Le beau-père ne réussira peut-être pas à aimer profondément le garçon, mais il réussira au moins peut-être à reduire son animosité.

Que vos beaux-enfants vivent en permanence avec vous, ou que vous les voyiez seulement aux week-ends, s'il advient que vous preniez l'un d'entre eux en grippe, la pensée négative peut vous aider.

Le problème des relations entre beaux-parents et beaux-enfants est particulièrement aigu quand il s'agit d'adolescents. Ils sont de toute façon dans une période de révolte, et pour les vrais parents non plus, la situation n'est pas très confortable. Quand un enfant est plus jeune, un beau-père ou une belle-mère peuvent réagir contre un comportement désagréable, mais le champ d'action est beaucoup plus limité avec un adolescent. Là encore, la pensée négative peut vous aider à supporter l'adolescence de vos beaux-enfants.

En tout cas, si votre enfant vous agace, essayez de comprendre ce qu'est le comportement « normal » de son âge. Les difficultés sont nombreuses dans la première enfance ou la prépuberté par exemple. Donc, si son comportement est anormal, il faut employer des méthodes de discipline qui puissent l'améliorer. Mais s'il se conduit normalement, c'est *vous* qui devez vous améliorer.

Tous les problèmes viennent de ce que peu de parents connaissent ce qu'on peut attendre véritablement d'un enfant. Deux sources peuvent vous y aider. Tout d'abord, mes deux précédents ouvrages : *Tout se joue avant six ans* et *Le père et son enfant*. Ensuite les livres du Gesell Institute : *Le jeune enfant dans la civilisation moderne* et *L'enfant de cinq à dix ans* (P.U.F.). Leur valeur est incalculable, et ils doivent vous permettre de savoir, si votre enfant est insupportable, dans quel cas il s'agit d'une période difficile et dans quel cas il est *vraiment* insupportable !

Si la pensée négative vous est nécessaire pour combattre une certaine animosité contre votre enfant, il serait bon que vous recouriez aux services d'un conseiller familial, vous et votre fils, ou même toute votre famille, pour analyser vos sentiments.

La pensée négative n'est pas infaillible, mais disons que c'est un outil sûr, qui peut vous aider à résoudre beaucoup de rapports problématiques.

15

LES PARENTS, EUX AUSSI, ONT DES DROITS !

Mes parents me répétaient souvent dans mon adolescence : « On ne doit ni voir ni entendre les enfants. » Bien heureusement, cette pensée est très démodée aujourd'hui.

Mes parents avaient cependant un avantage sur nous. Comme tous les parents, depuis que le monde est monde, ils commettaient des erreurs d'éducation. Mais ils étaient parfaitement inconscients que leurs fautes puissent avoir quelque incidence sur l'avenir de leurs enfants. Il persistaient dans leurs erreurs, ignorant ces sentiments de culpabilité qui assaillent tant de parents de nos jours. Les générations précédentes ont peut-être élevé leurs enfants avec la finesse d'un éléphant dans un magasin de porcelaines mais c'étaient des éléphants sans complexes !

La plupart des parents d'aujourd'hui n'ont plus confiance en eux-mêmes. D'une part, la vulgarisation de la psychologie leur a enseigné l'importance de leur rôle, et les méthodes capables de faire de leurs enfants des adultes bien adaptés. D'autre part, comme je l'ai déjà fait remarquer, les parents ne reçoivent aucune formation particulière qui leur permette d'être de bons educateurs.

Il résulte de ce paradoxe que l'Amérique est devenue le pays des Parents Inadaptés ! Ils ne cessent d'interroger avec inquiétude les psychologues, les psychiatres et les pédiatres pour savoir s'ils ne font pas fausse route.

Je vous livre quelques commentaires frappants de parents anxieux :

« Un jour j'avais eu trop de travail pour sortir le bébé et il me semblait que j'avais manqué à mes devoirs de mère. Quand je racontai cela au pédiatre, il me répondit : « croyez-moi, madame T., quand il sera en âge de se marier, il n'y pensera plus. » Je compris à quel point j'étais ridicule et cela me soulagea beaucoup. »

« Mon fils était alité avec un rhume. J'avais beaucoup d'occupations et toute la journée je me sentis coupable de l'avoir laissé à la maison en compagnie de la femme de ménage. Je décommandai donc le déjeuner auquel j'étais invitée, annulai mon rendez-vous à l'institut de beauté, attrapai un taxi au vol et me précipitai dans sa chambre en lui demandant à quoi il voulait jouer. Il me répondit : « J'ai du travail, pour le moment. Est-ce que tu ne pourrais pas trouver une occupation ? »

« Une de mes amies s'est disputée avec son mari devant leur fille de cinq ans. Elle s'intéresse beaucoup à la psychiatrie, et elle s'est rendue malade en pensant à l'effet produit par cette dispute sur l'enfant. »

Les enseignants remarquent eux aussi ce malaise. Voici ce que dit un directeur d'école :

« Ils ont un vif sentiment de culpabilité ! Ils se demandent s'ils ne se trompent pas. Nous consacrons autant de temps aux parents qu'aux enfants. Ils ne cessent de m'appeler, même chez moi. Ils tournent en rond. »

Ce sentiment de culpabilité les mène à des contrats inconscients. C'est comme s'ils disaient : « Puisque je ne suis pas sûr dé ne pas me tromper, j'essaierai de me faire pardonner, en renonçant a tous mes droits et liberté individuels et en me consacrant entièrement à toi. Comme cela, je me rattraperai de toutes les fautes que je pourrais commettre. »

Un psychiatre de Scarsdale, New-York, analyse ce phénomene de la façon suivante : « Les parents sont devenus les esclaves de leurs enfants. Ils ne cessent de s'occuper d'eux, d'organiser le ramassage en voiture, de les surveiller, de faire des projets pour eux ou de parler d'eux. »

Tout cela est bien regrettable. Chaque fois que les parents se sentent inefficaces et renoncent à leurs propres droits pour céder aux caprices de l'enfant, ils se sentent rabaissés de s'être laisses faire (même si cela a été volontaire de leur part). Leur amertume rejaillit sur l'enfant, ce qui leur fait encore perdre de leur efficacite. C'est un cercle vicieux qu'ils ne peuvent briser.

Je pense avoir fait ressortir assez clairement, dans les chapitres precedents, que je crois sincerement qu'il faut traiter les enfants avec respect et comprehension. On doit attendre d'un enfant un comportement adapté a son âge et au stade de son developpement, et ne jamais exiger un comportement d'adulte. Un enfant a le droit d'avoir certains sentiments et de les exprimer

Mais je crois que les parents ont aussi certains droits et que c'est une grave erreur de les ignorer ou de les negliger. Ceux qui sont sûrs de leur bon droit et de leurs libertés, et qui n'hésitent pas a en user, sont de bien meilleurs parents que ceux qui, assaillis de doutes, ont sans cesse recours aux compromissions pour se réhabiliter vis-a-vis d'eux-mêmes.

Aussi, pour etablir la justice et la paix domestique, creer le bien-être de tous, assurer les bienfaits de la liberté pour nous-mêmes et pour notre progéniture, je vous propose cette charte des Droits pour les parents

1. *Vous avez le droit d'avoir vos propres sentiments et d'en faire part à vos enfants.* J'ai déjà souligné l'importance d'accorder à vos enfants la liberté d'exprimer leurs sentiments. Ce serait une attitude unilatérale regrettable si cela s'arrêtait là. Vous aussi, vous avez le droit d'exprimer vos sentiments, aussi bien négatifs que positifs. Tant de parents se contiennent, les lèvres serrées, pleins de sentiments critiques devant l'attitude de leurs enfants, craignant de mal faire s'ils disent ce qu'ils pensent. Je vous en prie, libérez-vous et accordez-vous le droit de dire : « Je suis excédé par tes bêtises aujourd'hui, tu ferais mieux de te faire oublier un peu. »

2. *Vous avez le droit de commander chez vous.* Je connais des parents qui, divorcés, ont demandé à leurs enfants la permission de se remarier. Je considère cela comme de la folie pure. Il y a sans doute des questions sur lesquelles on doit consulter un enfant et où son avis est important, mais pas pour une question comme celle-là.

Les enfants qui savent qu'ils peuvent manœuvrer à leur gré des parents hésitants se préparent des jours difficiles à l'âge adulte, quand ils découvriront que la vie est bien différente. Quant aux parents, au plus profond d'eux-mêmes, ils se sentiront peu fiers d'eux d'avoir laissé leurs enfants mener la danse. Ainsi, beaucoup de parents autorisent des conversations interminables au téléphone de la part de leurs adolescents, même si les gens se plaignent de ne pouvoir les atteindre. D'autres les autorisent à faire marcher leur chaîne à une intensité qui déchire les oreilles, sans oser leur dire de baisser le son. D'autres acceptent des changements gênants, de dernière minute, dans leurs projets parce que leur enfant prend des décisions au dernier moment. Il n'est bon ni pour les parents ni pour les enfants de tolérer une attitude désagréable ou impolie de la part des enfants. Même si vous ne l'exprimez pas à haute voix, vous devez penser que vous êtes chez vous, et que vous entendez qu'on s'y comporte selon certaines règles.

3. *Dans la hiérarchie des priorités familiales, votre mariage passe en premier, les enfants en second.* A mon avis, trop de familles américaines s'intéressent plus à leurs enfants qu'à leur couple. Je ne pense pas que ce soit très sain, d'un point de vue psychologique. Le couple doit maintenir son existence propre de toute façon, les enfants bénéficieront automatiquement d'un mariage heureux et stable.

4. *Vous avez le droit de vous reposer, périodiquement, de votre rôle de parents.* Nous considérons qu'il est souhaitable qu'un père ou une mère se reposent un peu tous les ans. Les gens se reposent bien de leur travail pendant les week-ends ! Imaginez comme vous seriez las de votre métier si vous ne preniez jamais de vacances !

En est-il de même pour le métier de parent ? A-t-on coutume d'encourager les pères et les mères à se reposer régulièrement de ce métier difficile et absorbant ? Non. Pour beaucoup de parents, c'est une tâche permanente et je crois que ce n'est pas sain.

La vie se déroule, psychologiquement, à un certain rythme : travail et jeu, métier et vacances. Si nous restons trop longtemps sans vacances, nous perdons tout intérêt pour notre travail. C'est tout aussi vrai pour le métier de parents.

Et c'est pour cela que je pense que le père et la mère devraient de temps en temps confier leurs enfants à une grand-mère ou à un membre de la famille et partir pour le week-end. A deux, ils peuvent abandonner leur rôle de parents et savourer le plaisir d'être seulement mari et femme.

Je pense aussi que c'est une bonne idée de se dégager des enfants un soir par semaine pour dîner au restaurant, aller danser ou aller au spectacle, à deux. J'encourage les parents à prendre leurs vacances annuelles avec toute la famille, mais il leur est parfois salutaire de prendre une semaine tout seuls. Personnellement, j'apprécie beaucoup de partir avec mes enfants mais il est important pour un mari et une femme de se retrouver seuls de temps en temps. Comme le dit Kahlil Gibran dans *The Prophet* : « Vivez tous ensemble, mais jalonnez votre vie en communauté de moments de solitude. »

5. *Vous avez le droit de commettre des erreurs dans l'éducation de votre enfant.* Tant de parents semblent maintenant paralysés à cette idée. Et pourtant, comment ne pas commettre d'erreurs, quand on est si mal préparé à ce métier ? Et serions-nous tous docteurs en psychologie, que nous en commettrions. Je peux en témoigner personnellement.

Avant d'être parent moi-même, j'étais très critique vis-à-vis des autres. Je me demandais comment ils pouvaient se tromper si souvent. Devenu père, mon point de vue changea radicalement. Je compris, que même avec un doctorat en psychologie, il y avait toute une formation nécessaire, et qu'elle ne pouvait s'obtenir sans erreurs. Je suis devenu maintenant un ardent defenseur des parents et je compatis de tout cœur avec eux.

Étudions ce qui se passe quand nous abordons un nouvel apprentissage, que ce soit jouer au bridge, au golf, faire de la moto, jouer du piano, etc. Nous apprenons en faisant des milliers d'erreurs. Pourquoi cette tâche complexe qui consiste à élever un enfant de la naissance jusqu'à l'adolescence serait-elle une exception à la regle ? Nous devrions admettre que nous ferons des fautes sans nous culpabiliser pour autant.

A l'époque de la Réforme protestante, un ami de Luther,

Philipp Melanchthon, lui écrivit qu'il se tracassait à propos de ses péchés. Il n'était pas sûr de les avoir tous confessés à Dieu. Luther lui répondit d'une phrase qui résonne encore avec force à travers les siècles : « Péchez avec courage et croyez avec encore plus de courage que Dieu vous pardonnera. » Je dis donc aux parents : « Trompez-vous avec courage ! Continuez même si vous vous trompez avec la conviction que, malgré tout, vous faites du bon travail ! »

6. *Vous avez le droit de mener à bien votre métier et vos intérêts personnels.* Vous êtes parent, mais c'est un rôle secondaire dans votre vie. Vous êtes avant tout un individu avec ses intérêts propres et certaines tâches à accomplir.

Si vous centrez votre vie sur vos enfants, c'est dangereux sur le plan psychologique. Vous devez chercher à satisfaire vos propres aspirations, exercer vos talents personnels pourvu que vous vous occupiez bien de vos enfants et que leurs besoins soient satisfaits. Si vos désirs ne sont pas comblés, vous ne réussirez pas à combler les leurs.

7. *Vous avez le droit d'être illogique.* Les enfants le sont bien par moments, les adolescents encore plus, il en va de même pour les hommes politiques, les stars de cinéma, les juges, les psychologues et les psychiatres. Pourquoi faudrait-il que les parents soient les seuls humains qui se forcent à être constamment logiques et rationnels ?

Je vais vous donner un seul exemple. Des parents sont en droit de dire à leur enfant : « Je n'ai aucun argument rationnel à t'offrir pour vouloir telle ou telle chose mais pourtant je le veux. Respecte, s'il te plaît, mes désirs irrationnels. » Ou bien : « Je sais que ce n'est pas très logique mais j'accepte mal que tu fasses telle ou telle chose. Tiens compte de mes sentiments illogiques et cesse d'agir ainsi. »

Il est tout à fait normal d'être parfois illogique, acceptez cette réalité et cessez de penser que c'est un droit refusé aux parents.

8. *Vous avez le droit de vous tromper, de ne pas être parfait.* Je veux dire que vous avez le droit d'être furieux, illogique, dogmatique ou entêté par moments ; d'avoir envie de choyer votre enfant ou d'être strict. Pouvons-nous vraiment espérer abandonner tous nos défauts humains, toutes nos faiblesses et acquérir une personnalité parfaite et sans défauts en devenant parents ? Notre rôle de parents ne nous empêche pas d'être des êtres humains imparfaits.

9. *Vous avez le droit de préserver votre santé.* Une mère qui passe toute la journée à la maison, surtout avec de tout jeunes enfants, a le droit de s'accorder un peu de temps libre pour elle seule, afin de sauvegarder son équilibre. La compagnie constante des enfants, surtout jeunes, est psychologiquement éprouvante pour un adulte. Récemment un magazine féminin a publié un article intitulé *Pourquoi les jeunes mères se sentent-elles prises au piège* ? : il invitait d'autres mères à communiquer leurs propres expériences et leurs sentiments. Il fut assailli de plus de 50 000 réponses, exprimant la même préoccupation.

Différentes possibilités de détente s'offrent à vous. Vous pouvez engager une baby-sitter deux jours par semaine pour quelques heures ou une demi-journée. Dès que votre enfant atteint trois ans, vous pouvez l'inscrire dans un bon jardin d'enfants. Vous pouvez organiser une garderie par roulement avec d'autres mères. Vous pouvez partir en vacances pendant quelques jours avec votre mari ou toute seule. De toute façon, vous avez le droit de vous protéger pour sauvegarder votre santé mentale.

10. *Vous avez le droit d'être vous-même.* Dans tous mes livres, j'insiste sur le fait que chaque enfant est unique en son genre. Il est né avec une combinaison unique de gènes qui ne se retrouvent en aucun être humain. Il a droit à ce caractère unique et ne doit pas être écrasé par ses parents dans quelque moule artificiel qui ne lui convient pas. Laissez-le être lui-même, vous en ferez un enfant heureux et équilibré.

Mais le même raisonnement vaut pour vous, parent. Vous avez aussi une personnalité et un caractère uniques. C'est bien beau que de lire des livres ou suivre des cours sur l'éducation, il vous faudra finir par filtrer ce que vous en avez retenu à travers l'optique de votre personnalité. C'est vous, après tout, qui élevez votre enfant, n'essayez donc pas la manière du Dr Spock ou du Dr Gordon, ou celle du Dr Dodson. Écoutez tout ce qu'ils ont à vous dire, puis élevez votre enfant à votre façon, qui est unique.

Vous ne pouvez pas être vraiment autre que vous-même. Ayez le courage de l'être – en tant que mari ou femme, dans votre travail et surtout dans votre rôle de parent !

16

LA MÈRE QUI TRAVAILLE

La scène se passe en 1947. La mère au foyer a préparé le petit déjeuner de ses garçons de sept et dix ans, et leur a dit au revoir avant qu'ils partent pour l'école. Elle va consacrer sa journée à la ronde variée des tâches ménagères : elle va faire la lessive, le ménage, aller au marché, peut-être prendre un café vers 11 heures avec une voisine, puis elle assistera à une réunion locale après déjeuner. Elle se hâtera de rentrer à la maison avant que les enfants arrivent, pour les accueillir, donner à goûter, les écouter raconter ce qu'ils ont fait, puis les envoyer jouer dehors.

C'est une scène agréable qu'on évoque avec nostalgie, mais qui n'est plus vraie pour la plupart des mères d'aujourd'hui. Car la femme qui travaille s'est substituée très souvent à la femme au foyer.

Elle va quelquefois partir travailler avant que les enfants quittent la maison. S'ils sont jeunes, elle les déposera chez une gardienne ou à une crèche. Elle ne sera pas à la maison quand les enfants rentreront de l'école. Une parente, grand-mère ou tante, ou une femme de ménage ou une baby-sitter prendront sans doute le relais.

Voici quelques chiffres qui montrent bien la révolution qui s'est produite dans les vingt dernières années.

En 1975, 47 pour cent des mères d'enfants de moins de dix-huit ans travaillaient; 39 pour cent des mères d'enfants de moins de six ans; 55 pour cent de mères d'enfants de six à dix-sept ans. Et le pourcentage des mères actives augmente chaque année.

Certaines s'inquiètent de cette augmentation. D'autres s'en félicitent Quelle que soit votre opinion, c'est une réalité dont il faut tenir compte et que la plupart des manuels traitant de la discipline semblent malheureusement ignorer. On continue de prodiguer des conseils a la mère de famille de 1947. Cela concerne a peu pres la moitié des mères americaines. Et l'autre moitie? La mere qui travaille est la grande absente des manuels d'education et c'est un oubli que je veux réparer.

En un sens d'ailleurs toutes les mères travaillent – et beaucoup. Mais dans ce chapitre, quand je parlerai de la mère qui travaille. il s'agira de celle qui a une vie professionnelle et touche un salaire. non pas de celle qui travaille par obligation financiere mais parce qu'elle le désire vraiment.

Aussi surprenant que ce soit en cet âge evolué, beaucoup de gens se demandent encore très sérieusement pourquoi une femme peut vouloir exercer une activité au-dehors. Les mêmes gens se demanderaient si vous êtes sain d'esprit si vous leur disiez : « Pourquoi un homme voudrait-il travailler au-dehors ? »

Je suis tres attaché à l'idée que les gens perdent beaucoup s'ils ne s'accomplissent pas en partie dans la joie d'être parents. Mais il est evident que cet accomplissement n'est pas total. Au moins a certaines epoques de la vie, il se trouvera dans un travail productif et utile. Ce n'est pas forcément un travail remunere, mais s'il l'est, il aidera efficacement à equilibrer le budget familial. Je pense donc fermement que la mère aussi bien que le père ont le droit de s'accomplir dans un métier.

Jadis, le père avait cette possibilité jusqu'à la retraite. La mère trouvait cet épanouissement dans son rôle de mère, de maîtresse de maison, de dame de charité, puis de grand-mère. Quelques chiffres vont nous montrer à quel point cette image s'est transformée.

De nos jours, les femmes ont en moyenne une espérance de vie de vingt ans supérieure à celle de leurs grand-mères. Une femme a généralement quarante années devant elle quand son dernier enfant entre à l'école primaire. Devant cette durée de vie sans précédent, il n'est pas difficile de comprendre pourquoi tant de mères choisissent de travailler quand leurs enfants sont en âge d'aller à l'école, ou même commencent à travailler encore plus tôt. Une femme n'a plus besoin de penser qu'elle doit consacrer sa vie entière à sa seule famille. Cette durée de vie plus longue n'est sûrement pas le seul facteur de changement du rôle de la femme, mais il est prépondérant.

Si on me demandait : « Pensez-vous qu'une mère doive travailler ? » je répondrais de la même façon que lorsqu'on me demande s'il faut nourrir un enfant au sein ou au biberon, je dirais que cela dépend entièrement de la mère, que le choix lui appartient. On ne doit pas obliger une mère à nourrir son enfant, et c'est exactement la même chose quand il s'agit de travailler ou de rester à la maison.

Écartons déjà certaines des idées communément répandues concernant la mère qui travaille.

Mythe N° 1. Les enfants dont les mères travaillent sont sujets à des troubles psychologiques. Ces mères font donc du tort à leurs enfants.

C'est faux. Ce mythe très répandu ne repose sur aucune preuve scientifique sérieuse. Il est certain que les enfants des mères qui travaillent peuvent avoir des difficultés d'ordre psychologique mais pas plus que ceux dont la mère reste au foyer. Ce n'est pas le fait que sa mère travaille qui crée des problèmes chez l'enfant ou le rend névrotique. Un grand nombre de femmes démontrent qu'il est possible de concilier leur rôle de mère et leur rôle professionnel sans que les enfants en soient victimes.

Mythe Nº 2. Un enfant se conduit mal parce que sa mère travaille.

C'est faux. Beaucoup de mères qui ont une activité (et les autres aussi) sont expertes dans l'art des conclusions hâtives. Si l'enfant fait des sottises, à l'école ou à la maison, elles ont vite fait de dire que c'est parce qu'elles travaillent.

C'est le cas d'une mère d'un garçon de dix ans qui commença à travailler à temps complet. Trois mois plus tard, alors que le garçon atteignait onze ans, son comportement changea. D'agréable qu'il était, il devint insolent et querelleur à la maison, chahuteur en classe et difficile à vivre. La mère en conclut immédiatement qu'il réagissait à son travail par ce changement brutal. Je prétends que non. Je crois que son comportement était typiquement celui de n'importe quel enfant qui entre dans la période de la préadolescence (onze et douze ans) et qu'il se serait sans doute conduit de la même façon si sa mère était restée à la maison. Si l'enfant avait moins de onze ans, je m'inquiéterais de ce qui à l'école ou ailleurs, peut le perturber, plutôt que de conclure tout de suite que c'est l'activité de la mère qui est en cause.

Mythe Nº 3. Seule une femme névrotique peut souhaiter quitter son foyer pour aller travailler au-dehors.

C'est faux. Tout esprit un peu subtil sait que ni le bureau ni le foyer n'ont le monopole des névroses.

Certains tenants de la tradition laissent entendre aux mères qu'elles ruinent la vie de leurs enfants. D'autre part, certaines militantes féministes prétendent qu'une femme qui ne travaille pas trahit ses « sœurs » et s'incline devant ces mufles imbus de leur supériorité de mâles. A ces extrémistes, je dis que ces affirmations sont absurdes. Si une femme est heureuse et satisfaite à la maison, qu'elle y reste. Si elle est heureuse de travailler, qu'elle travaille.

Chaque mère doit prendre cette décision seule, en tant qu'individu. C'est ce que Dorothy Whyte Cotton explique si bien dans son livre *The Case for the Working Mother*.

« Aucune mère qui travaille ne ressemble à aucune autre, pas plus qu'aucune mère qui reste à la maison... Le fait d'être au foyer n'en fait pas nécessairement une bonne mère, pas plus que le travail n'en fait une mauvaise. Nous avons une seule certitude : il n'existe aucun schéma bien défini de ce qu'une mère doit faire ou doit être, qui puisse s'adapter à toutes. »

Du point de vue du développement optimum de l'enfant, voilà ce que je considère comme les solutions idéales capables de répondre aux besoins fondamentaux de l'enfant et qui permettent à la mère de pénétrer peu à peu dans le monde du travail. Mais encore une fois chaque situation est spécifique et chaque famille doit trouver sa propre solution.

C'est pendant les trois premières années de la vie que se situent des phénomènes très compliqués dans la formation de la personnalité fondamentale de l'enfant et de son intelligence. C'est la mère ou le père, en tant que responsables à plein temps, qui les dominent le mieux.

Quand l'enfant a trois ans, on peut l'envoyer dans un jardin d'enfants à mi-temps : pour commencer, deux ou trois jours par semaine pour arriver ensuite à cinq jours. Une fois qu'il y est accoutumé psychologiquement et qu'il s'y sent en sécurité, la mère peut travailler à mi-temps et continuer ainsi jusqu'à ce que l'enfant entre à l'école primaire.

A ce moment-là, il s'intéresse davantage aux enfants de son âge et beaucoup moins à ses parents. Quand il revient de l'école, il se jette généralement sur son goûter, et repart jouer en courant. Il va rendre visite à d'autres camarades, faire de la bicyclette, de la planche à roulettes, jouer à des jeux de société ou se livrer à des activités qui ne réclament pas une surveillance constante de la part de la mère.

Dès que l'enfant entre à l'école primaire et y est parfaitement adapté, la mère peut en toute confiance travailler à plein temps car l'enfant a beaucoup moins besoin d'elle. Elle peut parfois le faire dès qu'il est au jardin d'enfants. Mais il lui faudra pouvoir compter sur une personne de confiance pour s'occuper de lui quand il n'est pas à l'école.

Je vous rappelle que je parle de ces problèmes en général et qu'il y a beaucoup d'exceptions. Ne prenez donc pas mes conseils au pied de la lettre, ne ressentez aucune culpabilité si vous avez trouvé un arrangement différent.

Pendant les trois premières années vous devez sécuriser l'enfant par des liens affectifs profonds et une bonne stimulation intellectuelle. Puis vers six ou huit ans, ces liens avec la mère n'auront plus besoin d'être aussi étroits. Vous risquez au contraire de faire de votre enfant un enfant surprotégé si vous vous en occupez sans cesse.

Il faut commencer à l'habituer doucement à cette situation en encourageant ses sentiments d'indépendance. Les meilleures mères sont celles qui savent ne pas se rendre indispensables.

Cette étude générale devrait vous aider à définir la période où il est important que vous soyez à la maison et celle où vous pourrez aller travailler sans nuire à son équilibre mental.

Je vais maintenant essayer de répondre aux questions les plus importantes que les mères m'ont posées sur la façon d'élever leurs enfants.

1. *J'ai une petite fille de deux ans et je suis obligée de travailler pour des raisons financières. Faut-il que j'engage quelqu'un à la maison pour s'occuper d'elle ou dois-je l'envoyer dans un jardin d'enfants ?*

Il est difficile de répondre à cette question de façon abstraite. Il s'agit d'abord de savoir s'il y a un jardin d'enfants à proximité de votre domicile. Certains établissements sont merveilleux, d'autres épouvantables. Vous trouverez peut-être facilement quelqu'un pour s'occuper d'elle ou bien ce sera très difficile. Mais de façon générale, je pencherais plutôt pour une gouvernante à domicile.

2. *Comment trouver une bonne gouvernante pour mon enfant pendant que je travaille ?*

Tout d'abord, ne vous contentez de voir une seule personne. Si vous parlez à plusieurs candidates, vous arriverez à discerner quelles personnes *vous ne voudriez pas* engager. Avant de prendre votre décision finale, il faut voir *en activité* la gardienne éventuelle de votre enfant. Cet aperçu des relations qu'elle pourrait avoir avec lui vous permettra de voir avec réalisme ce qu'il en serait si vous l'engagiez. Passez donc quelques jours avec elle à la maison et observez son comportement.

Que rechercherez-vous ? Vous essaierez de trouver dans son attitude la chaleur, l'affection, la cordialité, la tendresse et les facultés d'adaptation. Elle peut avoir vingt ou cinquante ans ; l'âge n'a aucune importance. Ne soyez pas impressionnée si elle vous dit qu'elle a douze ans d'expérience. Elle a peut-être changé douze fois de place !

Demandez un minimum de références que vous pouvez vérifier. Vous apprendrez beaucoup en parlant aux parents qui l'ont déjà employée.

Ne vous laissez pas trop impressionner non plus si elle vous dit qu'elle avait d'excellentes notes de psychologie à l'école. Ce qui compte, ce sont ses rapports avec l'enfant et non pas les livres qu'elle a lus, ou les cours qu'elle a suivis.

Même après l'avoir engagée, si quelques détails dans le comportement de l'enfant vous indiquent que tout ne va pas pour le mieux, essayez de vérifier si c'est vrai. Revenez inopinément à la maison. Si vous voyez qu'elle ne travaille pas convenablement, n'hésitez pas à la congédier et cherchez quelqu'un d'autre.

Comment trouver une telle personne ? C'est un excellent moyen que de la trouver par relations. Demandez à d'autres parents, à la paroisse, à votre médecin, ou à la directrice de votre école. Vous pouvez passer une annonce dans le journal local. Vous pouvez aussi vous adresser à une agence de placement, mais je crois personnellement que la première solution est préférable.

Dans de nombreux cas, votre meilleur choix pourra s'orienter vers une personne d'âge moyen, du type grand-mère, qui a de grands enfants, mais qui adore les petits.

Vous pouvez avoir la chance de trouver cette aide parmi vos proches, une grand-mère ou une tante, par exemple. Mais on risque parfois de soulever des problèmes en confiant son enfant à une parente. Même s'il s'agit de quelqu'un de votre famille, insistez pour la payer sauf si elle considère cela comme une insulte. Si vous ne la payez pas, elle ressentira consciemment ou inconsciemment que c'est une tâche qu'on lui impose et ce serait très mauvais.

3. *J'ai parfois un vif sentiment de culpabilité parce que je travaille. Est-ce que je traumatise mes enfants en travaillant*?

Cette question met en lumière ce qui est sans doute l'ennemi n° 1 de la femme qui travaille : *LE SENTIMENT DE CUL PABILITÉ*. Je voudrais que ma réponse vous aide à le surmonter. Si vous vous sentez encore coupable après m'avoir lu, c'est que mon message ne vous a pas atteinte !

Les mères qui travaillent se sentent périodiquement coupables car elles craignent de ne pas consacrer assez de temps à leurs enfants. J'ai essayé de montrer clairement qu'il est absurde d'évaluer les qualités d'une mère (qu'elle travaille ou non) uniquement en fonction du temps passé avec ses enfants.

Elle peut le faire et les surprotéger. Cela n'en fait sûrement pas une bonne mère. Elle peut passer beaucoup de temps à crier ou à les gronder. Ce n'est pour cela qu'elle est bonne mère non plus. Elle peut se laisser mener par ses enfants et en faire des gosses gâtés. Encore une fois, ce n'est pas pour cela que c'est une bonne mère. Suis-je assez clair ?

Ce qui fait une bonne mère c'est son amour, son aptitude à enseigner une conduite valable à ses enfants. Une mère qui travaille peut avoir cette capacité et cet amour tout aussi bien qu'une mère qui reste a la maison.

La mère qui travaille devrait une fois pour toutes oublier l'idée que le seul critère d'évaluation d'une bonne ou mauvaise mère est le temps qu'elle consacre à ses enfants. La pensée négative (ch. 14) peut vous aider dans ce sens.

Entre parenthèses, beaucoup de mères restent à la maison et passent relativement peu de temps avec leurs enfants. Elles sont prises dans le tourbillon d'activités charitables, et leurs enfants les voient rarement. Et cependant il est intéressant de constater que ces femmes ne semblent pas éprouver les remords qui assaillent celles qui travaillent.

Le sentiment de culpabilité naît souvent de cette pensée, consciente ou inconsciente : « Je veux me débarrasser de mes enfants. Ils me poussent à bout. » Je ne condamne pas une telle pensée, je pense qu'il est tout à fait normal qu'une mère ressente cela mais des millions de femmes considèrent cela comme anormal ou même comme un sentiment pervers. Et pourtant, quand nous sommes confrontés toute la journée à une ou plusieurs personnes, il est normal de souhaiter s'isoler. Tous ceux qui ont campé pendant une ou deux semaines avec une ou deux personnes savent parfaitement de quoi je veux parler.

C'est pour cela que je dis à toutes les mères qui travaillent : il est tout à fait normal que vous souhaitiez être à l'écart de votre enfant de temps en temps. Et c'est, entre autres, une raison tout à fait valable de prendre un métier au-dehors.

Les sentiments de culpabilité ne font pas de bons parents. Ils font que la mère qui travaille essaie de compenser son absence par une indulgence excessive et la crainte d'être ferme quand c'est nécessaire. Elle est la proie idéale pour l'enfant qui sait la manœuvrer, et c'est nuisible à tous égards.

Vous vous posez la question de savoir si vous frustrez votre enfant de votre présence. C'est vrai lorsque la mère travaille à plein temps pendant les trois premières années de la vie de l'enfant. Il a besoin d'une présence constante pour pouvoir créer des liens affectifs profonds qui seront à la base de ceux qu'il établira le reste de sa vie. Si vous ou son père n'êtes pas disponibles dans la journée pour remplir ce rôle, qui pourra le faire ?

Vous pouvez avoir la chance de trouver une femme vraiment merveilleuse qui puisse vous remplacer. Mais ce n'est pas facile. Imaginez aussi qu'après avoir veillé sur lui pendant un an, elle soit obligée de partir. Cela risque fort de bouleverser l'enfant. Beaucoup de mères qui travaillent n'envisagent pas cette éventualité et c'est un tort. De toute évidence, vous savez que vous, qui êtes la mère de votre enfant, ne vous éloignerez pas de lui. Mais vous n'avez aucune certitude avec une personne que vous rétribuez.

Si vous confiez votre enfant à une crèche, vous vous apercevrez rapidement qu'il y en a très peu qui soient satisfaisantes. Les États-Unis sont malheureusement en retard sur beaucoup d'autres pays comme la Suède par exemple, et n'offrent pas aux mères des centres vraiment sérieux avec des puéricultrices bien formées.

Il y a des exceptions bien sûr. Je ne peux parler que sur un plan général. Il vous faudra trouver une formule aussi satisfaisante que votre présence, et je crois que c'est difficile. Je vous conseille donc, si vous le pouvez, de ne pas travailler au-dehors avant que votre enfant ait trois ans. Travaillez plutôt à mi-temps quand l'enfant a trois ans jusqu'à ce qu'il entre à l'école primaire ; alors vous pourrez travailler à temps complet, vous n'aurez plus de raison de vous sentir coupable ou de craindre frustrer votre enfant.

Si vous avez recours aux méthodes dont je vous parle dans ce livre vous jouerez votre rôle de mère avec plus d'efficacité que bien des mères au foyer.

4. *Je vais prendre un travail à plein temps et je crains que mon fils de six ans réagisse négativement. Que faut-il faire pour qu'il ait une vue positive de mon travail ?*

Il y a bien sûr une méthode. Rappelez-vous le système des récompenses positives (chap. 2). Associez un élément positif *pour lui* au fait que vous travaillerez au-dehors toute la journée. Dites-lui que cela permettra aux membres de la famille d'avoir plus d'argent pour faire ce qui leur plaît. Chaque semaine, donnez-lui un peu d'argent ou achetez-lui un jouet ou une chose qu'il désire particulièrement. Beaucoup de mères disent à leurs enfants qu'elles travaillent pour mettre de l'argent de côté pour leurs études. Cela ne signifie pas grand-chose pour un enfant de six ans. Il comprendra plus facilement un cadeau hebdomadaire ou une petite somme d'argent !

Vous devez aussi montrer à votre enfant l'endroit où vous travaillez et ce que vous y faites. Votre travail se concrétisera, il pourra s'y intéresser et avoir des sentiments positifs. J'ai entendu une fois un écolier dire fièrement à un de ses camarades : « Tu vois ce journal ? Ma mère y écrit des histoires ! »

Si votre nouveau métier implique pour votre enfant des choses agréables, il aura à son égard des sentiments positifs.

5. *Puis-je faire appel à mes enfants adolescents pour surveiller les plus jeunes en fin d'après-midi avant que je rentre de mon travail ?*

Vous le pouvez, mais je vous le déconseille fortement. Même si vous les rémunérez, il y aura probablement des discussions. La raison en est simple : deux enfants de la même famille ont toutes sortes de sentiments de jalousie sous-jacents dans leur personnalité. Ces sentiments ambivalents sont un obstacle à une surveillance valable des jeunes enfants par les aînés. Faites plutôt appel à un adolescent étranger pour faire ce travail, mais pas à un des vôtres.

6. *Je suis toujours pressée et accablée d'occupations car je travaille à plein temps au-dehors, et j'ai aussi la charge de mes enfants et de la maison. Que faire ?*

Beaucoup de mères qui travaillent formulent la même plainte. Jean Curtis, auteur d'un livre excellent, *Working*

Mothers, a interrogé plus de deux cents mères au cours de ses recherches, et en est arrivé à la conclusion que la plupart d'entre elles avaient un point commun : elles étaient surmenées et fatiguées.

Il faut prendre le temps de vous asseoir et d'organiser votre vie avec sagesse. (Si votre mari participe, cela vous aidera.) Je crois que beaucoup de gens ne savent pas organiser leurs activités, d'où les livres innombrables de conseils aux chefs d'entreprises. Il y a malheureusement peu de livres de ce genre pour les mères qui travaillent.

Une fois que vous avez fait l'effort de planifier et d'organiser votre temps, vous serez stupéfaite de constater à quel point la hâte et l'énervement disparaîtront de votre vie.

7. *Je travaille et j'ai des enfants adolescents. Je leur ai demandé de ne pas recevoir d'amis quand nous ne sommes pas à la maison, leur père ou moi, mais c'est un échec. Notre maison est devenue le quartier général des autres adolescents en fin d'après-midi. Comment arrêter cela ?*

Commencez par utiliser la solution collective d'un problème (chap. 10) et voyez ce qui en résulte. Si vous n'obtenez pas le resultat escompté, essayez la stratégie suivante.

Dites à vos adolescents que vous êtes conscients du probleme, et que vous allez leur faire confiance pour qu'ils ne reçoivent plus personne à la maison en votre absence. Si vous vous apercevez qu'ils désobéissent et trompent votre confiance, dites-le leur et ajoutez que vous allez demander à un étudiant de s'occuper de la maison jusqu'à votre retour. Ils vont bien sûr se plaindre, mais n'y prêtez aucune attention. Après trois ou quatre semaines, dites-leur que vous leur accordez une dernière chance pour prouver que vous pouvez leur faire confiance quand ils sont seuls. S'ils le font, tant mieux. Sinon rappelez l'étudiant.

8. *Comment rester proche de mes enfants qui ne vont pas encore à l'école alors que je suis partie toute la journée?*

Ce n'est pas parce que vous êtes loin d'eux physiquement, que vous l'êtes aussi affectivement. D'abord, vous pouvez leur téléphoner, cela prend seulement cinq minutes de votre temps. Ensuite, vous pouvez leur envoyer une carte postale ou un petit mot. Les jeunes enfants reçoivent peu de courrier, et c'est pour eux une grande joie de recevoir une lettre qui leur est adressée personnellement.

Le mieux est probablement d'utiliser un magnétophone qui crée un sentiment de présence. Vous pouvez enregistrer des cassettes n'importe où et les envoyer à vos enfants de votre travail. Vous pouvez leur lire une histoire, en inventer une, vous pouvez leur parler de votre travail, de ce que vous avez l'intention de faire avec eux au week-end suivant, vous pouvez leur demander ce qu'ils ont fait au jardin d'enfants ou avec leur jeune fille au pair et leur dire combien vous les aimez.

Vous pouvez en fait parler exactement comme si vous étiez avec eux. Un autre avantage de la cassette est que l'enfant peut l'écouter à satiété. C'est une aide précieuse quand il s'ennuie et qu'il a besoin du réconfort de votre voix et de votre sollicitude.

9. *Je ne vois pas pourquoi mes trois enfants ne pourraient pas vider le lave-vaisselle et ranger la maison avant que je rentre vers 6 heures, mais ils font preuve de mauvaise volonté. Comment les motiver pour m'aider?*

Le système de récompenses positives (*cf* chap. 2) doit répondre à cette question. Je ne pense pas que vous réussirez à les motiver sans récompense.

10. *Ma fille de neuf ans me téléphone au bureau pour me parler de ses problèmes et mon patron n'apprécie pas. J'ai beau lui dire de n'appeler qu'en cas « d'urgence », elle considère tout comme une urgence. Que puis-je faire ?*

Il est évident que vous manquez à votre fille, et en vous appelant elle cherche à avoir plus de contacts. Dites-lui de diviser ses appels en deux groupes : les vraies « urgences » qui nécessitent une réponse immédiate, et les appels à propos de choses qui n'exigent pas d'intervention sur-le-champ. Permettez-lui de téléphoner dans le premier cas, dites-lui dans le second de vous raconter sur une cassette tous ses problèmes. Cela lui permettra de se libérer en les extériorisant. En rentrant chez vous, vous pourrez écouter la bande et en discuter avec elle pendant ou après le dîner.

Si votre fille continue malgré tout à téléphoner, dites-lui que si ce n'est pas important vous serez forcée de raccrocher. Au bout de quelques appels, elle s'arrêtera.

En terminant ce chapitre, je dirai aux mères encore une fois qu'elles doivent travailler si elles le désirent. Cela vaudra mieux que de vous ennuyer chez vous et de souhaiter être ailleurs. Organisez votre maison pour que votre enfant soit heureux pendant que vous êtes partie. Je vous ai donné les conseils qui m'ont semblé les plus judicieux. Ménagez votre santé, car une mère qui travaille a besoin de beaucoup d'énergie.

Essayez de profiter à la fois de votre activité professionnelle et de votre famille !

17

LE PÈRE (OU LA MÈRE) SEUL(E)

Il ne faudrait surtout pas que mes lecteurs, même heureusement mariés, négligent ce chapitre ou le suivant, en pensant qu'il ne s'applique pas à eux.

Peut-être ont-ils raison ; mais si les affaires de votre conjoint le retiennent souvent à l'extérieur, si son travail l'absorbe, ou s'il souffre d'une maladie tenace, vous pouvez d'une certaine façon vous retrouver seul, même si la situation est différente de celle d'un veuf ou d'un divorcé. Je crois que tous les parents, mariés ou seuls, pourront tirer quelque chose d'utile de ces chapitres maintenant ou à l'avenir.

Vous avez probablement compris dès maintenant que je tiens le fait d'être parent comme une des plus grandes joies de l'existence, et aussi comme une tâche complexe qu'il faut savoir assumer. Hélas, bien des parents sont inexpérimentés, et c'est ce qui rend souvent les choses difficiles.

Car, s'il est malaisé d'être père ou mère dans une cellule familiale préservée, cela devient beaucoup plus dur si l'un d'eux reste seul. Il y a dans ces deux situations la même différence qu'entre grimper en montagne et escalader la même montagne, mais avec un sac de vingt kilos sur le dos, et cela pour de nombreuses raisons que j'aborderai dans ce chapitre.

Pour moi, trois modèles de parents seuls se détachent : d'abord, la veuve ; ensuite, la femme divorcée ayant la garde des enfants. Bien que beaucoup les séparent, elles ont de nombreux points communs ; par ailleurs, si j'écris « la femme qui a la garde des enfants », c'est parce que c'est le plus souvent le cas. Malgré tout un veuf ou un divorcé qui garde les enfants entre dans la même catégorie. Le troisième et le dernier type est celui du père (ou plus rarement de la mère) qui n'a qu'un droit de visite sur les enfants. Les parents doivent tous savoir que pour être de bons parents, malgré leur solitude, ils doivent d'abord apprendre à s'occuper de l'enfant qui en eux subsiste. Car, ne l'oubliez pas, cet enfant souffre ; il est blessé, inhibé, il a un besoin effréné d'affection. Il faut savoir s'occuper de lui avant d'être un bon père ou une bonne mère.

Envisageons ce qui arrive à chaque veuve, chaque veuf, chaque père ou mère divorcés. Tous les spécialistes des traumatismes affectifs ont remarqué que la perte d'un époux, qu'il meure ou qu'il divorce est la chose la plus douloureuse que nous puissions subir. Un veuf ou un divorcé sont ravagés comme par un ouragan. Toutes les habitudes ont été bouleversées ; il faut commencer par se créer un nouveau style de vie, de nouveaux intérêts.

Voici comment une veuve décrit son ravage intérieur : « Après que la protection, le brouillard de la torpeur se fussent dissipés, la vie m'apparut vraiment terrifiante. J'étais ivre de douleur, sans cesse secouée de crises de larmes, submergée par la responsabilité que j'avais maintenant d'élever mes deux enfants, paniquée par ma situation financière, bloquée par la peine intolérable d'être seule. Mettre des vêtements sales dans la machine à laver, passer l'aspirateur étaient des épreuves insurmontables.

« J'étais seule. Seule ! Martin était parti pour toujours. Je ne savais pas quoi faire. J'étais cernée par des problèmes, dont la plupart étaient imaginaires. Je ne savais pas par quel bout commencer à remettre ma vie en ordre. »

Voici encore comment une divorcée raconte sa rupture : « Ma fille dit qu'elle n'a plus de famille, qu'elle a seulement une mère. Un papa, un bébé et une bruyante et joyeuse famille à l'heure du dîner lui manquent. J'ai le cœur lourd. Je voudrais tant qu'elle ait tout cela. J'ai besoin de la tendresse d'un corps d'homme, de sa chaleur à mon côté. J'ai besoin de mes vieux amis, de ma famille : ils s'interrogent et quelquefois brisent tout.

« Le rythme de la vie est brisé. Pour moi, plus de stabilité, plus de sécurité. »

Enfin un père divorcé décrit ainsi l'impact psychologique de son divorce : « Pendant ces trois ou quatre premiers mois après mon divorce, j'ai cru que je devenais fou. Ni femme ni enfants pour m'accueillir en rentrant du travail ; l'appartement était silencieux comme un tombeau ; c'était au-dessus de mes forces. Dès que je rentrais, je tâchais de trouver un débat à la radio pour entendre enfin une voix. Je parlais même seul à voix haute pour oublier ma solitude. »

En plus de cet ouragan psychologique qui anéantit vos habitudes, il faut également combattre un sentiment débordant de frustration personnelle. On peut devoir admettre la mort d'un conjoint. On peut aussi se trouver devant la mort d'un mariage. Même si le divorce a été décidé en commun, même si *vous* l'avez décidé, la frustration reste la même, plus grande sans doute que vous ne l'avez imaginée.

A la fin des années 30, un dramatique incendie détruisit le Coconut Grove, un night-club de Boston ; il y eut des centaines de victimes. Un seul fait positif découla de cette tragédie : ce fut la formation d'un groupe de recherche par le Dr Erich Lindemann. Lui et ses collègues étudièrent le comportement des survivants dont le partenaire était mort dans l'incendie. Lindemann désigna du terme « travail du deuil » l'affliction psychologique qui doit être ressentie par quelqu'un après la perte d'un être cher.

Le Dr Lindemann nota que beaucoup de gens tentaient de refuser ce « travail du deuil ». Ils refusaient de revoir les vêtements du disparu, par rejet de la peine qu'ils en auraient eue. Ils tenaient à garder la tête haute. Et justement, c'était pour ceux-là qu'il se révélait difficile d'assumer cette perte affective. Ceux qui y réussissaient le mieux laissaient généralement libre cours à leur souffrance.

Cette étude apporte quelque éclaircissement sur une phrase des Béatitudes qui a souvent intrigué : « Bienheureux ceux qui souffrent, car ils seront consolés. » Jésus voulait dire, je pense, qu'à moins d'exprimer notre douleur, nous ne pouvons trouver le réconfort.

Voici comment une veuve raconte son « travail du deuil » :

« La souffrance fait sans cesse revenir, encore et encore sur les circonstances qui ont conduit à la mort, sur les moments de la mort eux-mêmes. Il faut toujours en revenir au mort ; les souvenirs sont ressassés un à un. Et puis, finalement, la veuve se rend compte de la mort de son mari. C'est comme ça. C'est à force d'en parler qu'on prend conscience. »

Cette attitude demande du temps ; on ne peut se presser. Mais le plus réconfortant, c'est que de se laisser souffrir est la seule façon de s'en tirer, d'avoir plus tard la chance d'être de nouveau heureux ; savoir tout cela est d'une grande utilité. Comme le disait une veuve : « Je suis persuadée que si j'avais eu conscience de ce que je devais souffrir, cela n'aurait pas diminué ma douleur, minimisé ma perte, calmé ma colère ;

non, rien de tout cela. Mais j'aurais eu espoir; j'aurais su d'avance qu'une fois le cap franchi, je pourrais à nouveau connaître le bonheur. »

Mais en plus de vivre avec des habitudes bouleversées, et une douleur intense, il faut également bâtir une nouvelle image de soi-même.

Si vous êtes veuve, il y a de fortes chances pour que cette image soit liée à celle de votre mari. A sa mort, c'est une partie de vous-même qui est morte. Plus vous dépendiez de lui, plus cela est vrai. Il est certain que pour tout veuf ou toute veuve, la mort du conjoint est un peu sa propre mort. L'étymologie du mot « veuve » est claire, il vient du latin, et veut dire « vide ».

D'une façon différente, la même chose se produit lors d'un divorce. Votre propre image est complètement bouleversée.

Ce que votre conjoint vous dit à travers cet acte, c'est ceci : « Je n'ai plus envie de toi. » Même si vous avez décidé le divorce, vous recevez ce choc. D'ailleurs, aussi étonnant que cela paraisse les deux époux se sentent rejetés par un divorce.

Un divorcé doit combattre un sentiment d'inadaptation. Pour cette raison, il faut de nouvelles connaissances, se lier aux gens qui croient en vos capacités. Un nouveau moi va se former en vous, et cette période de formation est dure à franchir, c'est une tâche aussi difficile que le « travail du deuil ». Il va falloir briser tous les automatismes; essayez alors toutes ces activités, ces sports auxquels vous aviez pensé, mais que vous n'aviez jamais pratiqués.

En plus de la destruction de votre façon de vivre, de votre frustration, de votre moi déchiré, une dernière épreuve vous attend : la solitude. Pour une veuve ou un parent divorcé, la solitude est toujours là, torturante.

La solitude est quelque chose que l'on traîne avec soi, quoi que l'on fasse, où que l'on aille. Quelque chose manque, peut-être un époux aimé, ou même détesté. Mais maintenant, personne ne compte dans votre vie, personne à qui s'opposer ou avec qui partager. Même en compagnie des autres, votre solitude vous gêne. Le monde semble fait pour des couples et vous êtes seul.

Toutes ces blessures intérieures ajoutées les unes aux autres, le petit enfant qui est en vous tremble sous l'effet de la peine et des pensées négatives. Il est heurté, choqué, seul. C'est pourquoi, avant de songer à élever seul votre enfant, il faut penser d'abord à vous-même. Comment faire ?

Je vous recommande fortement de vous adresser à un psychologue. Il n'y a pas meilleure façon de dépenser son argent pour soi-même, si toutefois vous en avez. Si vous avez fait des économies pour les temps difficiles, voici qu'ils sont là ! Dépensez-les à vous soigner. Si, veuve, vous venez de toucher une indemnité d'assurance-vie, ne la réinvestissez surtout pas tout entière dans des placements financiers, gardez-en une partie pour vous soigner. Je crois même que tous ceux qui divorcent devraient passer par leur conseiller conjugal ou leur psychothérapeute. C'est la meilleure chose que vous puissiez faire aussi bien pour vous que pour votre enfant.

Une mère solitaire raconte ainsi tout ce que son traitement représentait pour elle, au milieu de cette époque terriblement traumatisante de sa vie :

« Ma thérapeute, une femme, m'a rendu courage et force dès ma première visite. Elle me rassurait. Enfin, j'osais parler : je n'avais plus besoin, pour confier ma détresse, d'un bloc de papier impersonnel. La psychologue écoutait. Patiemment, lentement, elle m'a libérée des angoisses où je me perdais. Nous avons examiné ensemble mes craintes. A force d'en parler, beaucoup d'entres elles ont disparu. Je me suis aussi aperçue que je pouvais me délivrer des autres. Pour moi, quelle libération ! »

Mais si, pour une raison ou une autre, vous ne pouvez pas faire appel à un conseiller familial, vous pouvez malgré cela vous libérer d'une autre façon. Plus elle sera viscérale et primitive, mieux cela vaudra.

Ou faites comme cette autre mère seule : « Un soir, il fallait que je travaille tard, j'étais d'une humeur épouvantable. Je n'avais que des excuses. Tout le monde était responsable de ma detresse. Je me sentais blessée, meurtrie, à bout. Que faire ? Une autre femme travaillait avec moi. Je lui demandai de venir ; je ne trouvai à lui dire que cela : « Il faut que je hurle ! » Il etait plus de 6 heures du soir ; l'immeuble était presque vide. J'appelai l'ascenseur, puis j'appuyai sur le bouton du dernier etage ; et je recommençai à crier des cris inarticulés, immenses, des cris de détresse. Je hurlai comme une bête. Puis j'appuyai sur le bouton d'arrêt de la cabine. Je hurlais, criais toujours. Enfin, je me suis sentie soulagée ; c'était comme si j'avais vomi, une fatigue tranquille, reposante. La boule que j'avais dans la gorge avait disparu. J'étais comme après une opération La collègue qui était avec moi me passa le bras autour des epaules et me dit : « On va rentrer à la maison, maintenant. »

Une autre mère seule me dit qu'elle dechirait une vieille serviette de toilette, tout en criant, elle aussi, ce qu'elle avait sur le cœur.

Une fois tout ceci passé, quand vous aurez commencé à calmer votre moi blessé et choqué, vous vous apercevrez qu'il est beaucoup plus facile que vous ne le croyiez d'être un père ou une mère seule.

Il vous reste une dernière chose à faire : oubliez cette vieille image de l'enfant de divorcés, bourré de problémes psychologiques. Tout cela n'a aucun fondement scientifique. Pourtant combien de fois l'ai-je entendu dire !

J'ai un jour participé à un conseil avec un professeur et un chef d'établissement, au sujet d'un enfant que je soignais : « C'est normal, il vient d'une famille de divorcés », me dit l'un d'eux. A ces mots les autres opinèrent, comme si cela expliquait tout. Pour moi, j'ai toujours eu envie, s'agissant du cas inverse, de dire : « C'est normal, il vient d'une famille unie. » Je vous en prie, laissons là cette idée reçue.

Inversement, il est tenu pour acquis que dans un ménage uni, les parents élèveront forcément bien leurs enfants ; cela est aussi faux que le contraire.

Ceci établi, considérons maintenant les trois principaux types de foyers où manque l'un des époux : ce sont les familles de veuves, de mères divorcées ou de pères divorcés qui n'ont pas la garde de l'enfant.

Ce chapitre va aborder ces trois types séparément, examiner leurs problèmes spécifiques, et tenter d'y apporter des réponses utiles.

Evidemment, il ne s'agit pas là de groupes homogènes. Il n'y a que peu de rapports entre la mère sans ressources qui vit dans une petite ville de province avec ses enfants en bas âge et celle à qui son mari a laissé une confortable assurance-vie, l'entreprise familiale, et qui vit avec deux enfants adolescents dans une grande villa.

De même, il y a un monde entre une femme dont le mari est parti sans laisser d'adresse ni de pension alimentaire, et celle dont l'ex-époux vit à vingt minutes de chez elle, s'occupe des enfants moralement et financièrement.

Il en va de même pour les pères qui peuvent voir ou non leurs enfants.

Chaque cas est particulier ; mais il reste en commun chez les parents de nombreux problèmes d'éducation et beaucoup de difficultés à affronter.

Mais une dernière fois, je le répète : que leurs parents soient séparés ou veufs, ces enfants passent par les mêmes stades de développement que les autres. De plus, les méthodes de discipline sont les mêmes dans les deux cas ; le système de récompense positive, le contrat, le « Hors-Jeu », le « Feed-back », la résolution collective des problèmes, et le Conseil de Famille restent de toute façon valables.

Voyons maintenant les problèmes particuliers que doivent affronter les veuves, les mères divorcées qui gardent l'enfant, enfin les pères divorcés qui n'ont qu'un droit de visite.

LES VEUVES

Si vous savez que votre mari est perdu, il faut tout de suite que vous prépariez vos enfants à sa mort prochaine. Cela n'est pas facile ; notre culture vous a habituée à rejeter le plus possible la notion de mort ; il faut que vous dépassiez ce conditionnement culturel.

En effet, seuls la franchise et le courage peuvent aider vos enfants, face à la mort imminente de leur père. Quel que soit leur âge, dites-leur ce qui se passe vraiment ; cela vaut mieux pour vos enfants que d'avoir l'impression qu'on leur cache quelque chose. Tâchez de leur rendre la situation compréhensible, et n'ayez pas peur de répondre que vous ne « savez pas », si vraiment vous ne connaissez pas la réponse à leurs questions.

Si la mort de votre mari vous a surprise, il faut que vous aidiez vos enfants à comprendre ce qui s'est passé.

De toute façon, n'hésitez pas à les rendre assez sensibles, assez concernés pour qu'ils pleurent sa mort ; si vous-même vous pratiquez, comme je l'ai expliqué plus haut le «travail du deuil» vous pouvez le faire faire par vos enfants. Soyez comme cette mère qui raconte:

«Je savais que Butty et Jonny souffraient de l'absence de leur père, mais au début je ne m'en rendais pas tellement compte. Je ne comprenais pas que les enfants doivent aussi affronter leur douleur. Quand ils étaient petits, j'ai lu des dizaines de livres sur les soins à donner aux nourrissons, mais jamais un seul qui puisse m'expliquer comment leur faire supporter la mort du père ou de la mère. Cela ne devrait pas être ainsi.»

Il est très difficile pour un petit enfant de pleurer, de se lamenter. Même s'ils ont été habitués à laisser libre cours à leurs sentiments, leur peur, leur détresse sont dans ce cas précis tellement intenses qu'ils n'osent l'extérioriser. Il existe pour vous deux moyens de les aider:

Tout d'abord faites-leur comprendre votre propre douleur; il sera alors plus facile pour eux de confier la leur.

Vous pouvez aussi utiliser une variante du «feed-back». Normalement, vous ne répétez à votre enfant que ce qu'il a pu déjà exprimer. Ici, il peut très bien n'avoir rien dit, bien que vous sachiez ce qu'il ressent.

Il faut justement qu'il en vienne, grâce à vous et au feed-back, à dire tout ce qui l'oppresse. Selon son âge, vous pouvez lui dire: «Je sais que ça doit te faire beaucoup de peine que papa ne soit pas là. Il jouait avec toi l'autre jour, et puis le lendemain il est mort d'une crise cardiaque. Il doit te manquer beaucoup.» Si cela suffit à amorcer ses confidences, parfait. Continuez ainsi. Mais surtout, s'il se contente d'acquiescer, qu'il vous fait voir nettement qu'il ne veut pas en parler, laissez pour le moment. Cela viendra sans doute plus tard. Si malgré tout votre enfant reste de marbre, ne le forcez pas à pleurer. Il a le droit d'être maître chez lui, de vivre comme il l'entend avec ses sentiments, même s'il vaudrait mieux pour lui qu'il parle de sa peine.

Il faut qu'il apprenne à extérioriser sa douleur, ne serait-ce que parce que, par la suite, ne pas l'avoir fait pourrait l'écarter de l'amour, lui faire penser d'abord que l'être aimé disparaîtra comme a disparu son père, (de plus, ceci est valable pour les veuves, que la perte de leur mari peut écarter de l'éventualité d'aimer et d'épouser un autre homme).

Après ceci, il faut que vous établissiez un nouvel ordre dans votre vie, s'il n'y en a plus. Si vous travaillez déjà, continuez. Le fait de devoir se tenir à des horaires fixes, de respecter un plan de travail détourne de l'obsession de la mort. Un jour, un homme que je traitais, dans l'Oregon, vint me trouver pour sa consultation hebdomadaire et me dit : « Vous savez, toubib, ce matin j'ai oublié tous mes ennuis pendant au moins dix minutes. Il a fallu que je dégivre mes bougies et je vous assure que je n'avais pas le temps de penser à tout ça ! »

Pour une femme, le travail peut faire comme les bougies pour cet homme, calmer sa peine et régler ses problèmes.

Même si votre mari vous a laissée à l'abri de tout souci matériel, prenez au moins un travail à mi-temps ; il vous permettra de garder le contact avec le monde extérieur, de sortir un peu du cercle familial.

Veuve, vous considérez peut-être vos enfants comme un lourd fardeau, qui s'ajoute à celui de votre propre détresse. Dans un sens, c'est vrai. Et pourtant ! Comme vos enfants peuvent vous aider ! Leurs problèmes, tout ce qu'ils vous demanderont vous forcera à oublier un peu. Vos enfants sont des bouées auxquelles vous agripper ; quand tout est vraiment trop triste, ce sont eux, et votre travail qui peuvent vous aider à réorganiser votre vie.

Troisièmement, plus encore que par le passé, vous devez vous garder du temps libre. Si vous êtes encore, si l'on peut dire, inconsolable, et que vous avez trop de scrupules à sortir avec de nouveaux hommes, passez du temps avec d'autres femmes ; des veuves ou des divorcées comprendront mieux vos problèmes que vos amies mariées.

Si vos enfants sont jeunes, il est possible de garder du temps libre en prenant une baby-sitter deux fois par semaine, pour quelques heures ou pour une demi-journée entière. Comme cela, vous aurez le temps de faire les magasins, d'aller au cinéma, ou encore de vous reposer. Soyez une bonne mère, mais ne soyez pas l'esclave de vos enfants.

Quand vous aurez cessé votre veuvage pour recommencer à avoir des rendez-vous, vous devrez affronter, surtout vis-à-vis de vos enfants, un nouveau problème : vous risquez de vous sentir *coupable*. Même, si raisonnablement, vous vous dites qu'il est temps pour vous de recommencer à fréquenter des hommes, il n'empêche que vous aurez l'impression de négliger vos enfants ; et peut-être aussi de trahir votre défunt mari, même s'il vous a formellement demandé, avant de mourir, de vous remarier. Je vous conseille, pour lutter contre ces impressions, d'utiliser la « pensée négative » (cf. chap. 14).

Dites-vous par exemple : « Hélène, tu es infâme ! Comment peux-tu sortir avec ce type ? Tu trahis Bill en faisant ça, et en plus tu laisses tomber tes enfants. Tu ne peux donner qu'une certaine quantité d'amour ; en lui en laissant une partie, c'est autant dont tu prives tes enfants. Alors, tu vas me faire le plaisir de cesser tout ça immédiatement ! Laisse tomber les hommes et pense à tes enfants ; quand ils pourront se débrouiller tout seuls, on verra. » En exprimant cette culpabilité raisonnée, vous vous en libérez peu à peu.

Mais vous pourrez rencontrer un autre problème en élevant

vos enfants et il est hélas plus facile d'en parler que d'y trouver une solution, d'autant plus qu'il n'y a ici que des cas particuliers. Il s'agit de l'image masculine ou du substitut de père que vous devez fournir à vos enfants. Bien qu'il se pose avec plus d'acuité pour un garçon que pour une fille, c'est de toute façon un problème. Votre fils a besoin d'une image virile à imiter pour se former lui-même ; cela, il ne l'a plus depuis la mort de son père, tandis que votre fille possède un modèle féminin : vous en l'occurrence, pour jouer le même rôle. Mais, pour forger en elle l'idéal de l'homme qu'elle aimera un jour, elle a aussi besoin d'un modèle, d'un père.

Il est possible pour un beau-père, ou un parent – un oncle ou un grand-père par exemple – de faire office de modèle masculin, plus difficilement pour un de vos amis. Vous pouvez l'inviter à déjeuner, à aller en pique-nique ; ou demandez-lui d'emmener les enfants au cinéma, voir des matches de football, etc. S'il n'y a personne de votre entourage qui puisse faire cela, il reste encore la solution de faire appel à un étudiant, surtout si vos enfants sont jeunes, pour s'occuper d'eux quelques après-midi par semaine, ou deux week-ends par mois. Solution encore plus valable s'il peut apprendre à vos enfants des jeux, des activités qu'ils ne connaissent pas : la natation, le football, le basket, la pêche, etc. Le modèle masculin sera d'autant plus efficace qu'ils apprécieront ce qu'ils découvrent avec lui.

Par contre, un homme avec qui vous sortez ne pourra pas jouer ce rôle, tant que vos relations ne seront pas fixées. A moins d'en être sûre, je vous conseille de tenir vos fréquentations à l'écart de vos enfants.

Ceci vous amène à votre dernière tâche de veuve et mère : ne vous installez pas dans le veuvage comme le montre ce témoignage :

« Un souvenir me revint soudain à l'esprit. A l'aéroport, j'attendais mon avion. Une femme s'assit en face de moi, d'aspect tout à fait normal. « Bonjour, me dit-elle. Je suis Mme Wendell Wilkie. » Cela m'horrifia. Son mari était mort depuis deux ans, mais elle n'existait toujours que sous son nom.

« C'était un appel effrayant. Soudain je me dis : « Je ne suis pas Mme Martin Caine. Je suis Lynn Caine. »

Je suppose donc qu'après avoir achevé de lutter avec votre douleur, vous commencerez à devenir une autre, différente de celle que vous étiez avec votre mari. Il est important dans cette reconstruction de sortir de nouveau avec des hommes ; ceci pourra mener plus tard à un remariage.

Mais j'ose espérer que vous n'aurez pas l'inconscience de songer à épouser un homme qui ne s'entend pas avec vos enfants. Ce serait un désastre. Malgré tout, même si vos enfants aiment beaucoup au départ leur beau-père potentiel, ils seront très vite assaillis par des sentiments opposés. D'un côté, ils auront enfin une présence masculine stable dans la maison ; et ils en ont besoin. Mais de l'autre côté, ils ont sûrement idealisé leur père après sa mort, comme le font la plupart des enfants. Tout ceci mène à une opposition entre l'image idéalisée d'un père parfait et l'apparence de votre fiancé, soumise à la réalité quotidienne.

De plus, même s'ils vous ont déjà demandé d'avoir un nouveau papa, comme en ont les autres enfants, vous avez été probablement tout entière tournée vers eux pendant plusieurs années. Ils voient donc votre futur époux comme quelqu'un qui les aimera mais qui, d'un autre côté, vous détournera d'eux.

Il y a donc chez vos enfants tout un système d'attitudes impulsives et contradictoires vis-à-vis de votre futur mari. Même s'ils s'entendaient très bien avec lui avant le mariage, ils peuvent soudain déchaîner ce qui lui semblera de l'hostilité sauvage et inexplicable. C'est pour vos enfants un moyen de résoudre le problème de leurs sentiments complexes. Il faut alors que vous fassiez comprendre à votre nouveau mari l'état psychologique de vos enfants, et lui expliquer qu'ils n'ont rien contre lui en particulier.

Je pense qu'il serait alors très utile pour vous tous de suivre quatre ou cinq séances chez le psychothérapeute. Tant que toutes ces pensées ambivalentes subsisteront seulement dans l'inconscient de vos enfants, elles s'extérioriseront de façon détournée. Un professionnel expérimenté pourra vous aider tous à les exprimer franchement. Une fois cela fait, vous pourrez en parler et vous finirez par les surmonter.

Je terminerai sur une suggestion qui peut être importante. Presque toujours, les nouveaux époux quittent leur foyer immédiatement après le mariage pour partir en lune de miel. Rien ne peut mieux confirmer l'horrible sentiment d'abandon qu'éprouvent déjà vos enfants. Je vous conseille plutôt d'attendre une semaine. C'est peu de chose pour vous, mais cela signifiera beaucoup pour eux.

Un dernier mot. Ce chapitre concerne les problèmes que peuvent renconter un père ou une mère seuls. Je conseille plutôt au beau-père, ou à la belle-mère, de lire le chapitre prochain — Les beaux-parents et les familles issues d'un remariage —, avant de s'engager. Ils connaîtront mieux ainsi les problèmes psychologiques qu'affronteront leurs beaux-enfants.

LA MÈRE DIVORCÉE QUI A LA GARDE DE L'ENFANT

Commençons par la situation la moins compliquée pour vous : celle où votre mari ne vous fait aucune difficulté. Il envoie régulièrement la pension alimentaire et rend régulièrement visite à l'enfant. Ce serait pure utopie que de penser que vous pourrez discuter de l'enfant et règler ses problèmes. Ce serait bien sûr l'idéal, mais peu de couples divorcés y parviennent.

Admettons donc que votre mari soit aussi conciliant que possible, à quels problèmes allez-vous vous trouver confrontée ?

Premièrement aux problèmes d'argent. Depuis vingt ans que je conseille des couples divorcés, j'ai rencontré seulement trois mères dont les moyens financiers n'étaient pas sensiblement réduits après le divorce. Elles avaient la chance que leur mari ait une situation si bien établie que le divorce n'avait aucune incidence financière sur le train de vie de l'enfant. Pour la plupart des mères divorcées, c'est le contraire qui se produit : elles sont vraiment dans la gêne et se font beaucoup de soucis pour leur situation matérielle et celle de leurs enfants. Très peu pressentent les difficultés qu'elles vont rencontrer. Les couples mariés ignorent ce qu'est le divorce. Légalement, financièrement et sentimentalement.

Par mon expérience de psychologue conseiller de divorcés, j'en suis arrivé à la conclusion que notre société aurait besoin de conseillers financiers pour ces couples. Ils aideraient la mère divorcée à dresser une liste des aptitudes qu'elle peut négocier, à lui indiquer où se recycler, lui apprendre à écrire son curriculum vitae, à se présenter à une entrevue ou même à se lancer seule dans les affaires. Puisqu'il n'existe rien de tel, essayez de trouver quelqu'un qui réponde à cette description (un avocat, un homme d'affaires, quelqu'un appartenant à une agence de recrutement, un ami de la famille) et demandez-lui de vous aider. Neuf fois sur dix la pension alimentaire que vous recevrez ou votre salaire ne seront pas suffisants pour subvenir décemment à vos besoins. Si vous avez trop de soucis financiers, cela vous empêchera sûrement d'accomplir correctement votre tâche de parent.

Plus vous saurez faire de choses vous-même, plus vous serez à l'aise financièrement. Essayez d'apprendre à vous occuper de votre voiture et à effectuer les bricolages simples dans votre maison, changer le joint d'un robinet ou faire des réparations électriques par exemple. Si vous ne pouvez pas suivre un cours de bricolage simple, sachez qu'il existe un nombre surprenant de livres qui pourront vous aider.

Si vous manquez d'argent, vous pouvez avoir recours au vieux système du troc.

Faites une liste de ce que vous savez faire, et essayez de trouver quelqu'un avec qui vous puissiez faire un échange. Voici quelques exemples : vous pouvez garder les enfants d'une autre mère qui à son tour vous gardera les vôtres, afin de vous libérer de temps en temps.

Si vous êtes bonne cuisinière, pourquoi ne pas échanger un bon repas contre une réparation dans la maison ?

Ce système de troc vous permettra non seulement d'économiser de l'argent mais vous donnera aussi l'occasion de rencontrer des gens intéressants. Une de mes clientes, divorcée, décida un jour d'avoir recours à ce système. Elle avait une vaste pelouse qui devait être tondue ; elle possédait aussi une machine à écrire et était bonne dactylo. Elle trouva un écrivain amateur qui accepta de tondre la pelouse et dont elle tapa le manuscrit en retour. Malgré ses qualités de dactylo, il ne vendit jamais son livre. Mais il y eut tout de même une heureuse conclusion. Non seulement il coupe l'herbe maintenant, mais il peint aussi la maison et y vit avec elle car il est devenu son mari.

Deuxièmement, je vous donne le même conseil qu'à la veuve qui se retrouve seule. Sans doute pensez-vous parfois : « Pourquoi n'a-t-il pas la garde des enfants pour voir comme c'est épuisant ! » Il est normal que les enfants vous semblent parfois être un fardeau, que vous ayez envie de les confier à leur père pour vous en débarrasser.

Et pourtant, sans que vous le sachiez, ces enfants sont une bénédiction. Quand vous répondez à leurs exigences, quand vous les aidez à faire face à leurs problèmes, vous ne pensez plus à vous-même et à ce qui vous obsède. Ce sont vos enfants et votre métier qui donnent un sens à votre vie, et vous avez besoin de cet appui surtout au moment où vous êtes assaillie par les inquiétudes de l'après-divorce.

Troisièmement, comme le père veuf ou la veuve, vous avez besoin d'un système de recours sentimental. Vous devrez affronter cette triste réalité ; vos amis mariés vont peu à peu vous abandonner, car les femmes mariées ont tendance à vous considérer comme une menace pour leur couple. (Elles ont souvent raison. Beaucoup de divorcées, comme les veuves, font l'expérience troublante d'avances de la part de maris qui étaient leurs amis avant le divorce.) Vous vous apercevrez rapidement que vous n'avez plus votre place dans le cercle de vos amis mariés avec qui vous voyagiez jadis. Voici les propos d'une mère pleine d'amertume :

« Je fus stupéfaite quand je m'aperçus que ma meilleure amie ne m'avait pas invitée à sa réception annuelle du dimanche suivant le Thanksgiving-Day. C'était une tradition dans notre petit cercle d'amis depuis au moins dix ans. Nous étions huit, quatre couples, qui nous réunissions toujours pour dîner ce soir-là. L'année qui suivit la mort de Martin, on ne m'invita pas. Dans ma naïveté, et perdue dans mon propre problème, je pensai d'abord que le dîner avait été annulé parce que l'hôtesse avait craint de me faire de la peine. Pas du tout, le dîner a eu lieu. A notre place, on avait invité un autre couple. Maintenant que j'étais veuve, j'étais devenue indésirable.

« J'eus après cela l'impression d'être tenue à l'écart par des gens que j'avais toujours considérés comme de bons amis. J'en ressentis beaucoup d'amertume. »

C'est une expérience traumatisante que de s'apercevoir qu'on est ignoré par le groupe d'amis de jadis. Il faut vous faire a cette idée que c'est désormais auprès de nouveaux amis comme vous, veufs ou divorcés, que vous devez rechercher un reconfort moral.

Vous découvrirez qu'il existe une classe minoritaire et en marge des gens, comme vous, avec des problèmes, des buts, des sentiments, des styles de vie complètement différents de la masse des couples mariés. Si vous continuez à fréquenter vos amis qui appartiennent au monde des gens mariés, vous vous apercevrez souvent qu'ils ne répondent pas quand vous commencez à exposer vos sentiments et vos problèmes de femme divorcée et seule. La raison en est flagrante. L'équilibre du couple est chancelant et l'idée que vous parlez de ce qui pourrait leur arriver un jour les trouble.

Vous pouvez aussi trouver de l'aide en rencontrant des hommes seuls. Ne considérez pas tout homme comme un mari en puissance. Vous pouvez devenir bons amis sans vous engager sentimentalement. Voici ce que m'a confié une mère divorcée :

« Je crois que ce qui m'a aidée le plus a été de parler avec des hommes divorcés. Je dis bien « parler ». Parler à cœur ouvert. Je n'avais jamais eu cette possibilité auparavant. On s'aperçoit qu'ils souffrent eux aussi et sont traumatisés. On le voit intellectuellement mais pas vraiment jusqu'à ce qu'on parle avec eux. Cela m'a réconfortée de voir que les hommes connaissaient les mêmes problèmes que les femmes. »

Quand vous serez vraiment prête à une nouvelle vie, les hommes joueront un rôle important dans votre système de recours affectif. Comment rencontrer des hommes susceptibles de vous plaire, ceci ferait l'objet d'un livre entier; laissez-moi cependant vous faire quelques suggestions. Il y a d'abord les organismes pour gens seuls. Avec de la chance, vous pourrez rencontrer des gens intéressants dans votre travail. Si vous êtes seule dans votre bureau, c'est peut-être un travail intéressant, mais qui ne vous aidera pas beaucoup à rencontrer des hommes.

A titre d'exemple, ici, à l'ouest des U.S.A., nous avons deux moyens excellents. L'un est un journal pour les gens seuls : *The National Singles Register*. Nombre de femmes divorcées ont peur d'y insérer une annonce et de rencontrer des êtres bizarres ou anormaux. Ces fantasmes, cependant, n'ont aucun rapport avec les hautes qualités morales des hommes et des femmes qu'on peut rencontrer en écrivant à ce journal. Mes patients divorcés, hommes et femmes, y ont toujours fait des rencontres intéressantes.

Nous avons aussi une technique d'avant-garde appelée rendez-vous vidéo. On vous interroge pendant cinq minutes sur une vidéo-cassette. Les clients peuvent voir les cassettes des autres. Si un homme a envie de vous rencontrer, on vous en informe et vous pouvez *le* voir en vidéo-cassette. Si l'intérêt est mutuel, on vous présente. C'est un système qui me semble lui aussi efficace.

Je m'aperçois que j'écris comme si vous n'aviez qu'à vous inscrire dans un club ou essayer les vidéo-cassettes ou mettre une petite annonce. Ce n'est pas si simple. Il vous faudra d'abord vaincre la — CRAINTE — crainte de ne pas plaire, crainte de l'inconnu. Vous pouvez la cacher sous de faux prétextes, en disant par exemple que vos enfants ont besoin de vous et que c'est pour cela que vous ne voulez pas encore sortir.

Une de mes patientes divorcée depuis presque deux ans

n'avait fait aucun effort pour se réinsérer. Elle avait trente-deux ans, était pleine de charme, instruite, encore sous le choc d'un divorce pénible qui avait pratiquement détruit sa personnalité. Elle se sentait seule et une partie d'elle-même souhaitait rencontrer d'autres gens, mais elle ne cessait de répéter que sa fille de sept ans avait besoin d'elle. Elle en était arrivée à être convaincue que l'enfant ne pouvait se passer d'elle (alors que l'une et l'autre avaient besoin d'être seules de temps en temps).

Le club de ski de la société où travaillait Anne proposa un week-end à un prix très modique et je réussis à la convaincre d'y aller, malgré ses réticences. Elle confia sa fille à une tante qui habitait à proximité. La semaine suivante, elle me raconta qu'elle s'était fait du souci pour l'enfant, pendant tout le voyage en car. Le lendemain, quand elle se trouva sur les pistes, elle s'amusa tellement pour la première fois depuis si longtemps qu'elle dut reconnaître qu'elle avait à peine songé à sa fille. C'était un véritable sauvetage. Elle avait rencontré un garçon charmant qui l'avait invitée à dîner la semaine suivante ; quant à sa fille, elle s'était bien amusée chez sa tante. Elle reconnut que j'avais eu raison, et que l'expérience avait été bénéfique pour l'une comme pour l'autre.

Quatrièmement, vous allez être probablement submergée par des sentiments d'inadaptation, surtout au début de votre divorce. Même si vous n'étiez pas heureuse avec votre mari, il était tout de même *là*, vous pouviez parler avec lui des problèmes soulevés par l'éducation de votre enfant et lui dire ce que vous en pensiez. Ne pas être seul pour prendre les décisions aide beaucoup, surtout quand on doute. Et voilà que maintenant vous êtes seule.

Deux choses peuvent vous aider à combattre ce sentiment d'inadaptation : l'information et la « thérapie de groupe spontanée ». Vous vous sentiriez plus sûre de vous si un psychologue pouvait vous conseiller. En un sens, je joue ce rôle auprès de vous, à travers ce livre.

Mais un livre ne vaut jamais des conseils directs. Si vos moyens vous le permettent je vous suggère de consulter un psychologue, non seulement en tant que patiente, mais peut-être une ou deux fois par an quand vous en ressentez le besoin pour vous aider, surtout à propos de vos enfants.

Les couples mariés se rencontrent à certaines occasions — réunions, dîners entre amis ou réceptions. Dans ces réunions, on parle souvent des enfants et de leurs problèmes. C'est ce que j'appelle la « thérapie de groupe spontanée ». Ils s'aperçoivent qu'ils ne sont pas seuls à se préoccuper de leurs enfants.

S'ils n'avaient pas cette possibilité, ils auraient peu de chances de savoir comment les autres élèvent les leurs. Ils ne sauraient pas comment les enfants varient selon l'âge, quels sont les problèmes auxquels les parents sont confrontés, s'ils se sentent parfois frustrés ou irrités. Cet échange de points de vue spontané permet aux parents d'exprimer leurs sentiments et de trouver l'aide affective auprès du groupe.

En tant que mère seule vous aurez besoin d'une thérapie de groupe au milieu de parents dans votre situation, amis ou relations. Vous verrez que cet échange est d'une valeur inestimable. Cela vous aidera beaucoup à vaincre vos complexes.

Cinquièmement, il existe un problème que ne connaît pas la mère veuve, mais auquel vous serez confrontée : celui de vous sentir coupable de l'échec de votre mariage. La veuve n'a pas eu le choix, mais vous, vous l'avez eu, dans la plupart des cas (sauf si le divorce est le fait de votre mari seul). De temps en temps, vous vous direz que ce divorce a été une erreur fondamentale, et que vous auriez dû rester ensemble. A ce propos, c'est pour cela qu'il est important d'avoir recours à un conseiller conjugal. Après avoir consulté, quand vous aurez décidé que votre mariage est bien mort et qu'il ne peut ressusciter, vous risquerez beaucoup moins de vous sentir coupable.

Vous vous apercevrez en effet que ce complexe de culpabilité tend à vous empêcher d'agir sagement avec vos enfants. Si vous vous torturez de remords inutiles, vous risquez d'être trop indulgente et de céder à vos enfants quand vous devriez faire preuve de fermeté. C'est exactement comme si vous vous disiez : « J'ai très mal agi en faisant supporter ce divorce à mes enfants ; en les choyant, je me rachète. » De tels sentiments ne feront pas de vous une mère très efficace.

Ce sentiment de culpabilité peut vous assaillir plus encore quand vous commencez à sortir avec quelqu'un. Une mère divorcée s'explique ainsi :

« Je travaille toute la journée, puis je commence à m'habiller pour aller dîner en ville et je dois confier mon petit garçon de quatre ans à une baby-sitter alors que je suis déjà partie toute la journée. Comme je me sens égoïste et coupable, surtout s'il commence à pleurer quand je pars ! »

Intellectuellement, vous savez que vous devez sortir et avoir une vie sociale. Mais sentimentalement vous vous dites que vous devez rester à la maison et vous dévouer complètement à vos enfants. C'est là que la pensée négative (chap. 14) peut vous aider à vous débarrasser de cette culpabilité irraisonnée pour être libre de vous accomplir en tant qu'individu et pour élever convenablement vos enfants.

Sixièmement, il vous faudra lutter contre un épouvantable sentiment de solitude. Il peut vous assaillir n'importe où, n'importe quand. Il ne vous quittera probablement guère jusqu'à votre remariage. La meilleure façon de lutter est de ne pas rester isolée.

Septièmement, apprenez à affronter les sentiments de votre enfant à propos de votre divorce. De même que les enfants ont tendance à se taire sur la mort de leur père ou de leur mère, ils ont tendance à ne pas s'exprimer sur le divorce. Je vous conseille de relire la première partie de ce chapitre où j'ai donné quelques suggestions à une mère veuve pour libérer les sentiments des enfants à propos de la mort de leur père. Vous pouvez agir de la même façon à propos de votre divorce.

Je peux vous assurer que sous une apparence tranquille, ils se sentent furieux, blessés et abandonnés. A bien des égards, un divorce ressemble à la mort. C'est la mort d'un mariage et d'une famille et vos enfants ont besoin de pleurer sur la perte qu'ils ressentent.

C'est une vérité désagréable avec laquelle il faudra que vous appreniez à vivre. Puisque vous en avez la garde, c'est probablement sur vous que vos enfants projetteront les sentiments de colère qu'ils ressentent contre vous *deux*, qui êtes séparés. Sachez ne pas subir cela comme une attaque personnelle. Aidez-les à exprimer leur chagrin comme si vous étiez veuve. Cela peut être le point de départ de plusieurs discussions utiles avec eux.

Il existe deux périodes distinctes où les enfants sont particulièrement atteints par le divorce ; la première entre trois et six ans, et la seconde à l'adolescence, c'est-à-dire au moment de « l'idylle familiale », quand le petit garçon tombe follement amoureux de sa mère et souhaite la disparition de son père pour être seul avec elle. (Une petite fille éprouve les mêmes sentiments inversés). Le même phénomène se reproduit au moment de l'adolescence, mais cette fois la sexualité s'ajoute au reste.

Que se passe-t-il quand le divorce a lieu au moment où le petit garçon a quatre ans ? C'est comme si le divorce avait été provoqué par son désir secret de posséder sa mère pour lui seul et de voir disparaître son père. Ses vœux se sont réalisés, et il se sent coupable car il croit être la cause du divorce.

Si le divorce se situe pendant ces périodes « d'idylle familiale » il faudra que vous aidiez vos enfants à assumer ces sentiments ambivalents.

Ils souffriront d'un manque de présence masculine dans leurs vies, comme des orphelins.

Quand vous rencontrerez un homme pour lequel vous ressentirez un attachement profond qui vous mènera au mariage, vous verrez que vos enfants auront des sentiments ambivalents en face de votre futur mari. Je les ai déjà décrits dans la partie traitant du remariage d'une veuve et vous pouvez procéder de la même façon. Vos enfants veulent bien un nouveau père « suppléant », mais ils vous ont eue pour eux seuls et hésitent à abandonner ce privilège.

Je vous conseille aussi de lire attentivement le chapitre suivant, « les beaux-parents et la famille d'un remariage », afin que vous sachiez quels écueils éviter quand vous vous remarierez.

Jusqu'ici nous avons discuté de votre situation de mère seule en admettant que votre ex-mari ne vous harcèle pas. C'est pourtant exactement ce qu'il peut faire. Il peut changer sans cesse de domicile, ou s'éloigner pour qu'il vous soit plus difficile de toucher votre pension alimentaire.

Il peut rendre visite à ses enfants très irrégulièrement, peut-être deux fois par an ou pas du tout. Mon expérience professionnelle me fait penser qu'un pourcentage élevé de pères américains ne s'intéressent guère à leurs enfants. Si cela est vrai pour les familles unies, il n'est pas surprenant que tant de pères divorcés disparaissent simplement de la vie de leurs enfants.

Votre mari peut aussi vous tracasser systématiquement. Il peut dire du mal de vous à vos enfants et même mentir sur votre compte. Il peut vous nuire personnellement, en vous téléphonant, en venant chez vous sans vous demander l'autorisation, en vous suivant quand vous sortez. Il peut même vous menacer. Il est difficile de supporter une telle situation. Il est déjà assez dur d'être seule. Les tracasseries renouvelées que vous inflige votre ex-mari ont sur vous le même effet que des doses répétées de poison. Là encore, si vos finances vous le permettent, l'aide d'un conseiller professionnel peut vous être précieuse pour y faire face. Sinon, essayez de discuter de vos problèmes et de libérer vos sentiments auprès d'amis sûrs et attentifs. Dans certains cas extrêmes, vous pourrez avoir recours à l'aide d'un avocat. Vous serez peut-être obligée de changer de domicile et de cacher votre nouvelle adresse. Si vous devez expliquer ce qu'il en est à vos enfants, dites-leurs simplement la vérité. Expliquez-leur la situation en des termes qu'ils comprennent. A de jeunes enfants vous direz : « Papa est si méchant avec moi qu'il va falloir déménager. Mais je ne peux pas lui dire où nous allons habiter, sinon il recommencera. » Avec des enfants d'âge scolaire ou des adolescents, vous pouvez donner des raisons plus précises pour expliquer cette conduite énergique comme solution possible.

Si votre ex-mari ne vient jamais rendre visite aux enfants et qu'ils vous demandent pourquoi, encore une fois, je vous demande de leur dire la vérité. Si vous imaginez quelque histoire pour l'excuser et que les enfants s'aperçoivent un jour que vous avez menti, vous aurez perdu toute crédibilité. Selon leur âge et leur niveau intellectuel, dites-leur : « N'importe quel père souhaiterait venir voir des enfants gentils comme vous. Mais votre père a tellement de problèmes psychologiques qu'il ne veut pas vous voir. Je suis navrée pour lui de ce qu'il perd. »

Pour conclure, je tiens à vous rappeler que vous disposez de nombreux atouts que vous avez tendance à oublier dans ces moments difficiles. D'abord, l'amour de vos enfants est une source inépuisable. Deuxièmement, les méthodes d'éducation efficaces sont les mêmes pour les mères seules que pour les couples. Troisièmement, si vous avez lu ce livre attentivement, vous en saurez plus que bien des couples. Tous ces éléments réunis font que vous pouvez élever vos enfants beaucoup mieux que bien des parents non divorcés. Prenez courage et soyez confiante dans votre réussite.

LE PÈRE SEUL QUI N'A PAS LA GARDE DES ENFANTS

Je place le père plutôt que la mère dans cette catégorie car il est rare que le père ait la garde des enfants, mais cela arrive de plus en plus fréquemment maintenant. C'est techniquement vrai, mais cela ne veut pas dire que les juges qui décident de la garde de l'enfant se préoccupent davantage de son bien-être. Ce serait un point de vue intelligent mais ce n'est pas ce qui semble caractériser les tribunaux. C'est une des corporations les plus sexistes des U.S.A. Il y a eu un procès célèbre en Californie, où la mère, prostituée notoire, a reçu la garde des enfants a condition qu'elle n'accueille pas de clients quand les enfants étaient là. Incroyable mais vrai.

Les hommes se voient confier la garde des enfants dans un tout petit nombre de cas, 2 a 3 pour cent dans certains Etats. Un juge m'a dit un jour: « Pour qu'un père ait la garde des enfants, il faudrait que deux témoins aient vu la mère debout sur un cadavre, un pistolet fumant à la main, sinon c'est elle qui en aura la garde. »

Quand vous entendez dire qu'un nombre de plus en plus important de pères ont la garde des enfants maintenant, c'est comme si on disait que 53 pères pour mille avaient la garde auparavant et qu'il y en a maintenant 62 pour millle. Et la vraie raison c'est que davantage de mères abandonnent la garde aux pères, parce qu'elles refusent ce fardeau.

Voilà pourquoi je dis que les parents qui n'ont pas la garde de l'enfant sont généralement les pères. Examinons leur situation.

Envisageons la plus facile, celle où votre ex-femme ne vous fait pas de difficultés.

Quel choc ressentez-vous après le divorce et en quoi diffère-t-il de celui de la mère qui a la garde des enfants ? Le mariage avec des enfants implique deux rôles : celui d'époux et celui de père. Celui qui conserve les enfants ne perd qu'un rôle. Vous perdez les deux. Si le père qui se retrouve seul ne s'intéresse pas particulièrement à ses enfants, la perte de son rôle de parent ne signifie pas grand-chose et il rejoint finalement le rang des pères qui ont démissionné. Mais si ses enfants représentent beaucoup pour lui, c'est un choc terrible. C'est ainsi qu'un père le décrit :

« ... Ce qui se passe, c'est que je suis devenu un père de fin de semaine et parfois seulement un père du samedi. Ce n'est pas que je le désire mais c'est ce qui se produit souvent après un divorce. Mon ex-femme et moi nous nous disputons sans arrêt quand nous sommes ensemble — bien plus qu'avant notre divorce et ce n'est pas bon pour les enfants. Mon Dieu, comme ils me manquent toute la semaine ! Avant, je les voyais sept jours sur sept. Maintenant, je les vois deux jours ou pas du tout si je dois m'absenter. J'adore ces gosses et c'est un déchirement que de leur dire au revoir. »

En tant que père privé de la garde de vos enfants, vous ressentez la perte de votre épouse comme elle-même ressent votre absence, mais vous aurez en outre à supporter l'épreuve affreuse de la perte partielle de vos enfants. Vous devrez vous habituer à tout cela, c'est une expérience extrêmement douloureuse et tout ce que j'ai dit précédemment sur la veuve ou la mère divorcée s'applique également à vous.

Si vous le pouvez, consultez un psychologue ou essayez

de trouver des amis susceptibles de vous comprendre.

Je connais un père divorcé qui avait demandé à un couple marié avec des enfants amis des siens, de dîner avec eux un soir par semaine. Ils acceptèrent et il les emmenait de temps en temps au restaurant en retour. Il m'a avoué qu'il attendait ce soir-là avec impatience. Il se sentait très seul et il avait l'impression d'avoir une famille une fois par semaine.

En ce qui concerne vos rapports avec vos enfants, je vous renvoie au chapitre « Divorce, remariage et enfants de plusieurs couples » dans mon livre *le Père et son Enfant*. Il traite en détail la situation du père divorcé qui n'a pas la garde des enfants. En voici quelques points importants.

J'insiste d'abord sur le fait qu'il vous est possible, en tant que père divorcé, d'avoir des relations meilleures et plus approfondies qu'auparavant. Quand vous verrez vos enfants, vous serez complètement libéré de toutes ces discussions que vous aviez devant eux quand vous étiez marié. Vous essaierez peut-être aussi de leur consacrer plus de temps et d'efforts. Beaucoup de pères ont l'impression qu'ils font vraiment la connaissance de leur enfant après le divorce.

Tim, un jeune professeur de vingt-sept ans, raconte : « Je suis bien meilleur père maintenant qu'il y a un an quand j'étais marié. Evidemment, je ne vois les enfants qu'aux week-ends, mais maintenant je m'occupe d'eux, j'écoute ce qu'ils disent. En fait, je ne passais pas tellement de temps avec eux quand j'étais à la maison. Je voulais surtout regarder tranquillement les matches de football à la télévision : j'étais present surtout physiquement. Nous commençons à nous connaître. »

En tant que père divorcé, vos relations avec vos enfants sont reglées par le droit de visite que le jugement a accordé. Je vous mets en garde contre un piège dans lequel tombent beaucoup de pères. La plupart des juges se plaisent à accorder un « large droit de visites ».

C'est un piège et une illusion. Cette notion montre encore une fois l'esprit sexiste des tribunaux. Si la mère de vos enfants *est* raisonnable, vous aurez un droit de visite raisonnable. Si elle ne l'est pas, vous comprendrez vite que cela signifie seulement les visites qu'elle veut bien vous accorder. Que se passerait-il si un juge accordait « une pension alimentaire raisonnable pour l'enfant » à une mère divorcée ? Ses cris outragés empliraient le tribunal.

Refusez donc ce « large droit de visite ». Exigez qu'il soit bien défini. Voici ce qu'un père de deux garçons — quinze et neuf ans – avait établi : il emmenait les garçons dîner une fois par semaine. Il avait un système souple avec son fils de quinze ans qui leur permettait de se rencontrer quand ils en avaient envie l'un et l'autre. Tous les vendredis soirs, il emmenait le plus jeune au cinéma ou a une manifestation sportive. Il le prenait avec lui un week-end sur deux. Une semaine pendant les vacances de Noël, une semaine pour Pâques, et un mois l'été. Il avait en outre un droit de visites impromptues quand la mère et les enfants le souhaitaient.

En établissant un programme de visites, vous structurez et ordonnez vos rapports avec vos enfants. Ils sauront quand ils vous verront, ce qu'ils peuvent attendre et il en sera de même pour vous surtout dans le désert des premiers mois de la séparation.

J'insiste pour que vous donniez à vos enfants le sentiment qu'ils ont un « second foyer » pour eux et pour eux seuls quand ils viennent vous voir. Si vous avez une maison, réservez-leur une pièce particulière qui leur appartienne en propre. Si vous vivez en appartement, vous pourrez sans doute leur louer une pièce supplémentaire. Cette pièce doit être installée avec ce qu'ils ont choisi — vêtements, jouets etc. Ce sera leur maison hors de chez eux. Sinon, attribuez-leur un coin particulier de votre appartement, où ils établiront leur domaine. Même petit, le second foyer sera très important pour eux.

Il est juste de dire que très peu de pères savent quels rapports avoir avec leurs enfants, quel que soit l'âge. Il est donc essentiel de faire un effort pour étudier vos enfants et les comprendre. Si vous retenez les conseils de ce livre, vous aurez des siècles d'avance sur bien des peres de foyers unis.

Au début de vos visites, il vaudra peut-être mieux discuter de ce que vous pourrez faire, commencer doucement en passant d'abord quelques heures auprès d'eux, puis prolonger ensuite ces rencontres. Pensez à des activités qui ne vous obligent pas à vous parler beaucoup, aller au cinéma, voir un match plutôt que d'aller dîner ensemble.

Un de mes patients m'expliquait: « Je suis sorti samedi dernier avec mes deux enfants de deux et quatre ans. Après avoir visité le zoo, je ne savais plus que faire. Comment occuper les enfants de cet âge? » Cet homme avait très peu vécu avec ses enfants avant son divorce. Il en avait pratiquement laissé l'éducation a sa femme et maintenant qu'il se trouvait seul en face d eux pendant de longues periodes, il se sentait mal à l'aise.

Apprenez bien votre leçon. Prenez le temps de vous informer de la psychologie des enfants, apprenez à vous en occuper. Vous verrez combien ce contact peut être enrichissant.

Si vous demandez à chaque enfant de venir avec un camarade, cela vous aidera peut-être. L'atmosphère sera plus facilement détendue et dédramatisée. Beaucoup de pères divorcés sont épuises sentimentalement par les exigences des enfants. Mais la presence d'un ami facilite les contacts qui sont plus naturels et vous ne sentirez pas le poids de leurs exigences affectives peser sur vous. Cet ami, vous pouvez l'emmener presque partout, au zoo, au musée, au cinéma, à un match, en camping, à la plage.

Les adolescents posent un problème particulier. A cet âge-là, on souhaite se trouver avec des camarades mais ni avec son père ni avec sa mère. Pourtant, vous devez à tout prix maintenir le contact avec votre adolescent, malgré la séparation. Selon ses goûts, voici certaines activités que vous pourrez partager : aller au cinéma (par exemple voir les films pour adolescents accompagnés), assister à des manifestations sportives, faire de la moto, pêcher, camper ou faire de la voile. S'il s'agit d'une adolescente, elle aimera peut-être tout cela, ou être emmenée à déjeuner ou à dîner dans un restaurant agréable.

Plus âgés (de dix-huit à vingt et un ans), ils solliciteront davantage vos conseils pour leurs études, pour choisir un lieu de vacances, résoudre divers problèmes liés au passage de l'école à la « vraie » vie. Si vous avez pris l'habitude de dîner régulièrement avec eux, il vous sera plus facile d'évoquer ces problèmes.

Jusqu'ici, nous avons supposé que votre ex-femme acceptait les visites et ne vous faisait aucune difficulté. Si tel est le cas, estimez-vous heureux. Il est malheureusement vrai que si vous aimez vos enfants et que votre ex-femme le sait, si elle est aigrie et rancunière, elle peut vous créer des ennuis que vous n'auriez même pas imaginés. Je connais un avocat divorcé dont les enfants étaient déjà grands. Pendant quatre ans sa femme ne cessa de le harceler en l'appelant constamment au téléphone en demandant l'augmentation de la pension a laquelle elle avait droit, en le mettant dans l'embarras en public, en le traînant devant le juge chaque fois que c'était possible. A la fin, il décida qu'il en avait assez. Il abandonna son cabinet de Los Angeles et alla habiter San Francisco où elle ne pouvait l'atteindre. Mais il ne vit plus beaucoup ses enfants.

Vous serez peut-être forcé de recourir à ce système de defense : ne pas communiquer personnellement avec votre ex-femme ou par téléphone à propos des enfants. Elle pourrait mentir devant le tribunal, avec un visage innocent, à propos de communications sans témoins. Une lettre n'est pas plus efficace : elle peut dire qu'elle ne l'a jamais reçue.

Le seul moyen de communication valable dans ce cas reste le télégramme ou la lettre recommandée. Elle ne pourra pas nier son existence.

Comme second moyen de défense, vous pourrez dans vos visites emmener (parfois ou systématiquement) un témoin avec vous. Si un soir vous passez chercher les enfants et que la maison est vide, à moins d'avoir un témoin, votre parole aura peu de valeur et ne vous mènera à rien en présence du tribunal. Retenez ce principe essentiel : sans témoins, vous êtes perdu devant le juge (surtout devant un tribunal sexiste, presque toujours hostile au père).

Un de mes patients m'a raconté que sa femme avait forgé un tel tissu de mensonges devant le juge qu'il avait décidé de ne plus jamais lui parler sauf en présence d'un témoin. Ne croyez pas que ce soit impossible, cela peut vous arriver.

Le tribunal peut protéger votre droit de visite, mais il ne peut empêcher votre ex-femme de médire de vous et d'intoxiquer l'esprit de vos enfants contre vous.

Si vous affrontez ce genre de difficultés pour voir vos enfants régulièrement, la meilleure tactique est de prendre du recul. Lisez ma réponse à la question 9 du chapitre 24, « la moyenne enfance », qui traite de ce problème. Même si votre femme vous calomnie, vos enfants verront votre vraie personnalité au cours des visites que vous leur rendrez. Peu importe sa méchanceté ou ce qu'elle dit de vous, ne vous vengez pas et ne l'attaquez pas devant les enfants. Cela ne peut que se retourner contre vous.

Soyez vous-même tout simplement. Quoi qu'elle dise, vos enfants vous percevront directement en tant qu'individu aimant, aimable, compréhensif et amusant. En grandissant, la tactique agressive de votre ex-femme risque de la desservir et de lui nuire. Ils savent que vous êtes gentil mais elle leur dit que vous êtes odieux. Quand ils seront assez grands pour s'affirmer contre elle, généralement à l'adolescence, ils commenceront par s'opposer à elle. Ils lui diront ce que vous êtes vraiment, si différent du portrait qu'elle a fait de vous.

Si vous avez une ex-femme aussi vindicative et querelleuse sur les bras, vous devrez peut-être affronter une lutte constante pour voir vos enfants. Même si c'est une situation pénible, le résultat en vaudra la peine quand vos enfants auront dix-huit ans, et qu'ils auront échappé à ses griffes et que vous pourrez avoir avec eux des relations directes et affectueuses.

Voilà les problèmes auxquels vous risquez d'être confronté. Sans aucun doute, il est plus difficile d'être efficace quand on est seul qu'à deux. Et c'est encore pire quand on est harcelé par son ex-conjoint.

Malgré tout, votre vie de parent divorcé peut être riche et gratifiante. Vous pourrez élever des enfants aussi heureux et aussi équilibrés que les enfants d'un foyer uni — peut-être même davantage. Voici les paroles émouvantes d'un garçon de vingt et un ans dont les parents ont divorcé quand il avait seize ans. Il témoigne du merveilleux travail que des parents seuls peuvent accomplir :

« Cela peut sembler curieux, mais je crois que le divorce fut bénéfique pour nous tous. Il permit à mes parents de devenir adultes, surtout à mon père. Tout de suite après le divorce, il reprit des études de journalisme et il fait maintenant un métier qui le satisfait pleinement. Il s'est libéré de vingt années stupides passées dans les affaires et il est vraiment heureux. Maman aussi. Je pense que cela a été plus dur pour elle parce que c'est une femme. Mais elle est jolie, elle voyage beaucoup et recommence à sortir. J'ai des rapports extraordinaires avec l'un et l'autre, surtout avec mon père... C'est assez étrange de penser que nous nous entendons bien quand je pense aux discussions perpétuelles que nous avions ; aucun d'eux ne me comprenait. »

Quand vous aurez élevé un enfant comme celui-là vous pourrez sourire avec satisfaction à la pensée d'avoir contribué personnellement à la destruction du mythe de l'enfant inadapté issu d'un foyer brisé.

18

LES BEAUX-PARENTS ET LES FAMILLES ISSUES DE REMARIAGES

Au chapitre précédent j'ai dit combien les problèmes qui se posent aux parents seuls (veufs ou divorcés) étaient plus aigus que dans les familles normales. Il en est de même pour les parents remariés, beaux-pères et belles-mères, mais d'une manière différente. Ce qui ne veut pas dire que les beaux-enfants, dans une famille issue d'un remariage, sont condamnés à être plus malheureux et moins bien adaptés que les enfants élevés par leurs vrais parents. En fait je connais des enfants de parents remariés qui sont plus heureux et mieux adaptés que bien d'autres.

A mon avis les beaux-parents sont les parents les plus négligés. De bien des manières, notre société fonctionne comme si les beaux-parents n'existaient pas. Avez-vous déjà entendu, à une réunion de parents, à un récital de piano ou à une remise de diplômes, le président de séance commencer son discours par ces mots : « Nous sommes heureux d'accueillir ici les parents *et les beaux-parents...* » ? Moi pas. On parle de la fête des mères et de la fête des pères, jamais de fêtes des beaux-pères et belles-mères.

Si vous considérez la littérature concernant l'éducation des enfants, même oubli. Aucune mention dans le premier ouvrage du Dr Spock, pas plus que dans la nouvelle édition révisée.

Ce mépris généralisé pour les parents remariés est bien regrettable parce que, contrairement à l'impression qu'on peut retirer des livres sur l'éducation des enfants, ou des réunions de parents, les beaux-parents existent bel et bien, et ils sont nombreux. Jugez-en par les statistiques suivantes.

Aux États-Unis, un mariage sur trois est un remariage et pour un tiers de ces derniers, les *deux* époux ont déjà des enfants. On estime à 15 millions le nombre des enfants de moins de dix-huit ans vivant dans des familles issues de remariages, et à 25 millions les pères et mères de beaux-enfants. A l'heure actuelle, aux États-Unis, un enfant sur six a un beau-père ou une belle-mère. On compte qu'en 1980, il y en aura un sur trois. Dans ces conditions pourquoi les livres sur l'éducation des enfants ignorent-ils presque tous les familles issues d'un remariage ? Je pense que c'est parce que l'on considère en général (et même les psychologues et les psychiatres, ce qui est plus surprenant encore) que parents et beaux-parents sont dans la même situation. Ce qui est faux, comme je vais le montrer tout au long de ce chapitre, en essayant de vous dire comment une famille issue d'un remariage peut être aussi une famille heureuse.

Bien sûr, les beaux-parents sont avant tout des parents, et à ce titre doivent exercer les fonctions de psychologue de l'enfance et de professeur, ne pas ignorer les différents stades de développement de la naissance jusqu'à l'âge adulte, ni les méthodes efficaces d'enseignement (ce que certains appellent la discipline). Ces sujets ont été abordés dans les quinze premiers chapitres de ce livre.

Les techniques de base sont donc les mêmes, mais doivent s'exercer de manière différente.

Comme point de départ, donnons quelques définitions fondamentales. *Qu'est-ce qu'un beau-père ou une belle-mère ?* Une personne dont le conjoint avait déjà un ou plusieurs enfants. *Qu'est-ce qu'une famille mixte ?* Un foyer qu'habitent régulièrement ou que fréquentent un ou plusieurs enfants issus d'un précédent mariage.

Certains beaux-pères ou belles-mères sont brusquement confrontés au métier de parents. Les vrais parents ont le temps de s'adapter à la situation à mesure que les enfants grandissent, alors que les beaux-parents sont littéralement catapultés dans leur situation de père ou mère. Normalement, cette situation exige déjà beaucoup de savoir-faire ; elle en exige encore plus lorsqu'on s'y trouve brutalement confronté. Ce fut entre autres le cas d'une de mes malades, Susan.

Cette femme était restée célibataire jusqu'à trente-deux ans, âge auquel elle épousa un homme qui avait deux filles de treize et quinze ans. Après cinq mois de mariage elle vint me demander conseil, ne sachant absolument plus que faire. Pendant notre premier entretien, elle ne cessa de pleurer.

« J'aime beaucoup Andy, dit-elle, c'est un homme merveilleux, notre entente est parfaite sur tous les plans. Mais les deux filles sont en train de détruire notre mariage : il faut faire quelque chose, sinon tout notre bonheur va s'effondrer. »

Elle m'expliqua que ses belles-filles allaient sans cesse de la coopération aimable à une attitude fermée et hostile. « Je fais pourtant tout mon possible pour être une bonne mère, et je n'obtiens que remarques méchantes et regards hostiles. La semaine dernière, l'une d'elles m'a dit : « Ce que tu peux être maniaque et embêtante ! Si seulement nous étions avec notre vraie mère ! »

« Alors j'ai explosé et je l'ai traitée de tous les noms.

« Leur mère est une alcoolique qui les maltraitait ! Et moi, je ne suis pour elles qu'une bonne à tout faire ; jamais un mot de remerciement ! Je pense que l'on se moque de moi, d'autant plus qu'Andy ne réagit pas ! Je lui demande de m'aider, de me soutenir face à ses filles, et tout ce qu'il sait me dire c'est : « Oh ! ne t'en fais pas, c'est l'adolescence ! » Cela me met contre lui dans des états de rage qui me font peur. Mes rapports avec les filles me font penser à une bombe à retardement qui un de ces jours va détruire notre union. Quand je l'ai épousé, je croyais que tout irait bien. Certes, il y avait ses deux filles, mais elles me semblaient bien gentilles, et j'étais certaine que nous serions heureux tous les quatre. Non ! je ne pensais pas que cela serait si pénible ! »

C'est là le témoignage de nombreux beaux-parents : « Je n'etais pas préparé aux problèmes que pose la vie d'un couple remarié avec des enfants. » Un beau-père a décrit sa situation en ces termes : « C'est comme si on vous apprenait à nager en vous jetant dans le grand bain. »

D'où viennent donc ces difficultés insurmontables auxquelles on se heurte avec des beaux-enfants ?

Premièrement, au manque d'entraînement progressif : on devient tout à coup parent alors qu'on n'a aucune expérience en cette matière. Bien entendu les « vrais » parents n'ont pas non plus cette expérience préalable, mais les liens affectifs creés dès la naissance permettent de compenser les erreurs commises et les rendent plus indulgents. Ces liens affectifs favorisent aussi un meilleur comportement des enfants qui acceptent de leurs parents certaines choses qu'ils ne toléreraient pas de la part d'étrangers. Un père m'a dit un jour : « Je sais que Jimmy est parfois un affreux garnement, mais c'est le mien. »

Ainsi dans une famille de même sang, le manque d'expérience peut souvent être compensé par d'autres facteurs, du simple fait que les membres de cette famille ont toujours vécu ensemble. Pour les beaux-parents, qui ignorent tout du «métier», le manque d'expérience peut tout compromettre.

Deuxièmement, il est un fait psychologique que les beaux-parents ne comprennent pas avant d'y avoir été confrontés : la famille issue d'un remariage (la famille mixte) engendre des rapports affectifs beaucoup plus complexes que les autres. On a pu dire que «dans un remariage, il y a trop de monde». Et c'est bien vrai. Une famille «mixte» crée entre ses membres les rapports affectifs les plus compliqués que vous puissiez trouver. Ainsi en particulier entre la mère et ses beaux-enfants, ou un père et ses beaux-enfants, sans parler bien entendu des rapports affectifs entre les enfants issus des différentes unions.

Dans une famille biologiquement homogène, les problèmes sont beaucoup moins complexes; si l'on comparait la vie en famille à une partie d'échecs, dans une famille de remariés on pourrait parler de cinq parties simultanées.

Troisièmement, dans une famille de remariés les rapports affectifs sont toujours teintés de jalousie – sentiment qui se manifeste aussi dans les autres familles : les frères et sœurs sont jaloux entre eux, un père ou une mère peut l'être de son enfant en pensant que son conjoint s'intéresse plus à lui et le délaisse quelque peu. Mais tout cela n'est rien, comparé à la jalousie qui peut régner dans une famille mixte où l'on pourrait dire que chacun – parents et enfants – garde sans cesse un œil sur les autres pour voir si on ne les favorise pas à son détriment. Ainsi les beaux-parents en viennent souvent à penser que leurs rapports conjugaux sont faussés et rendus plus difficiles par l'intrusion d'un ou plusieurs de leurs enfants. De même qu'un beau-fils peut ressentir intensément le fait que son beau-père le prive de l'affection de sa mère.

A cette jalousie plus fréquente et plus intense, s'ajoute le fait que des sentiments contradictoires et ambigus animent souvent les beaux-parents et les beaux-enfants. Les beaux-parents ressentent en particulier un véritable choc quand ils comprennent que leurs sentiments ne sont pas ce qu'ils devraient être. La parenté subite n'entraîne pas forcément un amour immédiat.

Un père inquiet demandait un jour à sa femme : « Tu n'aimes donc pas mes enfants ? »

« Pas encore », lui répondit-elle. Et par la suite elle confia à d'autres personnes qu'elle ne les aurait jamais choisis pour amis.

En vérité, à de très rares exceptions près, nous n'éprouvons pas les mêmes sentiments pour nos enfants et pour ceux des autres. C'est particulièrement vrai pour une mère. Il lui est psychologiquement impossible de réagir envers l'enfant d'une autre de la même façon que pour l'enfant qu'elle a porté, auquel elle a donné le jour et qu'elle a élevé. Il est essentiel de s'accommoder de ces sentiments ambivalents. Tant que vous n'aurez pas reconnu comme une réalité affective qu'il est normal d'avoir des sentiments mitigés envers vos beaux-enfants, vous vous appuierez sur des faux-semblants plutôt que sur des réalités.

Un beau-père exprimait cette dualité de la façon suivante : « J'aime bien les gosses en tant que personnes. Mais je leur en veux tout simplement d'exister ! »

Et un beau-fils définissait de la façon suivante le combat de sentiments ambigus et jaloux qui l'assaillait : « On se sent comme un homme politique assiégé par les journalistes et à qui on ne peut honnêtement répondre que : Pas de commentaire. »

L'exemple suivant pourra peut-être nous aider à comprendre les causes essentielles de cette jalousie et de ces sentiments contradictoires qui déchirent les familles de couples remariés :

« On pourrait comparer une telle famille, sur le plan psychologique, à un corps auquel on aurait greffé un organe. Dans la plupart des transplantations, la raison de l'échec est simple : le corps se défend et rejette tout tissu étranger. Médicalement, on essaie d'empêcher le rejet. Psychologiquement, le même danger menace une famille de parents remariés.

La belle famille apporte avec elle des façons inconnues et étrangères de communiquer entre groupes sociaux. Les rapports sont simultanément légers et fragiles. Ils ne s'appuient pas sur le caractère rassurant qu'offre la famille biologique par son aspect permanent et indestructible.

Quatrièmement, cette famille formée artificiellement sera toujours hantée par le fantôme de la vraie famille.

Les adultes admettent difficilement certaines réalités psychologiques, car elles leur semblent irrationnelles. Presque tous les enfants, par exemple, souhaitent que leurs parents s'unissent de nouveau, sans penser aux difficultés qu'ils éprouvaient. J'ai soigné un garçon de dix ans dont les parents étaient divorcés depuis six ans. Il se préparait à partir passer un mois, l'été, avec son père. Il me dit : « Papa va peut-être revenir avec moi et se remarier avec maman. » Je lui répondis : « Qu'est-ce qui peut te faire dire cela ? Tu les as entendus se disputer au téléphone. Tu sais bien qu'ils se détestent. Pourquoi voudrais-tu qu'ils se remarient ? » Et il ajouta, presque timidement : « Ils pourraient peut-être s'aimer à nouveau. »

La vie de chaque enfant de divorcés est hantée par ce fait psychologique.

Il ne se préoccupe pas de savoir si ses parents ont mal agi ou n'ont rien fait pour lui ; il sent que ce sont *ses* parents à lui et que personne d'autre ne peut les remplacer. Et, psychologiquement parlant, il a raison. Un beau-fils ou une belle-fille considérerons toujours un beau-père ou une belle-mère comme des intrus qui prennent la place de leur père ou de leur mère. L'histoire du jeune Donny en est l'illustration évidente :

Sa mère lui dit un jour en voiture : « J'ai une très bonne nouvelle à t'annoncer. Tu vas avoir un nouveau papa. Nous nous marions le mois prochain, oncle Georges et moi. »

Donny pensa à son père, là-bas en Californie. Il se demanda s'il le verrait aussi souvent. Il ressentit en même temps une espèce de tristesse et d'affolement. Puis, un peu d'espoir lui revint. Il objecta : « Peut-être que oncle Georges ne voudra pas se marier. »

Sa mère se mit à rire. « Je suis sûre qu'il voudra, Donny. Nous avons décidé cela ensemble.

– Mais tu ne m'as pas demandé mon avis ! Je ne veux pas un nouveau papa, je ne veux pas d'oncle Georges.

– Mais si, Donny, dit sa mère. Tu verras, nous allons habiter dans une nouvelle maison. Tu auras une nouvelle école. Attends et tu verras que ça va être merveilleux.

– Je ne veux rien de nouveau. Je veux seulement que nous restions comme maintenant. Je déteste l'oncle Georges. »

La mère de Donny était stupéfaite. Elle aimait Georges et elle était sûre que Donny l'aimait aussi.

« Bien sûr que non, Donny, tu ne détestes pas l'oncle Georges. Tu ne comprends donc pas que la vie va être beaucoup plus facile pour nous maintenant. »

Elle se mit à lui faire une peinture idyllique de l'avenir. Plus sa mere lui en disait et plus Donny se sentait perturbé. Il aimait bien l'oncle Georges, mais il ne voulait pas un nouveau papa. Il en avait déjà un et il voulait qu'il revienne.

Les beaux-enfants ont tendance à idéaliser leurs vrais parents, surtout s'ils sont morts. Aucun beau-parent ne peut se mesurer à un parent idéalisé. Il ressentira bientôt l'hostilité de son beau-fils ou de sa belle-fille, parce qu'il n'est pas de taille à supporter la comparaison avec cet être idéalisé dont il usurpe la place. Voici un exemple intéressant : un psychanalyste, remarié, décrivait les premiers mois passés avec ses beaux-enfants comme des mois d'enfer. Il était venu vivre dans la maison où ils habitaient avec leur mère. « Ils éprouvaient le besoin absolu et inconscient de se débarrasser de moi... Ils désiraient un père de toutes leurs forces mais ils idéalisaient le leur qui était mort. Je ne pouvais donc l'égaler dans aucun domaine. »

Les beaux-parents doivent donc s'accoutumer de cette idéalisation jusqu'à ce qu'ils puissent créer des liens personnels et nouveaux avec leurs beaux-enfants.

Les parents disparus laissent inévitablement en héritage les erreurs d'éducation qu'ils ont commises. Une belle-mère disait qu'il lui semblait « se trouver sur les décombres de la vie d'une autre dont elle ne cessait de payer les erreurs passées ». Quand vous élevez vos propres enfants, et même si vous vous trompez, vous avez au moins la certitude que ce sont vos enfants. Si vous devenez beau-père ou belle-mère, la cigogne vous apportera peut-être un enfant de cinq ans timide et introverti ; ou un gamin de onze ans sarcastique, insolent et indomptable ; un adolescent renfermé et provocateur, qui connaît tous vos points faibles et sait bien où vous blesser. Vous vous retrouvez avec le devoir d'aimer et de discipliner ces enfants inattendus que d'autres ont formés jusqu'ici. Rien d'étonnant à ce qu'une belle-mère ait ecrit les lignes suivantes :

Quoi que vous fassiez,
Vous ne pouvez changer les enfants des autres...
Écoutez bien, vous dis-je.
Vous m'avez tendu les pages vides
D'un livre que je n'ai jamais écrit.

Le cinquième problème est celui des attaques constantes et sans merci d'un ex-conjoint qui utilise les enfants comme les pions d'une partie de dames. Les mères ont tendance, plus que les pères en général, à mener ce combat. Et les moyens par lesquels un enfant peut servir à se venger de l'ex-mari ou de l'ex-femme sont infinis. Tout beau-père ou toute belle-mère ayant subi ces attaques des années durant sait de quoi je parle. C'est comme le supplice chinois de la goutte d'eau qui tombe inexorablement, avec, à chaque occasion un nouveau coup porté par l'ex-conjoint, et par l'intermédiaire des enfants. C'est ainsi qu'on en arrive au point où le père divorcé se demande chaque fois qu'il va chercher ses enfants : « Que va-t-elle encore faire ? » De même, un père a pu dire : « Les hostilités reprennent à chaque week-end ! »

Sixièmement, alors que les rôles de la vraie mère et du vrai père sont clairs et bien définis, à l'intérieur de la famille comme à l'extérieur, le rôle des parents remariés est flou et vague. D'une part vous n'êtes pas le père ; l'enfant en a déjà un, vivant ou mort. Et vous ne pourrez jamais prendre sa place.

D'autre part vous êtes plus qu'un ami qui vit sous le même toit. Alors qui êtes-vous au juste ? Une belle-mère a pu dire de son rôle mal défini : « Je suis une main unique. Je joue au tennis sans balle et au golf sans club. Au jeu que je joue, on a changé toutes les règles. Et on ne veut jamais m'admettre dans la partie. »

Une autre a pu se définir comme « un oiseau qui couve les œufs d'un autre oiseau ».

Le rôle du vrai père ou de la vraie mère va de soi, tandis que les beaux-parents doivent se tailler eux-mêmes leur place dans une situation très ambiguë.

Nombre d'entre vous sont déjà beaux-parents, certains projetant de se remarier sont sur le point de le devenir : ces derniers voudront connaître les facteurs éventuels de succès avec leurs beaux-enfants. Trois points importants sont à considérer :

1. Votre futur époux (épouse) est-il veuf ou divorcé ?
2. Avez-vous déjà des enfants ?
3. Quels sont les âges et le sexe des enfants concernés par le remariage ?

1. Le veuvage et le divorce

La tradition populaire représente le nouveau père ou la nouvelle mère gagnant le cœur des beaux-enfants et s'avançant avec eux vers le bonheur. N'en croyez rien ! Les espoirs des beaux-parents sont souvent beaucoup trop élevés et peu réalistes. Le fait qu'ils apportent leur aide personnelle en prenant les enfants en charge dans une situation parfois tragique leur fait souvent espérer qu'on leur en saura gré. Les vrais parents, quant à eux, à moins de manquer totalement de réalisme, ont appris depuis longtemps à n'espérer aucune reconnaissance. Mais les beaux-parents sont souvent très sensibles à cette « ingratitude » et pensent, même s'ils ne l'expriment pas toujours : « Voyez tout ce que j'ai fait pour cet enfant. Il pourrait au moins manifester un peu de reconnaissance ! » Ce qui révele une ignorance profonde des faits suivants :

Le père ou la mère décédé est presque toujours idéalisé(e) ; le remariage de celui qui reste est ressenti par l'enfant comme une trahison. D'où l'hostilité à l'égard de celui qui apparaît comme l'usurpateur.

Les statistiques montrent que les divorces interviennent plus tôt que les décès. De ce fait, les enfants de divorcés sont à la fois moins nombreux et plus jeunes que les enfants dont l'un des parents est mort. Comme je l'expliquerai plus en détail ultérieurement, plus les enfants sont jeunes, plus il leur est facile de s'adapter à leur nouvelle situation.

Les parents divorcés se remarient en général plus vite que les veufs. L'enfant a donc moins l'habitude de vivre seulement avec son père ou sa mère et de ce fait il aura moins de liens familiaux intimes à abandonner.

Si les parents sont divorcés, l'enfant aura presque toujours une autre maison où passer la journée, et même où vivre si la situation devient critique chez lui. Cette soupape de sûreté n'existe pas en cas de décès de l'un des parents.

2. Avez-vous déjà vous-même des enfants ?

Comme je l'ai souvent dit, le métier de parent est complexe, et malheureusement on ne l'enseigne jamais de manière satisfaisante. Il s'apprend au hasard des jours à force d'essais et d'erreurs. Si vous avez déjà des enfants, vous avez pu constater combien ils sont différents des adultes. Ils peuvent parfois mentir, voler, tricher. Ils peuvent être désordonnés, bruyants, sales. Ils sont *égocentriques* et pensent d'abord à eux. ils peuvent avoir le génie de vous mettre publiquement dans l'embarras, et bien d'autres choses encore. Si vous avez eu des enfants, vous êtes au courant de tout cela. Mais si tel n'est pas le cas et que vous héritiez tout à coup de beaux-enfants, vous aurez une bien mauvaise surprise quand vous découvrirez tous les aspects négatifs du comportement enfantin.

Roger avait quarante ans et était célibataire lorsqu'il épousa Anne, charmante jeune femme, de huit ans sa cadette, mère de trois enfants de moins de neuf ans. Il me confia récemment : « Je ne savais pas que trois enfants pouvaient semer un tel désordre. Je ne peux déjà pas supporter le bruit qu'ils font ; c'est pénible pour ma femme aussi. Elle se contrarie beaucoup de voir que cela ma gêne. J'en arrive à quitter le bureau plus tard pour ne plus les voir. Bien sûr, Anne n'en sait rien, mais je m'arrange pour rentrer à la maison quand je suis sûr qu'ils sont couchés. Je ne peux supporter le chahut qu'ils font! J'aime Anne, mais parfois je me demande si je ne suis pas resté célibataire trop longtemps pour m'habituer à cette horde déchaînée. »

Même si vous avez eu des enfants il faut beaucoup de souplesse pour s'adapter à des beaux-enfants. Que dire alors si vous n'en avez jamais eu! Vous attendrez peut-être d'eux qu'ils manifestent un degré de maturité parfaitement utopique. Et vous ne connaîtrez probablement aucune des techniques qui vous seraient nécessaires. Vous vous sentirez comme un homme habitué à un chien, et qui se trouve avoir tout à coup trois singes chez lui. Inconsciemment vous voudrez les voir se comporter comme des chiens. Ce qu'ils ne feront jamais. Si bien que vous n'aurez pas la moindre idée sur la façon de les dresser et de les traiter.

3. *L'âge et le sexe des enfants*

Beaux-parents et beaux-enfants s'adaptent généralement mieux les uns aux autres quand les enfants sont très jeunes ou déjà des adultes. La période la plus difficile est sûrement celle de l'adolescence. Les adolescents se rebellent contre leur famille naturelle et c'est une étape nécessaire à leur développement. Ils peuvent être hargneux, hostiles, et refuser de coopérer. Les vrais parents ont déjà beaucoup de difficultés à faire face a cette situation, mais si on y ajoute les problèmes psychologiques qui surgissent nécessairement d'un remariage, les risques sont grands.

On peut prévoir certaines difficultés quand des enfants de

trois à six ans ou des adolescents se trouvent en face d'un beau-père ou d'une belle-mère du même sexe que le leur. Durant ces deux périodes, les enfants traversent ce que j'appelle l'idylle familiale, (je vous conseille de vous référer à mon livre *Le père et son enfant* où se trouve une étude approfondie de la question et des suggestions utiles). Pendant cette idylle familiale, les enfants veulent éloigner le parent de leur propre sexe afin que l'autre leur appartienne entièrement. De trois à six ans, la sexualité de l'enfant n'est pas encore très développée parce que ses glandes n'ont pas atteint leur maturité. Mais les sentiments de l'adolescent sont, eux, dominés par l'apparition des désirs sexuels de la puberté.

Cette idylle familiale, qui constitue une étape normale dans une vraie famille, peut devenir crise aiguë si un beau-père ou une belle-mère en sont les protagonistes. Un beau-fils risque de se montrer très hostile à l'égard du beau-père qui lui enlève la mère qu'il adore. Le petit garçon de trois ans qui déclare à sa mère qu'il veut l'épouser quand il sera grand est rempli de fureur lorsqu'un monsieur survient et l'épouse réellement. Il se sent aliéné et destitué. Une adolescente qui fait du charme à son père éprouve une jalousie exacerbée s'il aime une autre femme. Voici en quels termes une femme a pu décrire les réactions de sa belle-fille le jour de son mariage :

« Pour ma belle-fille, notre mariage fut un grand choc. Toutes les petites filles veulent sans doute un jour épouser leur papa, mais toutes ne mettent pas une belle robe et des souliers neufs pour voir papa épouser quelqu'un d'autre. A la mairie, on aurait cru la mère de la mariée. Elle avait tout organisé. Rien ne manquait au buffet, les fleurs étaient arrivées à temps ; elle fut très gaie mais quand la cérémonie fut terminée, elle ne fut plus de nouveau qu'une petite fille un peu gauche, avec un visage triste et des chaussettes un peu trop justes et disant : je te prends pour...» Ici elle s'interrompit brusquement : «Je savais par cœur tout ce qu'il fallait dire, dit-elle avec tristesse et personne ne m'a rien demandé!»

Donc si votre futur(e) époux(se) a déjà un enfant de trois à six ans ou un adolescent en pleine idylle familiale, il vous faudra vaincre sa jalousie et son hostilité. Pour cela, la technique du feed-back que j'ai exposée au chapitre 9 peut vous être utile.

Mais quel que soit l'âge de l'enfant, il faut vous attendre à affronter son hostilité. Plus tôt vous connaîtrez l'enfant, plus vous aurez de chance de parvenir à vous entendre avec lui. C'est pourquoi il est bon de faire sa connaissance dès vos premiers contacts avec celui (ou celle) que vous avez l'intention d'épouser. En voyant ses défauts, vous ne renoncerez sans doute pas à votre mariage, mais vous serez en tout cas mieux préparé à affronter les difficultés. Et les qualités que vous aurez pu apprécier vous aideront à faire naître l'affection entre vous.

Une de mes amies, Carrie, tomba amoureuse de Jack, divorcé, avec un fils de sept ans, Billy : Carrie, elle, n'avait jamais eu d'enfants. Elle me confia : «Billy et moi nous entendons bien depuis le début, pourtant je savais qu'un jour les difficultés surgiraient. Il m'avait dit qu'il souhaitait voir ses parents reprendre la vie commune, et à ces paroles je sentis que j'étais une intruse. Malgré cela, pendant les deux ans où nous nous sommes fréquentés avant notre mariage nous avons emmené Billy avec nous en pique-nique, en promenade, et nous sommes devenus bons amis. Mais une semaine avant la cérémonie, je pus voir qu'il en éprouvait une certaine anxiété. Il commença à me taquiner en me disant que les belles-mères sont toujours de méchantes marâtres, et me demandant quels mauvais traitements j'allais lui faire subir quand je serais sa belle-mère. Il fut délicieusement horrifié quand je lui dis que je lui ferais manger des œufs de crapaud et des cuisses de grenouille avec de la sauce au citron. Il poussa des cris d'horreur, et s'écria : « Oh, c'est dégoûtant ! » Nous nous sommes mis à rire, et Billy parut rassuré. »

Il est évident qu'il vous faut aussi faire la conquête de vos futurs beaux-enfants. Pour cela, voici quelques suggestions.

Ne précipitez pas les contacts. Si vous êtes trop assidu et trop pressé, l'enfant risque de se dérober. Pour faire la conquête de ses beaux-enfants, il faut employer en bien des points la même tactique que pour séduire une femme très belle et très courtisée. Emmenez-la dîner, au spectacle, faire du ski, du bateau, etc. Soyez charmant et plein d'attentions, mais ne lui faites aucune avance. N'essayez même pas de l'embrasser. Comme votre attitude est absolument contraire à celle des hommes qu'elle rencontre d'habitude, qui se montrent pressants et essayent de l'attirer dans leur lit, elle sera déconcertée. C'est elle finalement qui vous fera des avances, auxquelles vous pourrez alors répondre. C'est ce genre de cour réservée qu'il faut faire pour séduire vos beaux-enfants. Soyez gentils, mais pas trop. N'essayez pas de forcer les rapports comme les deux femmes dont voici le témoignage :

« Je suis ta nouvelle maman, dit l'une.

– Malheureusement », lui répondit sa belle-fille (trois ans).

Et l'autre :

« Je t'aime, dit-elle.

– Qu'est-ce qui te prend ! lui dit son beau-fils, tu ne me connais même pas ! »

Par contraste, voici l'exemple d'une belle-mère qui prend bien les choses, et procède doucement pour créer le contact avec sa belle-fille.

Hélène, belle-mère d'une petite fille qui lui adressait à peine la parole, trouva une photo de sa mère qui était morte. Elle la fit encadrer et la donna à la petite fille. Elles trouvèrent ensemble un endroit où placer la photo dans la chambre de l'enfant. Elle parla avec elle de la perte qu'elle avait subie, et du vide qu'elle devait ressentir.

« Tu sais », lui dit-elle, le cœur a beaucoup de compartiments et grandit avec toi. Il y aura dans ton cœur un domaine réservé à ta maman. Mais il y en a d'autres pour ton papa, pour ta sœur et pour ton frère. En grandissant, tu apprendras à aimer d'autres personnes et il y aura plus de place dans ton cœur. »

C'est à partir de ce moment-là, que l'enfant se rapprocha d'Hélène.

Et voici ce que suggère sagement un garçon de quinze ans sur ce que devraient faire un beau-père ou une belle-mère afin d'établir des liens durables :

« Il faut agir avec calme. C'est une relation assez étrange. Voici cette autre personne qui entre dans votre vie, que cela vous plaise ou non. Il va falloir vous entendre, même si cela ne vous enthousiasme pas. Parce que c'est nécessaire. Je crois qu'il faut s'attacher à rendre les choses aussi faciles que possible car si les gens font preuve d'autorité, l'entente ne peut pas se faire. »

Faites un cadeau à l'enfant, mais pas la première fois que vous le voyez. Cela ressemblerait trop à de la corruption (et c'en est.) De toute façon, ne faites pas un cadeau trop coûteux. Renseignez-vous auprès de celui ou de celle que vous allez épouser sur les goûts de l'enfant ou de l'adolescent, et agissez en conséquence. Quand vous le connaîtrez mieux et que vous verrez de vous-même ce qu'il aime, vous serez sur un terrain plus stable.

Le plus difficile est de trouver un cadeau susceptible de plaire à un adolescent. Voici quelques suggestions, compte tenu de ses goûts et de ses centres d'intérêts. Si c'est un fana tique de sports, emmenez-le voir un match, offrez-lui deux bil lets (afin qu'il puisse emmener un camarade avec lui) pour un concert de rock ; emmenez-le voir un bon film pour adultes qu'il ne peut voir seul. Vous pouvez bien sûr lui offrir des ca deaux plus spécialisés s'il est amateur de surf, de plongée sous-marine, de randonnée en camping, fanatique de moto.

Supposons que vous ayez rencontré votre futur beau-fils ou belle-fille et que vous ayez fait un maximum d'efforts. Il vous fera peut-être comprendre clairement qu'il ne ressent aucune affection pour vous. Et s'il en est de même pour vous, qu'allez vous faire ?

Si vous apprenez à considérer le problème du point de vue de l'enfant, cela vous aidera beaucoup. Rappelez-vous que tous les enfants sont égocentriques, et qu'ils croient être le centre du monde. L'enfant ne pense pas à vous par rapport à son père ou à sa mère. Il pense à vous uniquement par rapport à lui. A ses yeux, vous prenez la place de son père ou de sa mère, vous dérangez l'équilibre de sa vie. Il a peur de vous, même si vous faites des efforts pour lui plaire.

Dans ces circonstances, la technique du feed-back peut vous être utile (cf. chap. 9).

C'est la méthode que j'ai conseillée à Alan quand il eut des difficultés avec son futur beau-fils, Greg. C'était un garçon de onze ans si hostile que Alan pensa rompre avec Anny, sa future épouse.

Il me confia qu'il en était arrivé au point de lui dire que si ce garnement n'allait pas vivre chez sa grand-mère ou en pension, il vaudrait mieux qu'ils renoncent à se marier.

« Et qu'a-t-elle répondu ? lui demandai-je.

– Elle m'a dit qu'il finirait par s'habituer à moi et qu'il était seulement timide. Timide ! Ce petit monstre insolent et agressif ! Franchement, je crois qu'elle se dissimule la réalité. Si elle admet que le problème existe, nous risquons la rupture, ce qu'elle ne veut pas ; ni moi non plus, bien sûr, mais c'est son enfant et il est loin d'être aussi désagréable avec elle. Alors que faire ? » Je suggérai à Alan d'essayer la technique du feed-back et lui expliquai comment faire. La semaine suivante il vint me rendre compte des résultats.

« Franchement, dit-il, je n'en reviens pas ; il faut reconnaître que le feed-back a marché. Ça n'est pas encore parfait, mais ça va beaucoup mieux.

« D'abord, me dit-il, j'ai pris des billets pour le football. Ça n'a pas été facile mais je les ai eus. J'étais content parce que je sais qu'il est cinglé de football. Il a fait comme si ça lui était égal, et pourtant c'était la première fois qu'il assistait à un grand match.

« Au début, ça n'a pas marché très bien. Dans la voiture, pour aller jusqu'au stade, il ne m'a presque rien dit. Je lui ai demandé s'il voulait un hot-dog, et boire quelque chose. Il m'a dit qu'il voulait bien un hot-dog mais qu'il n'avait pas soif. Alors j'ai fait la queue vingt minutes pour lui acheter un hot-dog. Et quand je lui ai apporté le hot-dog, savez-vous ce qu'il m'a dit ? Qu'il avait soif et voulait bien boire quelque chose ! Je me remets à la queue, j'attends tellement longtemps que je rate le coup d'envoi.

– Mais où est le feed-back dans tout cela ? demandai-je.

– Attendez, j'y viens. Pendant la première mi-temps notre équipe favorite marqua un but magnifique. Je dis au gosse :

« – Regarde-moi cela, sensationnel ! »

« – Oui, pas mal.

« – Tu n'aimes pas le football !

« – Comme ça, me dit-il. Ça dépend !

« – Ça dépend de quoi ?

«– Des gens avec qui on y va.

« Voyez-vous, docteur, je peux vous dire qu'à ce moment-là j'ai bien eu envie de l'étrangler. Je disais en moi-même : « Petit salopard, je me mets en quatre pour t'emmener voir ce match, et c'est tout ce que tu trouves à me dire ! » Je n'ai rien dit pourtant. J'ai réussi à me contrôler, et je me suis rappelé votre « feed-back ». J'ai essayé de me mettre à sa place, vraiment, de voir les choses comme si j'étais dans sa peau, comme vous l'aviez dit. Et je lui ai dit : « Alors, comme ça, Greg, il y a des gens avec qui tu aimes aller au match plus qu'avec d'autres ? »

« Quand je lui ai dit cela, on aurait dit que je déverrouillais une porte dans son esprit. Au beau milieu du mach, il commença à me dire ce qu'il avait sur le cœur. Étonnant. Mais chaque fois qu'il me révélait ses sentiments, j'utilisais le feed-back pour les lui renvoyer et lui montrer que je comprenais sa façon de penser. Et bientôt il me lâche le morceau. Vous ne le croiriez jamais, mais Greg s'était mis dans la tête que je ne lui permettrais plus de voir son père quand j'aurais épousé Anny. Je ne sais pas ce qui a pu lui donner cette idée, mais il pensait que j'allais prendre *toute* la place de son père. Quand je lui ai dit que son père serait toujours son père et pourrait l'appeler ou le voir autant qu'il le voudrait, et que je n'avais aucunement l'intention de prendre sa place, vous auriez pu lire le soulagement sur son visage. »

La technique du feed-back ne s'applique pas seulement à de telles situations. Elle est aussi une méthode de discipline, face à tous les sentiments, et en particulier les sentiments d'hostilité, qui peuvent surgir dans ce labyrinthe affectif qu'est une famille issue d'un remariage.

Un des investissements les plus rentables que vous puissiez faire *avant* le remariage qui fera de vous un beau-père ou une belle-mère consiste à consulter un spécialiste de ces problèmes familiaux (psychologue, psychiatre ou assistante sociale) qui pourra vous aider à discerner à l'avance les problèmes qui peuvent se poser dans notre cas précis, et vous permettre ainsi de vous préparer efficacement à les résoudre. Je ferai la même recommandation à tous ceux que le mariage doit transformer en beaux-parents.

Si par ailleurs vous êtes parent d'un enfant qui appréhende votre prochain remariage, songez que les enfants n'aiment pas les changements, et que l'arrivée d'un beau-père ou d'une belle-mère entraîne à coup sûr des transformations. L'enfant d'un veuf, d'un divorcé ou d'un célibataire a pris généralement plus de responsabilités que celui qui vit avec ses parents. Ce fait est particulièrement vrai d'une fille qui vit avec son père ou d'un garçon qui vit avec sa mère. La fille qui devient «celle qui s'occupe de papa» et le garçon qui joue le rôle de «l'homme de la maison» ne sont pas toujours disposés à abandonner le rôle de l'être indispensable, même s'il s'accompagne de tâches supplémentaires. Quand un étranger s'introduit dans les lieux et assume ces responsabilités, l'enfant a le sentiment qu'on lui prend sa place.

Éric, quatorze ans, commença à avoir des problèmes scolaires six mois après le remariage de sa mère. Alors qu'il était jusque-là franc et sympathique, il se montra tout à coup triste et renfermé. La mère me l'amena en consultation, le saisit par le bras et le traîna littéralement jusque dans mon bureau, comme si elle craignait qu'il ne se sauve. Lorsqu'il vit qu'il ne pouvait plus s'en aller, elle le lâcha, et sortit en lui disant: «Je reviendrai te voir dans une heure!»

Ce début n'était pas encourageant. Je commençai par lui expliquer que c'était sa mère qui avait voulu l'accompagner de cette façon. Éric m'expliqua qu'elle se comportait ainsi à son égard depuis quelque temps : elle ne lui faisait plus confiance.

Dès qu'il se rendit compte qu'au lieu d'être l'allié de sa mère, j'étais de son côté, il s'ouvrit à moi et entreprit de m'expliquer pourquoi il éprouvait de l'hostilité contre son beau-père. Ce dernier se montrait très bienveillant, essayait de devenir son ami, le problème était qu'il en faisait parfois trop. Avant que sa mère se remarie, Éric avait l'habitude de l'aider à ranger ses achats. Son nouveau beau-père, entendant son beau-fils se plaindre, se mit à le faire à sa place. Il ne comprit pas que cela déplaisait souverainement à Éric, qui, à chaque fois, avait envie de le frapper. Il pensait que c'était son travail *à lui* et que son beau-père s'en était emparé.

Je compris parfaitement qu'Éric avait l'impression d'être supplanté. Un enfant éprouve généralement de la rancune quand une autre personne prend en charge les corvées qui lui incombent, même si elles sont désagréables, et surtout si on ne lui a pas demandé son avis. Il se sent moins indispensable, on empiète sur son domaine personnel.

L'enfant qui vit seul avec son père ou sa mère a non seulement des responsabilités supplémentaires, mais on s'occupe aussi davantage de lui. Lorsqu'un père ou une mère sont seuls, surtout si l'enfant est assez grand, ils en font leur confident. Un lien très particulier se crée entre eux. C'est ainsi qu'une petite fille de dix ans décrivait cette situation : « Il me semble que nous sommes plutôt comme des sœurs. » Quand il y a remariage, la situation de l'enfant change, d'ami il redevient l'enfant et il en éprouve de l'amertume.

Si vous croyez qu'un individu ne réagit pas différemment devant un enfant en présence de son mari ou sa femme, rappelez-vous seulement la dernière fois où vous étiez en voiture seul avec votre enfant. Vous bavardiez avec lui. Songez maintenant à la dernière fois où vous étiez en voiture en compagnie de votre mari ou de votre femme et avec le même enfant. Vous avez bavardé sans doute avec votre mari ou avec votre femme et vous avez négligé l'enfant pendant la plus grande part de la conversation. C'est tout à fait normal, mais vous ne pouvez blâmer l'enfant de se sentir rejeté surtout s'il s'agit de quelqu'un que vous venez d'épouser, et avec qui il ne se sent pas encore très à l'aise.

Voici quelques problèmes auxquels un enfant se trouve confronté en cas de remariage. S'il y a d'autres enfants du côté de votre mari ou de votre femme, les difficultés sont d'autant plus grandes. Comment sont ces nouveaux enfants ? Pourra-t-il garder sa chambre ou lui faudra-t-il la partager ? Devra-t-il prêter sa bicyclette ? Sa mère les aimera-t-elle mieux que lui ?

Les enfants sont déjà jaloux de leurs frères et sœurs quand il s'agit de l'affection de leurs parents. La rivalité entre beaux-enfants est encore plus féroce. Tous ces problèmes exigent la technique du feed-back (ch. 9), celle de la solution collective à ce problème (chap. 10), et celle du Conseil de Famille (chap. 11). C'est une aide inestimable pour permettre aux enfants d'exprimer leurs sentiments s'ils sont mitigés et irrationnels, de résoudre les conflits familiaux.

Le Conseil de Famille est utile à tous, mais encore plus à une famille avec beaux-enfants. Parents et enfants ont ainsi la possibilité d'exprimer des sentiments refoulés ; ils peuvent, en toute sécurité, se libérer de la colère ou de la jalousie qu'ils ressentent et les remplacer par des sentiments d'amour positifs. Il donne régulièrement l'occasion de régler les conflits à l'intérieur de la famille. C'est une réunion où les deux familles apprennent à fondre des styles de vie différents dans celui d'une famille nouvelle avec son style propre.

Tout particulièrement dans les premiers mois, je crois que les réunions devraient se tenir régulièrement, une fois par semaine. On peut tenir des séances extraordinaires à la demande d'un membre de la famille. Il est important pour les enfants (et parfois pour les parents !) de savoir que tout le monde peut parler sans être interrompu. Il faut éviter les accusations passionnées dans la mesure du possible. Une bonne façon d'y parvenir consiste à apprendre aux enfants à exprimer leurs sentiments sans dire aux autres ce qu'ils doivent faire. Suggérez-leur d'éviter de placer le mot « toi » en tête de phrase : « J'étais très contrarié que tu aies rayé mes disques en les empilant sans leurs pochettes » est plus facile à admettre que « tu m'as encore rayé mes disques en les empilant sans pochettes, n'essaye pas de recommencer ».

Il est tres important aussi que les décisions prises par le Conseil de Famille soient unanimes. Ne votez pas, car cela donne toujours l'impression à quelqu'un d'être battu, ce qui ne favorise pas l'harmonie que vous recherchez. Si vous ne pouvez parvenir à un accord, reportez la question à la réunion suivante.

Voici quelques-unes des questions qui sont posées au sujet des remariages et des problèmes familiaux qu'ils entrainent.

1. *Dois-je demander à mon enfant la permission de me remarier ?*

J'ai déja repondu à cette question au chapitre 15. Je crois qu'il ne faut en aucun cas demander a ses enfants la permission de se marier, quel que soit leur âge. Cela ferait peser sur eux une trop lourde charge psychologique. Ne faites jamais cela.

2. *Faut-il inviter les enfants à votre mariage ?*

Quand ils ont entre trois et douze ans, je crois qu'il faut les faire participer a la cerémonie, a moins qu'ils vous disent clairement leur opposition. Dans ce cas, respectez leur désir et faites le mariage sans eux. Si vous ne leur demandez pas de venir, même s'ils ne le disent pas, ils se sentiront probablement blessés et abandonnés. S'il s'agit d'adolescents, demandez-leur simplement s'ils veulent participer à la cérémonie. Si la réponse est positive, invitez-les. Sinon, acceptez leur absence.

3. *Où devons-nous habiter une fois mariés?*

Si vos moyens vous le permettent, installez-vous dans un nouvel appartement ou une nouvelle maison. Cela peut représenter pour les enfants un changement d'école, et pour vous des sacrifices financiers. Mais cela en vaut la peine. Voici pourquoi. Du fait qu'ils étaient les plus anciens à occuper la maison les enfants et même les parents en éprouvent une sorte de supériorité territoriale. Ils ont tendance à considérer la maison comme « leur maison », et à faire sentir aux autres enfants, et même à leur beau-père ou à leur belle-mère qu'ils sont des étrangers.

Quand Ed épousa Sandra, elle était veuve, et lui divorcé. Les deux filles de Sandra étaient étudiantes et ne rentraient à la maison que pour les vacances. Lui s'était marié tard et ses enfants étaient plus jeunes, âgés de douze et seize ans. Pour des raisons d'économie (elle était propriétaire de la maison) c'est chez Sandra qu'ils s'installèrent.

Dès les premiers jours Ed éprouva une gêne. C'était un homme corpulent et il se sentait gêné au milieu des jolis meubles anciens que Sandra aimait. Il apporta quelques-uns de ses meubles préférés, un grand fauteuil de cuir usé, trois bibliothèques en chêne, et une collection de tapisseries indiennes. Toutes choses qui juraient totalement avec le reste des meubles, bien qu'une des chambres lui ait été en principe réservée. Ed proposa de changer la décoration, mais Sandra ne voulait pas en entendre parler : « J'aime ces meubles, dit-elle, je ne pourrais pas vivre dans un autre décor »

Quand les deux fils de Ed venaient en visite, tout le monde se trouvait gêné. Il fallait sans cesse leur rappeler de ne pas mettre les pieds sur les chaises fragiles et de faire attention à tous les objets environnants. De toute évidence, cette maison n'était pas faite pour eux.

« Je sais que je dois passer pour une femme ronchon. Je sais que j'ai toujours l'air de faire des histoires, disait Sandra après chaque visite, mais les garçons sont différents des filles, et je n'en ai pas l'habitude, et ils sont si peu soigneux !... »

Les belles-filles de Ed, par ailleurs, se plaignaient auprès de leur mère de ce que les garçons, quand ils occupaient leurs chambres pendant leur absence, mettaient tout en désordre. Les garçons vinrent moins souvent, et ce fut une source de discussion entre eux. Aujourd'hui le problème n'est pas résolu et l'hostilité s'accroît entre Sandra et Ed.

Au contraire, lorsqu'une famille avec des beaux-enfants s'installe dans une nouvelle maison, personne n'a plus le droit du premier occupant. Les décisions concernant l'attribution des chambres, le choix du mobilier, et autres détails de ce genre, peuvent être prises au sein d'un conseil familial. Certains de mes lecteurs penseront qu'il s'agit là d'une question secondaire. Je peux vous assurer qu'au contraire, c'est là un détail très important du point de vue psychologique. La maison est le lieu où les gens vivent tous les jours de leur vie. Et si certains membres du groupe familial pense « c'est une maison » tandis que les autres pensent « je ne suis pas chez moi, ici », alors c'est la famille tout entière qui court les plus grands risques. Si une famille issue d'un remariage peut repartir de zéro dans une nouvelle maison ou un nouvel appartement, beaucoup de problèmes psychologiques pourront être évités.

4. *Comment mes beaux-enfants doivent-ils m'appeler ?*

Tout d'abord ne leur demandez pas de vous appeler papa ou maman. Ils ont déjà un père ou une mère et vous en voudront de prendre sa place et ce nom.

Je pense que le plus sage, au début, consiste à demander à votre beau-fils ou à votre belle-fille de vous appeler par votre prénom. C'est une manière naturelle d'appeler les gens qu'on connaît bien, sans pour autant risquer de choquer les sensibilités. Parfois, l'enfant vous trouvera un surnom. Un de mes malades faisait la cour à une femme qui avait deux filles, et la première fois qu'il lui envoya des fleurs, il signa sur la carte : « Votre admirateur secret ». Cela fit rire les deux petites filles qui se mirent à l'appeler AS. Et, elles continuèrent très affectueusement de l'appeler AS après qu'il eut épousé leur mère.

Si vous commencez ainsi à vous faire appeler par votre prénom ou par un surnom, et que l'enfant s'entendant bien avec vous, aucune pression ne soit faite sur lui, il peut à la longue finir par vous appeler spontanément papa ou maman. C'est ce qui est arrivé à un autre de mes malades, qui avait deux filles et était remarié avec une femme qui avait aussi deux filles. Après un an et demi de vie commune, ses deux belles-filles, qui jusque-là l'appelaient Jack, décidèrent de l'appeler papa pour faire comme les autres. Ce monsieur, très heureux, sentit qu'elles avaient décidé cela parce qu'il ne les avait pas forcées le moins du monde.

5. *Faut-il que j'adopte mon beau-fils (ou ma belle-fille)* ?

Seulement si le père ou la mère a disparu ou n'a plus aucune chance de revenir sur la scène familiale. Si au contraire il se manifeste régulièrement (par des visites, en maintenant un contact régulier avec votre beau-fils ou votre belle-fille), adopter l'enfant serait une erreur psychologique. D'une part, cela le traumatiserait, car bien au fond de lui il éprouve un sentiment de loyauté à l'égard de son vrai père ou de sa vraie mère, et son sens de l'identité demeure lié à son nom d'origine. D'autre part, cela vexerait gravement le vrai père ou la vraie mère, et l'amènerait peut-être à s'écarter de l'enfant, même si leurs rapports sont assez étroits. Et si le vrai père ou la vraie mère s'écarte de l'enfant, celui-ci en subira un contrecoup psychologique négatif.

6. *Mes parents refusent de considérer les enfants de ma femme (ou de mon mari)* comme leurs petits-enfants, et cela crée des dissensions néfastes entre nos enfants respectifs. Que puis-je faire *pour résoudre ce problème ?*

La famille, et particulièrement les grands-parents, peuvent être en la circonstance une aide ou au contraire causer des difficultés. Heureux sont ceux dont les nouveaux beaux-parents traitent les enfants comme s'ils avaient toujours fait partie de leur famille. L'affection et la gentillesse des grands-parents peuvent souvent servir de tampon entre les éléments antagonistes et assurer l'harmonie de toute la famille. S'ils recueillent le respect de tous, ils peuvent même jouer le rôle d'arbitres dans les cas difficiles.

Mais si, intentionnellement ou par ignorance, les grands-parents favorisent nettement leurs petits-enfants par rapport à ceux qui sont issus du remariage, il y a là pour vous une source de difficultés. Espérons qu'ils vous écouteront, quand vous et votre conjoint leur expliquerez que leur comportement engendre jalousie et frictions entre vos enfants. (Utilisez pour leur faire comprendre cela la technique de la solution commune des problèmes, chap. 10.) Si le problème vient des cadeaux, expliquez-leur que l'harmonie de votre foyer est compromise s'ils n'en font qu'à leurs « vrais » petits-enfants. (Parfois vous pouvez vous arranger pour payer vous-mêmes les cadeaux destinés à vos beaux-enfants.) Et s'ils n'emmènent en sortie que leurs petits-enfants, expliquez-leur comment cela peut être ressenti par vos beaux-enfants, et encouragez-les a emmener *tous* les enfants.

Si la technique de la solution commune et celle du feed-back demeurent sans effet, essayez de consulter un psychologue familial pour étudier avec lui d'autres solutions. Enfin, si rien n'y fait, pourquoi ne pas envisager de leur interdire de voir chacun de vos enfants s'ils ne peuvent se résoudre à les traiter sur un pied d'égalité. Généralement, cet argument porte. Mais si vous ne pouvez toujours pas les convaincre il vaut mieux qu'ils ne voient pas du tout leurs petits-enfants que de faire souffrir toute votre famille en y introduisant jalousie et hostilité.

7. *Quels problèmes de discipline particuliers aurai-je à résoudre avec mes beaux-enfants ?*

La discipline est souvent un problème difficile pour les beaux-parents. A certains égards la façon de discipliner leurs enfants est la même que dans une famille « normale », et les méthodes que nous avons décrites dans les chapitres précedents s'appliquent à tous les enfants. Mais la famille issue d'un remariage constitue à cet égard un « décor » différent.

Certains parents imposeront une discipline à leurs enfants, mais se montreront faibles et hésitants à l'égard de leurs beaux-enfants, je pense que c'est une erreur. Il vous faut seulement commencer doucement pour discipliner vos beaux enfants, mais vous abdiquerez toute autorité personnelle dans votre foyer si vous laissez votre conjoint en assumer l'entière responsabilité. Rappelez-vous que j'ai insisté au début de ce livre sur le fait que *les rapports affectifs sont la condition préalable indispensable à toute discipline.* Votre premier travail de beau-père ou de belle-mère sera donc de créer ces rapports affectifs avec vos beaux-enfants.

Rappelez-vous aussi qu'il ne faut pas confondre discipline et punition. La plupart des méthodes de discipline décrites au début de ce livre sont de nature positive. Il s'agira donc avec vos beaux-enfants de récompenser les comportements positifs et de mettre en œuvre les diverses techniques destinées à décourager les mauvais comportements.

Au début, on hésite souvent à enseigner la discipline à des beaux-enfants. Mais après avoir établi avec eux de bons rapports affectifs, on doit se sentir aussi à l'aise pour le faire. Malheureusement, ce n'est pas toujours le cas. Après deux ans de vie au sein du même foyer beaucoup se sentent encore très gênés dans leurs rapports avec leurs beaux-enfants. L'un d'eux m'a dit un jour : « Je ne crie pas après mes beaux-enfants. Je ne crie qu'après les gens dont je suis vraiment sûr. » Face à ce probleme, je vous suggère d'appliquer la méthode de la pensée negative (chap. 14).

Certains beaux-parents peuvent au contraire se montrer très indulgents avec leurs propres enfants et très sévères avec leurs beaux-enfants face aux mêmes comportements. Le conseil familial peut être le lien propice à rectifier cette attitude.

8. *L'atmosphère de notre famille (issue d'un remariage) sera-t-elle plus tendue si nous avons un enfant à nous ?*

Ma réponse est oui. Et non. Dans certains cas où les enfants issus de deux mariages vivent dans le même foyer, un nouvel enfant peut créer un lien psychologique positif entre les deux familles. Mais dans d'autres circonstances sa présence peut être un facteur négatif. Par exemple, si dans le groupe familial les enfants sont tous ceux du père ou de la mère, et ne s'entendent pas bien avec l'autre, le nouvel enfant pourra apparaître comme un obstacle supplémentaire entre eux et leur (vraie) mère ou leur (vrai) père, et sera de ce fait très mal accepté. Mais beaucoup d'éléments peuvent influer sur cette situation : âge et sexe des enfants, caractères des enfants et des adultes, rapports avec le beau-père ou la belle-mère avant la naissance du bébé, etc.

Prenez donc cette décision sans tenir compte des beaux-enfants et seulement si vous jugez qu'avoir un enfant est important pour vous et pour votre couple.

Jusqu'à présent, je n'ai parlé que des beaux-enfants qui vivent au foyer. Mais n'oublions pas l'enfant d'un couple désuni qui vient passer la journée, le week-end ou les vacances. Cet enfant « à temps partiel » est souvent difficile à observer, car même si chacun évite facilement de faire des comparaisons entre les deux foyers, lui ne manquera pas de les faire ! Les enfants apportent avec eux les habitudes du foyer où ils vivent et n'hésitent pas à se plaindre si votre style de vie les dérange.

Si donc vous n'êtes que parent occasionnel, vous savez combien la situation est difficile. Voici quelques suggestions qui peuvent vous aider.

Premièrement, établissez un calendrier régulier de visites et respectez-le autant que possible. Cela crée chez l'enfant un sentiment de stabilité qui rend l'atmosphère plus agréable dans chacun des deux foyers. Si plusieurs enfants sont concernés, vous préférerez peut-être les avoir tous ensemble ou un par un. La meilleure solution consiste souvent à offrir à chaque enfant des visites séparées et à les réunir tous de temps en temps. De cette façon chaque enfant sentira que tous vos soins vont à lui, ce qui enrichira vos rapports ; et de temps en temps, les visites ou les sorties réunissant tous les enfants lui donneront l'impression de faire partie d'une famille, même si ce n'est pas de façon permanente.

Deuxièmement, il est essentiel que vous et votre conjoint vous mettiez d'accord sur certains principes de base s'appliquant à tous vos enfants. Ceux qui viennent en visite seront mis au courant de ces règles dès leur arrivée chez vous. S'ils vous disent qu'on les autorise à « faire autrement » chez eux, repondez-leur que « c'est comme ça ici ». Réponse efficace, puisque vous ne dites pas : « Chez toi c'est mal et chez nous c'est bien. » Vous ne faites que leur rappeler ce qu'ils savent déjà, que chaque famille a ses habitudes.

Troisièmement, les choses se trouveront facilitées si vous pouvez réserver à ces visiteurs occasionnels un endroit qui soit vraiment à eux et qu'ils retrouveront en arrivant. Nombreux sont ceux à qui leurs moyens ne permettent pas de réserver une chambre a cet effet, mais même s'il ne s'agit que d'un rayon dans une armoire, c'est important sur le plan psychologique pour l'enfant qui vient chez vous. C'est son « territoire ». Vous pouvez y garder certains jouets, certaines affaires personnelles. Vous serez surpris de constater l'importance que revêt pour l'enfant le fait de savoir qu'il retrouvera cet endroit bien à lui, lors de ses visites.

Les enfants qui font la navette entre leurs parents leur apportent leurs incertitudes, leur tension et leur hostilité. Parfois ces problemes se manifestent sous la forme de chantage à la culpabilité aupres d'un père ou d'une mère qu'on voit rarement, afin d'en obtenir des cadeaux ou de l'argent. Les enfants veulent qu'on les aime, mais les enfants partagés entre deux foyers ont souvent besoin de tester votre amour. Inconsciemment ils pensent : « Si je suis vraiment capricieux et qu'il m'aime encore, cela veut dire qu'il m'aime *vraiment*. » Il s'agit d une maniere negative de solliciter l'amour, mais on peut l'observer souvent

J'ai eu un malade, Robert, dont le fils de sept ans se

comportait parfaitement au cours des visites jusqu'à l'heure de partir. Robert me dit : « Dès que j'installe Bobby dans la voiture pour aller à la maison, il trouve le moyen de me rendre absolument fou. Quand nous arrivons chez sa mère, je suis furieux et le gosse est en larmes. » Cette situation rendait Robert très malheureux, mais il ne voyait pas comment y remédier, jusqu'au jour où il se rendit compte que par son comportement, Bobby ne faisait qu'exiger de son père la preuve de son amour. Dès lors, au lieu de tomber dans le piège et de se mettre en colère quand Bobby se montrait insupportable, il le prenait contre lui et lui disait qu'il l'aimait et serait heureux de le revoir bientôt. Ainsi rassuré deux ou trois fois, Bobby ne sentit plus la nécessite de se montrer odieux à la fin de chaque visite.

Ces enfants que l'on voit périodiquement vous rappellent chaque semaine l'existence de l'ex-mari ou de l'ex-femme. Certains divorcés parviennent à s'entendre assez bien pour régler les questions concernant leurs enfants. Si votre conjoint entretient ce genre de relation avec son ex-mari ou son ex-femme, il est normal que vous en éprouviez un peu de jalousie. Je vous assure qu'il est beaucoup plus facile d'avoir affaire à un ex conjoint coopérant et amical, que de devoir supporter la rancune et de le voir utiliser les enfants comme des pions dans un jeu hostile contre vous (et votre nouveau conjoint).

Une autre de mes malades, Marion, me raconta qu'à sa dernière visite, son beau-fils descendit de l'avion dans un tel état de crasse et de dénuement, avec dans son sac quelques vêtements d'une saleté si repoussante, qu'elle en fut bouleversée D'autant plus qu'elle se rendit compte que sa mère l'avait délibérément envoyé dans cet état, malgré les sommes qu'elle recevait pour son entretien. Et comme je lui demandais quelle avait été sa réaction, elle me dit en haussant les épaules :

« J'ai eu tout d'abord envie de lui faire une remarque du

genre : « Cela ne m'étonne pas de ta mère ! » mais je me suis retenue, heureusement ! Ça n'est pas sa faute après tout si sa mère est une dégoûtante. J'ai seulement dit : « Je crois qu'il va falloir t'acheter des vêtements. » Et le lendemain nous y sommes allés. Mais cela a été dur à avaler ! »

En agissant ainsi, Marion faisait preuve de sagesse. Elle avait résisté à la tentation bien humaine de marquer la comparaison entre elle-même et la mère de l'enfant. Ce qui provoque la plupart du temps une sorte de retour de flamme. Car même si la mère est odieuse, son enfant prendra presque toujours sa défense. Après tout, c'est avec elle qu'il vit. Et de plus, il l'aime malgré tout ! Même lorsqu'un enfant critique son père ou sa mère, il accepte très mal que quelqu'un d'autre le fasse. Et dans ce cas il manifeste son hostilité en se repliant sur lui-même, ou par une agressivité ouverte, ou en essayant de dresser les uns contre les autres parents et beaux-parents. Si Marion avait exprimé à haute voix ses sentiments, elle n'aurait sans doute réussi qu'à empoisonner la visite de son beau-fils.

J'ai essayé de donner une vision d'ensemble du monde des gens remariés et des problèmes que soulève le fait d'élever et d'éduquer des beaux-enfants.

Il est indispensable d'avoir une bonne connaissance du terrain sur lequel vous vous aventurez. J'ai surtout tenté de vous signaler clairement les pièges et les mines dont ce terrain est infesté, afin que vous sachiez où ils se trouvent et que vous puissiez ainsi les éviter. Ce faisant, j'espère ne pas vous avoir donné une vision trop pessimiste de l'état de parent, et qu'après la lecture de ce chapitre vous n'aurez pas atteint le fond du désespoir, en pensant qu'il n'y a rien à faire.

J'ai essayé de vous montrer les raisons pour lesquelles il est beaucoup plus difficile d'élever et d'éduquer des enfants nés d'un premier mariage et qui ne sont pas les vôtres. Mais je n'ai jamais dit que c'était impossible. Permettez-moi cette image : il est beaucoup plus difficile d'apprendre le japonais que l'espagnol. Il n'est cependant pas *impossible* d'apprendre le japonais. Seulement plus dur. Apprendre à discipliner les enfants dans une famille issue d'un remariage, c'est comme apprendre le japonais : pas impossible, seulement plus dur. Bon courage !

19

COMMENT UTILISER LA FIN DE CE LIVRE

Nous avons presenté vingt stratégies propres à l'apprentissage de la discipline, et expliqué dans quelles circonstances chacune d'elles peut être employée. Ce sont :

1. Un bon contact prealable à toute discipline parce qu'il permet d'etablir entre parents et enfants des rapports satisfaisants et durables.

2. Un systéme de recompense positive, moyen le plus efficace pour enseigner a un enfant un comportement souhaité.

3. Le contrat, ou comment négocier un accord entre parents et enfants pour susciter chez l'enfant un comportement positif.

4. La detection et l'élimination des gratifications que les parents attribuent involontairement à un comportement non souhaite.

5. Le «hors-jeu» par lequel on isole l'enfant cinq minutes dans sa chambre quand son comportement devient inacceptable pour le groupe.

6. Le hors-jeu «a l'envers» (à utiliser avec les trés jeunes enfants) par lequel un pere ou une mère s'isole dans une pièce chaque fois que ses enfants sont trop insupportables.

7. Contrainte physique avec un enfant très jeune, quand son comportement négatif nécessite une intervention immédiate.

8. Le contrôle de l'environnement, qui consiste à adapter l'environnement de façon à empêcher certains types de comportements indésirables.

9. Les conséquences naturelles d'un mauvais comportement, et leur valeur éducative.

10. La fessée, ses avantages et ses inconvénients comme méthode de discipline.

11. L'affirmation de l'autorité des parents, qui doivent se garder de tomber dans le piège de l'éducation permissive.

12. La technique du feed-back ou rétroaction affective, par laquelle on montre à un enfant qu'on comprend ses sentiments.

13. La recherche en commun de la solution aux conflits entre parents et enfants.

14. Le conseil familial, comme moyen de résoudre les conflits à l'intérieur de la famille et d'entraîner en même temps les enfants à l'art des relations humaines.

15. L'enseignement de la morale (et de la moralité) comme élément nécessaire à une discipline d'ensemble.

16. L'usage de la force physique (des parents) comme dernier recours lorsque c'est nécessaire.

17. La pensée négative, technique permettant aux parents de désensibiliser les aspects du comportement d'un enfant.

18. Les techniques de discipline destinées aux mères qui travaillent.

19. Les techniques de discipline telles que peut les pratiquer un père ou une mère seul.

20. Les techniques de discipline à pratiquer à l'égard des beaux-enfants et dans le cadre particulier de la famille issue d'un remariage.

Ces différentes stratégies n'ont pas été prises au hasard dans les recherches sur la façon d'élever les enfants. Au contraire, elles se complètent parfaitement. Elles ont été élaborées pour vous permettre d'atteindre quatre objectifs fondamentaux :

1. Établir un bon contact et approfondir les relations entre vous et votre enfant.
2. Apporter une gratification aux comportements positifs, afin de les encourager et les renforcer.
3. Cesser de rétribuer les comportements négatifs (la mauvaise conduite), afin de les dévaloriser et finalement les éliminer.
4. Améliorer la communication entre vous et votre enfant.

N'allez surtout pas croire que chacune des vingt stratégies énumérées ci-dessus est un truc isolé destiné à résoudre chaque problème au coup par coup. Elles constituent plutôt un ensemble. Et le but de chaque stratégie est de vous aider à accomplir un des quatre buts fondamentaux de la discipline que vous devez pratiquer en élevant votre enfant.

Finalement ces quatre buts n'en forment plus qu'un seul : permettre à votre enfant d'acquérir la maturité pour qu'à la fin de son adolescence il n'ait plus besoin de vous, mais soit devenu un adulte autodiscipliné, car c'est là l'objectif final de toute éducation.

Il importe avant tout que vous sachiez à quel stade de développement votre enfant se trouve. Sans cette connaissance, vous aurez beaucoup de mal à le discipliner intelligemment. Les problèmes de jalousie qui surgissent entre deux frères de neuf et onze ans sont très différents de ceux qui se posent entre un de deux ans et un de quatre ans. Si vous avez plusieurs enfants, ils ont des chances d'être à des stades de développement, chaque jour de votre vie, vous enseignez à votre enfant une conduite souhaitable ou non, ou un mélange des deux. Il ne s'agit pas de recourir à la discipline uniquement lorsque votre enfant «fait la comédie». La discipline est un processus *permanent*.

Après avoir discuté d'un certain nombre de méthodes, je tracerai le développement imaginaire d'un jeune, de la naissance à vingt et un ans, en expliquant quelles tactiques sont les plus appropriées à chaque étape de ce développement.

Troisièmement, à vous de trouver les méthodes qui vous conviennent le mieux. Essayez au moins une nouvelle méthode jusqu'à ce que vous la compreniez (la technique du Feedback par exemple). Rappelez-vous que toute méthode nouvelle vous apparaîtra nécessairement étrange au premier abord. Si, après des efforts sincères, vous vous sentez «étrangers» à une méthode recommandée, abandonnez-la et ayez recours à une autre.

Étudions maintenant les tactiques essentielles les plus susceptibles de vous permettre de faire de votre enfant un individu autodiscipliné. Examinons-les d'abord d'un point de vue général, puis, en prenant l'enfant à la naissance, nous verrons comment les mettre en pratique à chaque étape de son développement.

20

LA PREMIÈRE ENFANCE

Vue d'ensemble

Cette période qui dure de la naissance jusqu'à ce que l'enfant commence à ramper ou à marcher, concerne approximativement la première année. C'est la période la plus importante de la vie, car c'est là que l'enfant va acquérir son attitude fondamentale a l'égard de lui-même et du monde qui l'entoure. Dans le développement de l'individu, cet âge a pour fonction essentielle d'apporter à l'enfant, comme base de l'édifice psychologique, la confiance en soi, ou un sentiment intermédiaire. Si vous donnez à manger a votre bébé quand il a faim, si vous le cajolez beaucoup, si vous ne le laissez pas crier sans intervenir, il eprouvera un sentiment de satisfaction à l'égard de lui-même et du monde qui l'entoure, et pourra acquérir un point de vue résolument optimiste sur la vie.

Beaucoup de parents savent très bien s'y prendre avec leur enfant pendant cette période et les problèmes de discipline ne se posent genéralement pas encore.

Le groupe de recherche prescolaire de Harvard, à la suite d'une étude du comportement des mères à la maison dans leurs rapports avec l'enfant, ont constaté qu'elles étaient remarquables pendant toute cette période du premier âge. Ce n'est qu'après que l'enfant a commencé à marcher, au stade des premiers pas, que les mères commencent à rencontrer des difficultés.

Ainsi la plupart des problèmes abordés dans ce chapitre seront-ils différents des problèmes de discipline traités dans les chapitres suivants. Néanmoins, les questions posées par l'éducation de l'enfant *du premier âge,* demeurent très importantes, surtout lorsqu'il s'agit du premier enfant, et la façon de les résoudre rendra plus facile ou plus difficile l'apprentissage de la discipline qui interviendra par la suite. Au stade de la première enfance, il importe de retenir deux choses:

Premièrement: l'importance des rapports affectifs dans l'établissement de la discipline. Ces rapports affectifs qui font de vous la personne aimée de l'enfant font aussi qu'il *voudra* vous obéir. Et vous avez la chance de disposer de toute une année pour édifier de bons rapports affectifs, en lui apportant la nourriture et les caresses, en lui parlant, en lui chantant des chansons, en le baignant, en le changeant, en veillant à ses autres besoins. C'est en faisant tout cela que vous établirez un solide lien affectif entre vous et votre enfant. Vous pourrez ensuite puiser à cette réserve d'affection et de confiance pour traiter les problèmes de discipline qui vont se poser dès l'âge des premiers pas. C'est pourquoi sur le plan de la discipline, la première enfance peut être perçue comme l'âge où se bâtissent les liens affectifs.

Deuxièmement: j'ai déjà dit que certains enfants sont plus faciles à élever que d'autres. Puisque chaque enfant possède une combinaison différente de gènes, il est doté d'un caractère biologique unique qui commence à se manifester à la naissance. A la suite de recherches sur la première semaine de la vie, on a pu enregistrer entre les sujets d'énormes différences de caractère concernant les tendances actives ou passives, le temps passé à pleurer, l'intensité des réactions, la tendance à la distraction, la réaction positive ou négative à une stimulation, le degré de résistance aux obstacles.

Mon expérience personnelle m'a d'ailleurs permis de contrôler ces conclusions scientifiques : mes deux fils se sont révélés être très différents l'un de l'autre dès les premières semaines de la vie. Par exemple dans leur façon de demander leur biberon au réveil.

Mon premier fils, Randy, était du genre exigeant et violent. Dès l'instant où il se réveillait, il poussait des cris stridents qu'on aurait pu entendre de la maison voisine, jusqu'à ce qu'il ait son biberon.

Mon plus jeune fils, Rusty, réagissait de manière totalement différente. A son réveil, vers 6 heures, il commençait à gazouiller doucement, puis après quelques minutes se mettait à pleurer sans faire trop de bruit. Enfin si ses pleurs n'entraînaient pas de réactions de notre part, au bout d'une demi-heure il se faisait réellement entendre et on ne pouvait plus lui faire attendre son biberon plus longtemps.

Je rapporte cette expérience personnelle afin d'insister sur le fait que chaque enfant est biologiquement unique et différent des autres, et parce que les livres qui traitent de psychologie de l'enfant et de pédagogie ne le mentionnent jamais. Beaucoup de parents semblent croire que l'entourage et l'atmosphère qu'ils créent autour de l'enfant conditionnent seuls son comportement futur. C'est une erreur. *L'interaction* entre le tempérament initial de l'enfant et l'environnement familial détermine sa façon d'agir dans la suite. On peut donc dire que les parents ne sont pas *entièrement* responsables du genre d'adultes que leurs enfants deviendront.

Ma fille, Robin, l'aînée de mes enfants, fut une enfant si facile que si nous n'avions eu qu'elle, j'aurais pu parler du métier de parent comme d'une partie de plaisir. Par la suite, mes deux fils se chargèrent de nous montrer que tous les enfants ne sont pas aussi «faciles».

A quoi cette information peut-elle servir aux parents dans la pratique? Simplement à ceci: si vous avez un enfant que son tempérament biologique rend facile à élever, certaines méthodes de discipline marcheront très bien avec lui. Mais les mêmes méthodes pourront se révéler moins efficaces ou même totalement inopérantes avec un enfant que son tempérament différent rend «difficile». Il vous faudra alors avoir recours à des méthodes différentes, user davantage de votre autorité, vous faire un peu plus de cheveux blancs. Dans ce cas, n'allez pas vous comparer au voisin ou à la voisine dont justement l'enfant est plus facile à élever que le vôtre, ni croire que vous êtes de mauvais parents. Reconnaissez plutôt le simple fait que certains jeunes sont plus difficiles à élever et vous mettent plus à l'épreuve que d'autres.

Voyons maintenant les problèmes qui peuvent se poser pendant la première enfance. Je les ai séparés en deux groupes: ceux qui sont propres au bébé, et ceux qui sont propres à la mère.

Problèmes propres au bébé

1. *Mon bébé pleure tout le temps, et je ne sais comment le calmer.* Une chose est sûre: chaque fois qu'un bébé pleure, c'est qu'il a une raison. Mais nous ne connaissons pas toujours cette raison. Du fait qu'il ne parle pas, il ne peut s'exprimer qu'en pleurant. Chaque fois qu'il le fait, il essaie de vous dire quelque chose. «Normalement», un bébé peut pleurer pour deux raisons: d'abord, lorsqu'il se réveille et qu'il a faim.

Tout simplement pour dire: «J'ai faim, je veux manger.»

Deuxièmement, un bébé peut, pendant de courtes périodes, pleurer très violemment, en particulier au moment de s'endormir. Cette crise de larmes d'avant le sommeil est courante, et les parents peuvent la reconnaître avec un peu d'habitude. Une violente crise de larmes qui précède le sommeil peut être due à la fatigue, au manque de maturité du système nerveux ou du système digestif.

On lit dans certains traités de puériculture que le bébé peut pleurer parce qu'il est mouillé ou parce qu'il va à la selle. N'en croyez rien. Les bébés peuvent tenir très longtemps (toute une nuit par exemple) avec une couche mouillée ou salie sans être gênés le moins du monde, tant qu'il n'ont pas froid.

En général les parents n'ont aucune difficulté à maîtriser ces crises de larmes «normales» que je viens de décrire. C'est lorsque la crise se prolonge sans raison apparente qu'ils sentent leur patience et leurs nerfs faiblir. Voyons donc maintenant ce qu'il convient de faire dans ce cas.

Il faut reconnaître tout d'abord que nous ne savons pas pourquoi un bébé pleure longtemps sans s'arrêter. On dit souvent que c'est parce qu'il a des «coliques». Mais il ne s'agit là que d'un mot rassurant, pour ne pas dire à la maman dont le bébé pleure: «Nous ne savons pas du tout pourquoi votre bébé pleure ainsi.» On peut cependant essayer d'arrêter ces pleurs de diverses manières. Et même si nous ne savons pas pourquoi certains trucs marchent.

Premièrement: si votre bébé vient de dormir, même si son sommeil n'a pas duré plus d'une heure, et qu'il se réveille en pleurant, donnez a téter. Ne vous dites pas: «Il n'a pas faim; il a déjà tété il y a à peine une heure.» Qu'en savez-vous? Vous n'êtes pas à sa place. Donnez-lui donc le sein ou le biberon. S'il refuse, c'est qu'il n'a pas faim. Il y a donc une autre raison.

Deuxièmement: essayez de langer votre bébé. Cela consiste à l'enrouler étroitement dans un lange, ou un morceau de couverture. Cette pratique, courante en Russie, diminue l'activité musculaire, abaisse les rythmes cardiaques, et produit sur l'enfant un effet calmant.

Troisièmement: vous pouvez tenir le bébé serré contre votre corps. Cela produit les mêmes effets que de le langer, tout en communiquant la chaleur de votre corps.

Les bébés n'ont pas tous les mêmes réactions: essayez donc différentes methodes pour calmer le vôtre: par exemple, bercez-le, ou chantez-lui une chanson, ou serrez-le doucement dans vos bras. Vous pouvez aussi le tenir tout contre votre cœur. Souvent le son du cœur qui bat calme le bebé parce qu'il retrouve un bruit qu'il percevait constamment dans le ventre de sa mère. Souvent aussi les bébés réagissent positivement à la musique parce que son rythme se situe généralement entre 50 et 150 battements a la minute, c'est-à-dire a peu près le rythme cardiaque humain.

Quatrièmement: vous pouvez lui proposer une tétine de caoutchouc qui souvent parvient à soulager un bébé qui connait de longues periodes de rage et de pleurs. Ne commettez pas l'erreur de donner la tétine à l'enfant pour qu'il s'endorme, en agissant ainsi vous vous exposeriez à de grosses difficultés par la suite. Le bebé qui a pris cette habitude se réveille et se met a pleurer dès que la « sucette » tombe. Or, cela peut se produire dix fois dans une seule nuit. Pauvres parents! Mais avant d'avoir recours a la tétine, sachez que la crise de larmes prolongée disparait généralement vers le troisième ou quatrième mois. C'est à ce moment que vous pourrez progressivement entraîner votre bébé à se passer de la « sucette » en une semaine ou deux, afin qu'il n'en prenne pas l'habitude définitive. Il se peut aussi que votre bébé vous fasse lui-même comprendre qu'il est prêt à s'en passer en la rejetant dès que vous lui placez l'objet dans la bouche, ou bien tout simplement parce qu'il paraît tout aussi heureux de ne pas l'avoir. Quoi qu'il en soit, si vous ne lui faites pas perdre l'habitude de la tétine à trois ou quatre mois, il risque de la garder pendant un an ou deux.

Cinquièmement: si votre enfant continue de crier sans raison apparente, c'est peut-être qu'il est malade. Si, en outre, il vous paraît «pas comme d'habitude», prenez sa température et appelez votre médecin.

Vous pouvez donc utiliser diverses méthodes pour consoler et calmer un bébé qui crie. N'hésitez pas à pratiquer celles qui sont les plus efficaces. Mais en même temps soyez prêt à vous trouver en face d'une crise que rien ne semble arrêter : un bébé crie parfois pendant des heures sans qu'on sache pourquoi.

Cette situation est très difficile pour les parents. Il arrive même qu'à bout de nerfs certains en arrivent à injurier et à frapper le bébé. A ceux qui perdent à ce point le contrôle d'eux-mêmes, je recommande de se garder de tout sentiment de culpabilité mais d'aller consulter un psychiatre ou un spécialiste des problèmes familiaux. Mais, dans la pratique, que faire? Je vous suggère d'engager une baby-sitter afin que vous puissiez sortir deux fois par semaine, et cela pour trois ou quatre heures. Encore une fois pas de culpabilisation : il ne s'agit pas d'abandon, mais d'une nécessité: pour votre santé, pour vos nerfs, débrayez plusieurs heures par semaine. Si enfin après avoir tout essayé votre bébé persiste à crier et à pleurer, rappelez-vous que dans quelques mois les choses vont s'arranger et dites-vous : «J'ai fait vraiment tout ce que je pouvais. Attendons que la nature résolve le problème.»

2. *Mon bébé a un an et il n'est pas encore «propre».*

Rien de surprenant à cela. Il est beaucoup trop tôt pour l'entraîner à la propreté. Pour qu'un enfant demande le pot, il faut qu'il domine un certain nombre de mécanismes compliqués, notamment le contrôle neuromusculaire des sphincters, ce qui ne se produit pas avant l'âge d'un an et demi ou deux ans. Il est *possible* d'entraîner un enfant à la propreté avant cet âge, mais on risque alors d'en subir la contrepartie psychologique. Personnellement je pense que cela n'en vaut pas la peine. Attendez que votre enfant ait un an et demi ou deux ans pour commencer l'entraînement à la propreté.

3. *Mon bébé se réveille la nuit et ne se rendort pas après son biberon.*

Voici ce qu'il *ne faut pas* faire. Vous rappelez-vous la méthode de récompense positive exposée au chapitre 2 ? Si vous cédez à l'enfant qui a envie de jouer un peu la nuit après son biberon, vous le récompensez de rester ainsi éveillé. Vous aurez bientôt la mauvaise surprise de le voir s'éveiller non plus une fois mais plusieurs fois par nuit pour jouer. S'il se réveille pour réclamer un biberon nocturne c'est qu'il en a besoin physiologiquement. Mais il n'a aucun besoin physiologique de jouer la nuit, à moins que vous ne lui en donniez l'habitude.

Alors que faire ? Refusez absolument de jouer avec l'enfant au milieu de la nuit. Après le biberon ou la tétée nocturnes, remettez l'enfant au lit, peut-être avec sa poupée ou son animal en peluche favori, embrassez-le et câlinez-le, puis quittez la chambre. S'il a l'habitude de jouer un moment avec vous, il va se mettre à pleurer. Ne revenez dans sa chambre sous aucun prétexte. Après quelques jours, au maximum une semaine, les cris auront cessé. Il se rendormira après son biberon.

Problèmes propres à la mère

4. *Je ne ressens aucun instinct maternel pour mon bébé d'un mois. Suis-je anormale ?*

Il n'y a rien d'anormal dans vos réactions, si ce n'est que, comme les autres mères, on vous a appris à croire au mythe de l'« Instinct Maternel ». Avant d'être parents, la plupart d'entre nous n'ont jamais vu un nouveau-né. Les bébés roses et joufflus que nous voyons dans les fims et les publicités sont âgés de quatre à cinq mois. Les nouveau-nés ne sont pas des prix de beauté, et le père et la mère, tout fiers de leur nouvelle progéniture, sont souvent déçus par ce qu'est réellement leur bébé, en comparaison de ce qu'ils avaient imaginé.

De plus, *tous* les bébés bousculent les habitudes de leurs parents d'une manière qu'ils n'avaient pu soupçonner. Bien sûr, ils avaient entendu parler des nuits blanches, des biberons à 2 heures du matin, des cris et des pleurs ; mais les voilà tout à coup réellement confrontés à cette situation !

Peut-être aurez-vous la chance que votre bébé dorme toute la nuit après un mois. Nous n'avons pas tous cette chance ! Aucun de mes enfants n'a fait une nuit complète avant l'âge d'un an. Et si vous êtes particulièrement malchanceux, votre enfant ne vous laissera pas beaucoup de répit. Tout ceci pour vous dire que la présence d'un bébé, surtout pendant les premiers mois, n'apporte pas que joie et félicité. Il est donc normal que vous ne soyez pas toujours débordante de tendresse et de douceur, comme le mythe de l'instinct maternel vous l'a fait croire.

L'instinct maternel n'existe pas plus que le père Noël. A part une infime minorité de parents qui éprouvent dès le premier jour un sentiment profond pour leur bébé, nous devons tous *apprendre* à l'aimer. Et cet apprentissage consiste à accepter beaucoup d'épreuves et de frustrations, surtout au cours des premiers mois. Ne vous sentez donc pas coupables si vous n'éprouvez pas d'instinct maternel : soignez bien votre bébé, nourrissez-le, baignez-le, parlez-lui, chantez-lui des chansons, jouez avec lui ; et soyez sans crainte : cet amour profond que vous espérez va grandir très vite.

5. *Je me sens très maladroite pour m'occuper de mon nouveau-né.*

Bienvenue au club des parents ! Votre réaction est tout à fait normale en présence d'un premier enfant. Ne vous sentiriez-vous pas maladroite si on vous demandait de faire un parcours de golf sans jamais avoir pris de leçon ?

Au début vous vous tracassez chaque fois que votre bébé fait quelque chose d'inhabituel : s'il tousse, vous pensez tout de suite qu'il a une bronchite ou une pneumonie. Une jeune maman m'a dit un jour : « Aussitôt rentrée de la clinique avec mon bébé, j'ai éclaté en sanglots en pensant : Comment vais-je donc m'y prendre pour m'occuper de lui et le soigner ? »

Cette impression disparaît très vite. Vous allez vous sentir de plus en plus sûre de vous. Si vous désirez accélérer ce processus, vous pouvez utiliser la méthode de la pensée négative décrite au chapitre 14. Relisez-le donc et répétez-vous : « Sois un peu plus habile. Tu as des diplômes et ne sais même pas mettre une couche correctement ! Comment peux-tu être si maladroite pour donner un biberon..., etc. »

6. *Avant la naissance de mon bébé, je me voyais avec ravissement en train de le soigner. Mais la réalité est très différente de ce que j'imaginais.*

Dès qu'on examine les choses de près, on voit clairement pourquoi l'arrivée d'un bébé peut être ressentie comme un choc par beaucoup de parents. La mère a certainement joué à la poupée quand elle était petite fille, sans savoir à quel point ce jeu a pu conditionner l'image du bébé qu'elle aurait plus tard. En jouant à la poupée, une petite fille découvre ce que Martin Buber appelle un rapport du moi au ça (du moi à l'objet), par lequel elle contrôle entièrement la poupée et le jeu. La poupée est l'objet, elle fait tout ce que la fillette lui demande et dit toutes les paroles qu'elle imagine pour elle. Jamais la poupée n'oppose ses réactions personnelles ni sa vie propre.

Mais dans ses rapports avec son bébé, la mère doit abandonner les rapports du moi à l'objet qu'elle espérait inconsciemment retrouver. Il s'agit plutôt maintenant du rapport du moi au toi, car elle découvre dès les premiers instants que son enfant est un individu à part entière, et non pas une réplique passive de la poupée de son enfance.

En plus des subtiles influences du jeu de la poupée, la jeune mère a pu pendant neuf mois cultiver, consciemment ou non, l'image rêvée de son enfant. Peut-être s'est-elle imaginée en train de le cajoler dans une atmosphère de bonheur séraphique, avant de découvrir tout à coup, à sa grande surprise, ce petit être pipi-caca qu'elle a sur les bras.

Cette situation est comparable à celle des fiancés qui se font l'un de l'autre une image idéale et merveilleuse, puis une fois mariés, découvrent la réalité de l'existence quotidienne. Les belles images d'hier se ternissent au choc du réel et à mesure que chacun découvre l'autre tel qu'il est vraiment, avec ses défauts et ses limites.

Certains bébés correspondent plus que d'autres à l'image que les parents se faisaient d'eux avant leur naissance. Mais tous les parents doivent plus ou moins se «réadapter» à leur nouveau-né. Pourtant je vais vous confier un secret: votre enfant, ce vrai bébé qui est là, avec vous, vous donnera à la longue plus de bonheur que celui de vos rêves.

7. *J'ai honte de le dire, mais parfois je déteste réellement mon bébé.*

C'est un sentiment normal et naturel. Le problème vient du fait que personne n'en avertit les futurs parents. Au père ou à la mère qui pensent : « Comment puis-je éprouver des sentiments aussi horribles pour mon enfant ? », il est facile de faire remarquer, en faisant appel à la psychologie la plus élémentaire, que nous éprouvons de la colère contre tous ceux qui nous agressent et nous frustrent. Et nombreuses sont les façons dont un bébé peut nous frustrer et provoquer notre colère.

Votre bébé se réveille au milieu de la nuit et se met à crier sans pouvoir s'arrêter. Il est là ; il hurle depuis longtemps, vous avez tout essayé, vous êtes tous les deux abrutis de sommeil et vous ne savez plus quoi faire. C'est alors que vous pourrez éprouver un accès de rage contre votre enfant, peut-être lui crier : « Tais-toi ! laisse-moi dormir ! »

N'ayez plus honte d'admettre que parfois vous détestez votre bébé. C'est normal. Il y a des moments où tous les parents détestent leurs bébés : quand ils se sentent aliénés et frustrés, ou quand ils ont accumulé leur rancœur pendant des semaines et qu'un incident, même mineur, brise tout à coup leur résistance psychologique. Admettez que ces sentiments négatifs existent, et essayez de ne pas vous culpabiliser à ce sujet. Sachez que plus votre enfant grandira, moins vous aurez l'occasion de vous sentir frustrés et aliénés.

8. *Ma mère et ma belle-famille ne cessent de me prodiguer des conseils, que je ne sollicite pas, sur la façon d'élever mon bébé : que dois-je faire ?*

Malheureusement, beaucoup de jeunes parents ne font rien quand ils sont dans cette situation. Ils ne disent rien de ces conseils non souhaités. Mais leurs sentiments d'hostilité ne cessent de grandir, et finissent par empoisonner leurs rapports familiaux. C'est une erreur que de ne rien dire. Il vaut beaucoup mieux prendre le problème de haut. Trouvez les mots pour dire que vous avez vos principes et votre façon d'élever les enfants. Mais soyez ferme et dites-le : il peut en résulter quelques difficultés temporaires dans vos relations avec vos parents et votre belle-famille. Mais vos problèmes s'aggraveront à la longue si vous ne mettez pas les choses au point clairement.

9. *Depuis la naissance de notre bébé, nos rapports familiaux sont complètement changés. Que faire en face de ce changement ?*

Non seulement vos rapports vous *semblent* différents : mais ils *sont* différents. C'est là encore un fait important dont personne n'avertit les futurs parents. Qu'un homme et une femme aient été mariés deux ou sept ans avant d'avoir un enfant, leurs rôles respectifs se sont stabilisés l'un par rapport à l'autre. Insconsciemment ils pensent que leurs rapports vont rester les mêmes après la naissance du bébé. Or, il n'en est rien : les rapports familiaux (entre époux) se trouvent radicalement modifiés par la présence du bébé. C'est exactement comme si vous preniez en pension chez vous un neveu ou un cousin en permanence.

Les rôles d'épouse et de mère, d'une part, et de mari et de père d'autre part, ne s'harmonisent pas forcément. Des incompatibilités subsistent. Chacun dans le couple doit apprendre à concilier le rôle de conjoint et celui de parent. Cela prend du temps. Accordez-vous donc ce temps.

Par exemple, le mari éprouve de la jalousie parce que sa femme détourne de lui son attention au profit du bébé. En fait toute cette attention était centrée sur le mari avant la naissance. Il pourra être conscient de cette jalousie, ou au contraire l'ignorer complètement. Certains maris réagiront en s'éloignant du foyer, pour faire des heures supplémentaires ou pour s'arrêter au café boire un verre avec des collègues, et rentrer plus tard le soir.

Il ne s'agit là que d'un exemple parmi les aspects de vos rapports familiaux, qu'il vous faudra repenser et restructurer au lieu de laisser la situation se dégrader. Et cette restructuration au sein de la famille devra se faire à l'occasion de chaque naissance. Mais c'est sans doute après l'arrivée du premier enfant qu'elle est la plus difficile a opérer.

10. *La naissance de notre bébé perturbe nos relations sexuelles. Le docteur recommande d'attendre six semaines avant de reprendre les rapports sexuels, et mon mari l'accepte mal.*

Vous êtes victime de ce qu'on appelle le « mythe du coït » qui vous fait croire que la vie sexuelle du couple se limite au coït. Sachez donc qu'il existe d'autres manières de parvenir à la satisfaction. Même si les rapports sexuels vous sont interdits pendant ces six semaines, rien ne vous empêche de pratiquer les caresses orales ou manuelles. Si vous vous êtes limités au seul rapport sexuel, c'est le moment de faire ensemble de merveilleuses découvertes. Élargissez votre horizon et votre problème sera resolu.

11. *Je me sens parfois terriblement seule et comme enchaînée par mon bébé. J'ai besoin de trouver quelqu'un avec qui parler.*

Vous ressentez là un besoin que connaissent toutes les mères d'un premier enfant : votre propre ligne privée vous permettant de téléphoner a quelqu'un pour exprimer vos sentiments. Arrangez cela avec une amie ou une voisine, ou même organisez un réseau plus vaste entre cinq ou six mères de jeunes enfants. Cela permettra du même coup à d'autres femmes ayant les mêmes problèmes de pouvoir en parler.

12. *Comment surmonter l'humeur dépressive que j'éprouve depuis la naissance de mon enfant ?*

Choisissez une des solutions suivantes :

1. Supportez votre état et attendez que vos pensées dépressives disparaissent. Cette forme légère de dépression disparaît avec le temps.
2. Parlez-en à vos amis, cela vous aidera à supporter votre découragement.
3. Essayez la méthode de la pensée négative, en vous répétant que vous êtes prise dans un piège d'où vous ne sortirez jamais.
4. Quand le découragement vous saisit, ne restez pas à ne rien faire. Entreprenez quelque chose qui vous change de votre activité habituelle. Prenez une baby-sitter et accordez-vous des heures de détente : allez au cinéma, faites du shopping. Faites quelque chose qui vous plaise en vous sortant de chez vous et en vous éloignant de votre bébé.
5. Si votre cafard persiste ou s'aggrave, consultez un psychiatre ou un psychologue. Quelques entretiens peuvent vous aider beaucoup.

13. *Ma voisine me conseille d'avoir rapidement un autre enfant pour que mon bébé ait un compagnon de jeux. Qu'en pensez-vous ?*

Votre expérience de parents est toute nouvelle et de ce fait vous êtes assaillis de conseils de la part de vos amis, voisins, parents, sur la manière d'élever les enfants. Ces conseils ne sont naturellement d'aucune valeur. Conseiller à des parents de rapprocher les naissances de leurs enfants « afin qu'ils puissent jouer ensemble » est absurde. Des enfants d'âge voisin pourraient certes jouer ensemble. Mais pendant une quinzaine d'années ils passeront aussi une bonne partie de leur temps à se chamailler, à se battre et vous mettre les nerfs à bout. Avoir des enfants rapprochés, c'est mettre d'avance vos nerfs à rude épreuve. Évitez-le donc.

Je vous recommanderais plutôt d'espacer d'au moins trois ans les naissances, (ou de quatre ou cinq ans si vous préférez) afin que la jalousie qui existe toujours entre frères et sœurs se manifeste avec moins de violence. En ce qui me concerne mes trois enfants sont nés avec cinq ans d'intervalle, et nous en avons été satisfaits.

14. *Comment faire pour que mon mari s'intéresse davantage à notre enfant ?*

Voilà une question délicate. En effet j'ai acquis la certitude par mes observations que les pères américains *ne s'intéressent pas* à leurs enfants.

On ne pourra sans doute jamais donner à cette question une réponse satisfaisante tant que nous n'enseignerons pas le métier de parents dans les collèges et les facultés, en insistant sur le rôle du père dans l'éducation des enfants. Les pères n'ont pas plus « l'instinct paternel » que les mères n'ont « l'instinct maternel ». Et quand nous aurons enfin compris qu'il faut apprendre aux hommes à assumer pleinement le rôle de père, ils seront beaucoup plus nombreux à s'intéresser à leurs enfants.

Comment donc faire participer votre mari à la vie de votre enfant ?

Surtout ne lui demandez pas directement de donner le biberon ou de changer le bébé. Invitez-le plutôt à vous aider. Il existe aussi des livres destinés aux parents et plus spécialement aux pères : essayez d'en laisser un dans les toilettes : vous verrez qu'il le lira.

Conclusion

Voilà donc la première enfance, la première étape du développement de votre enfant, la première étape aussi de votre carrière de parents. S'il s'agit de votre premier enfant, il est naturel que vous commenciez par vous sentir mal à l'aise et peu sûrs de vous. Mais vous prendrez vite de l'assurance.

On ne peut pas parler de problemes de discipline à cet âge Les difficultés que vous devrez surmonter viendront de vous, seront en vous sentiment d'incompétence, d'irritation, de peur, de dépression Mais la plupart des mères en viennent facilement à bout et n'éprouvent pas de difficultes particulières à ce stade

La premiere enfance est essentiellement l'âge où l'on doit etablir les fondations de la discipline. C'est le moment privilégié pour tisser avec l'enfant des liens affectifs solides afin qu'il vous aime et qu'ensuite il souhaite vous obéir et vous faire plaisir.

Chaque fois que vous lui donnez le biberon, le baignez, le changez, le cajolez, lui parlez et lui chantez des chansons, vous tissez ces liens d'intimité affective entre vous et lui. En plus de la joie que vous en éprouvez, ils vous aideront à éduquer votre enfant et a le discipliner. Aimez votre enfant, jouez avec lui. Investissez autant que vous voudrez dans les « valeurs affectives » car vous aurez besoin de ce capital au cours des stades ultérieurs de son développement.

21

LES PREMIERS PAS

Vue d'ensemble

L'âge des premiers pas commence lorsque votre bébé apprend à marcher et à ramper et dure à peu près jusqu'à son second anniversaire. Cette étape peut se résumer d'une phrase : c'est le stade de l'exploration. Aucun explorateur ne s'embarque avec plus d'enthousiasme que votre petit bonhomme partant à la découverte de la maison et du jardin.

Au cours de cette exploration il va pouvoir accomplir les tâches propres à son âge : acquérir la confiance en soi et réduire le doute de soi. Il aura besoin de liberté pour explorer et fouiller son environnement, exercer ses grands et ses petits muscles, marcher, courir, grimper et sauter, jouer avec des poupées et des animaux en peluche, avec des voitures et des camions, du sable, de la terre et de l'eau, jouer aussi à entrer dans le jeu social des parents, essayer de reproduire les sons à mesure que son langage se développe, jouer avec des livres que les parents lui liront. Si on l'autorise et si on l'encourage à faire tout cela librement, son environnement stimulant l'aidera à acquérir des sentiments de confiance en lui qui feront partie de son concept de soi pendant toute sa vie.

Mais si votre jeune marcheur est contraint de s'adapter à un environnement qui lui est étranger, conçu pour des adultes, s'il se trouve entouré de milliers d'interdictions et de restrictions, c'est le doute qui se développera en lui.

Si vous voulez voir se développer chez lui la confiance plutôt que le doute, c'est très simple : supprimez tous les dangers de votre maison ou de votre appartement : faites-le à fond, en vous référant aux conseils que je donne dans les pages suivantes, réduisez au minimum les interdictions, et laissez-le libre d'explorer.

1 *Mon enfant refuse de manger.*

Ne vous inquiétez pas, il finira bien par manger. Donnez-lui des aliments nourrissants. Qu'il mange ce qu'il veut et laisse de côte ce qu'il ne veut pas. Mais ne lui donnez aucun aliment entre les repas Vous avez avec vous un allié puissant, la faim : donnez-lui les repas qui lui conviennent et laissez-le tranquille, il mangera. Les ennuis commencent quand la mère perd son calme en voyant l'enfant refuser plusieurs repas. L'enfant apprend rapidement que cela paye de ne pas manger, puisque la mere s'énerve Donc proposez-lui à manger, restez calme, tòt ou tard il finira bien par manger trés convenablement.

2 *Je sais que mon enfant est à l'âge de l'exploration, de la découverte, etc Mais ma fille touche à tout et cela me rend folle ! J'ai l'impression que je ne peux pas la quitter des yeux de toute la journée*

Je parie que vous n'éprouvez pas ce sentiment quand vous l'emmenez jouer au jardin public. Pourquoi ? Sans doute parce que vous savez qu'elle ne court aucun risque et que vous pouvez vous détendre. Le secret consiste a faire de votre maison et eventuellement de votre jardin une aire de jeux sans danger. Supprimez tout ce qui est dangereux. Soyez certaine que tout ce qu'elle ne doit pas toucher est en sûreté dans un placard fermé à clef. Et donnez-lui des jouets qui lui permettent de dépenser son énergie débordante. Pensez par exemple à des agrès d'intérieur et d'extérieur. Réservez-lui aussi un des tiroirs du bas dans une commode ou un placard où elle pourra garder la collection de vieux ustensiles de cuisine, avec laquelle elle joue.

Si vous respectez ces principes de contrôle de l'environnement, vous n'aurez plus aucune raison de vous inquiéter à son sujet ni de la surveiller constamment dans la crainte d'un accident.

3. *Je suis très ennuyée parce que mon petit garçon de quatorze mois commence à mordre les autres enfants. Que puis-je faire ?*

Vous pouvez régler ce problème de deux façons : l'une prend beaucoup plus de temps que l'autre : elle consiste à saisir l'enfant fermement par le bras et à lui dire chaque fois qu'il mord un autre enfant : « On ne mord pas ! » Au bout de six mois à peu près il aura perdu cette mauvaise habitude.

Le méthode la plus rapide consiste à le mordre toutes les fois qu'il mordra un autre enfant (*mais sans rien dire*). Mordez le fort afin que cela lui fasse mal, sans quoi il prendra cela pour un jeu. Dès qu'il se sera rendu compte que lorsqu'il mord quelqu'un, il est lui-même mordu, il cessera très vite de le faire.

4. *Ma fille, qui a quinze mois, s'est mise à se réveiller au milieu de la nuit. Elle rampe hors de son berceau, vient dans notre chambre et se glisse au lit avec nous. Elle se met à hurler quand je la recouche. Que puis-je faire ?*

Avant tout, n'adoptez pas la solution de facilité qui consisterait, comme le font beaucoup de parents, à la laisser dormir dans votre lit. Il vous sera extrêmement difficile de l'arracher à cette habitude quand elle grandira. Faites en sorte qu'elle ne soit jamais « récompensée » parce qu'elle a quitté son berceau. Mettez déjà au point le moyen de l'empêcher d'ouvrir la porte de sa chambre de l'intérieur (on peut trouver un appareil qui permet au bouton de tourner à vide). Vous voilà prête. La prochaine fois qu'elle vous réveillera, ramenez-la dans sa chambre et remettez-la dans son petit lit avec quelques caresses en lui disant fermement de se rendormir. Quittez alors sa chambre, fermez la porte en la condamnant de l'extérieur. En s'apercevant qu'elle ne peut plus ouvrir la porte elle va certainement se mettre à pleurer et à hurler. Dites-lui alors qu'elle aille se coucher. Il faut qu'elle sache que vous êtes derrière la porte et que c'est *vous* qui l'empêchez de sortir. Ne lui répétez pas plus de trois fois d'aller se coucher. Il ne faut pas récompenser ses pleurs en lui accordant trop d'attention.

Elle va sans doute pleurer longtemps la première nuit, mais elle finira par s'arrêter et s'endormir, même si c'est sur le plancher près de la porte. Ne vous souciez pas de l'endroit où elle dort : l'essentiel est qu'elle sache clairement qu'elle ne sortira pas de la chambre. Continuez les nuits suivantes jusqu'à ce qu'elle cesse de vouloir sortir. Cela prendra plus ou moins de temps, mais elle finira par se dire qu'il est inutile d'essayer de sortir de sa chambre. Cela vous aura pris encore des heures de sommeil, mais il vaut mieux stopper cette mauvaise habitude dès le début. Et n'allez surtout pas craindre de traumatiser votre enfant par cette méthode : elle trouvera cela très désagréable, mais sur le plan psychologique vous ne lui ferez aucun mal.

5. *Mon petit garçon a quatorze mois. Mes amis me disent*

qu'il faut lui apprendre à être propre dès maintenant. Qu'en pensez-vous ?

Ma réponse est non. Comme je l'ai mentionné au chapitre précédent traitant de la première enfance, le développement neuromusculaire de l'enfant ne lui permet pas de contrôler vraiment ses sphincters avant dix-huit mois ou deux ans. Je recommande donc d'attendre qu'il ait deux ans pour commencer l'apprentissage de la propreté.

6. *Comment réagir aux violentes colères de mon enfant?* Il est tout à fait normal qu'un enfant fasse des colères à cet âge parce que son aptitude à accepter les déceptions et à contrôler ses pulsions est encore très peu développée. Sachez que vous ne pouvez pas communiquer avec un enfant tant qu'il est en colère. Aussi, quelle que soit la méthode que vous choisirez, attendez que la crise de rage soit passée.

Si votre caractère rend la chose possible, la meilleure réaction consiste tout simplement à ignorer la colère jusqu'à ce qu'elle cesse d'elle-même. De cette manière vous évitez de la « récompenser ». (voir chapitre 4 : comment éviter de rétribuer les comportements indésirables ?) Si vous persistez à ignorer les colères, elles finiront par disparaître.

Si vos nerfs ne vous permettent pas de rester calmement en présence de l'enfant pendant ses colères, envoyez-le dans sa chambre. Dites-lui qu'il pourra sortir quand il sera calmé. S'il refuse, emmenez-le vous-même ; une fois la colère passée, vous pouvez reprendre le dialogue.

En tout cas, il ne faut *absolument pas* valoriser ses colères par une récompense. Si vous le faites, il sera tout disposé à recommencer. Et rappelez-vous que les réprimandes, les sermons, les cris et les fessées sont ressentis par l'enfant comme des « rétributions », qu'il faut donc éviter. (Voir les pages qui traitent de la loi de la «frite ramollie» au chapitre 4.)

7. *Mon fils de dix-huit mois vient toujours déranger les affaires de son frère de six ans. l'aîné est furieux et bat son petit frère. Comment résoudre ce problème ?*

Utilisez mieux le contrôle de l'environnement. Les conditions actuelles (libre accès à la chambre de l'aîné, où se trouvent exposés les jouets et les affaires qui excitent sa curiosité) sont une incitation a la bagarre entre frères. C'est en modifiant l'environnement que vous pourrez résoudre ce problème. Installez donc un verrou a la porte de votre fils aîné et donnez-lui en une clef. Il sera enchanté de ce système de protection, et très fier d'avoir la clef de sa chambre et de tous ses trésors. Et votre jeune marcheur ne pourra plus aller déranger les affaires de son frere.

8. *Mon petit garçon de dix-huit mois joue parfois avec ses organes sexuels. Dois-je l'en empêcher ? Comment ?*

Si vous voulez faire de ses organes sexuels un jouet tabou (mais fascinant) et favoriser les obsessions et les problèmes ulterieurs, faites comme beaucoup de parents : donnez-lui une bonne tape sur les mains, en lui disant : « C'est vilain, c'est sale, ne te touche pas a cet endroit ! » Alors qu'il faut absolument, comme lorsqu'il joue avec son coude, son doigt ou qu'il se gratte l'oreille, *ne rien faire, ne rien dire :* que son geste n'entraine pas d'autre réaction que lorsqu'il joue avec toute autre partie de son corps.

C'est seulement au cas où votre enfant toucherait ses organes sexuels en public et très souvent qu'il faudrait consulter un psychologue. Non que je considère la chose comme très grave, mais parce que ce genre de comportement nécessite d'être traité individuellement.

9. *Mon enfant de dix-huit mois jette de la nourriture à terre pendant les repas.*

C'est une attitude normale à ce stade, et vous vous lanceriez dans une entreprise très risquée en essayant de l'en empêcher maintenant. Pour lui, jeter le contenu de son assiette sur le sol fait partie de son exploration du monde! Il fait ses propres recherches en physique pour voir ce qui se passe quand il laisse tomber une écorce d'orange. Je vous conseille d'acheter chez un marchand de couleurs une bache en plastique comme en utilisent les peintres et de l'étaler sur le sol à chaque repas. Mais surtout n'attribuez pas à l'enfant des intentions qu'il n'a pas, lorsqu'il laisse tomber de la nourriture. Il ne veut pas attirer l'attention (à moins que vous ne lui accordiez la vôtre que lorsqu'il fait des «bêtises»); ni non plus vous défier, ni se rendre intéressant. Normalement, un enfant de cet âge n'agit pas par hostilité ou défi. Il ne fait qu'explorer le monde qui l'entoure. Ne vous faites pas de souci, ce type de comportement va bientôt disparaître.

10. *Quand peut-on commencer à prendre une baby-sitter?*

Dès maintenant, si vous ne l'avez pas encore fait. Comme je l'ai signalé au dernier chapitre, je pense qu'il est important pour la mère de se retrouver seule sans l'enfant pendant des périodes brèves, car cela rompt la tension qu'elle ressent à être sans cesse avec lui. C'est important aussi pour l'enfant qui s'habitue progressivement à ne pas avoir toujours sa mère avec lui. J'ai déjà dit combien il me paraît indispensable que mari et femme se retrouvent quelquefois tous les deux pour sortir. Le développement de votre enfant doit le mener progressivement de la dépendance totale à l'indépendance et à la possibilité de vivre avec quelqu'un d'autre que vous.

Il est bon que l'enfant connaisse d'autres personnes que ses parents. Ainsi les baby-sitters. Je vous propose d'essayer de faire garder l'enfant une soirée ou un après-midi pour que vous puissiez sortir avec votre mari. Voyez comment l'enfant réagit et recommencez deux semaines plus tard. Si tout marche bien, réservez-vous de cette façon une sortie hebdomadaire. Et à mesure que votre enfant acquiert de l'indépendance et supporte mieux votre absence faites de plus en plus appel à une baby-sitter.

11. *Comment choisir une bonne baby-sitter?*

Rares sont les jeunes filles de moins de dix-sept ans capables de faire face à une urgence si elles gardent un bébé. Je conseillerais plutôt une étudiante ou tout autre adulte. Dans certains cas une grand-mère peut constituer la baby-sitter idéale. Mais à l'âge des premiers pas, un jeune homme ou une jeune fille de moins de dix-huit ans peuvent être de très bons baby-sitters.

Les qualités que vous devez attendre d'une baby-sitter sont l'intelligence et le bon sens, qui doivent lui permettre de faire face aux situations imprévues qui peuvent se présenter pendant l'absence des parents. Assurez-vous aussi que la personne que vous choisirez est chaleureuse, de caractère souple et affectueux, et qu'elle aime les bébés et les enfants. Ne vous contentez pas d'un simple entretien. Faites-la venir chez vous une demi-journée afin de voir comment elle s'occupe de bébé. Prenez aussi contact avec plusieurs baby-sitters possibles afin de ne pas êtres prise de court si l'une d'elles est indisponible. Et sachez que les garçons font d'aussi bons baby-sitters que les filles. Ne cédez pas au préjugé sexiste qui fait que bien des gens préfèrent confier leurs enfants à des jeunes filles. Nous avons souvent fait appel à des étudiants pour garder nos enfants avec toute satisfaction. Certains se sont révélés des compagnons passionnants.

12. *Mon mari et moi nous désirons partir en vacances sans notre enfant de dix-huit mois. Combien de temps pouvons-nous partir ?*

Quoique je recommande l'usage régulier du baby-sitting, je ferai une différence pour de longues vacances. A une maman qui me demandait comment son enfant de quinze mois réagirait si elle faisait un voyage d'un mois à l'étranger, je répondis que je déconseillais une aussi longue séparation. A cet âge, un mois loin de la mère peut paraître une éternité. Si votre enfant s'accommode bien de rester sans vous voir une fois ou deux par semaine, essayez de partir pour un ou deux week-ends, en confiant l'enfant à quelqu'un de sûr ; un adulte de préférence. Si votre enfant ne supporte pas bien ces expériences limitées, c'est qu'il n'est pas encore prêt pour une longue séparation.

S'il s'agit de vacances familiales annuelles pourquoi ne pas emmener votre jeune marcheur (et vos autres enfants) avec vous ? Beaucoup de parents hésitent à le faire parce qu'ils craignent d'être gênés par l'enfant. Mais si vous apprenez à bien vous en occuper (et j'espère que ce livre vous y aidera), si vous organisez intelligemment vos vacances, il n'y a aucune raison pour que vous ne passiez pas des vacances merveilleuses avec vos enfants.

13. *Mes deux enfants (vingt mois et quatre ans) sont dans la même chambre et ils ne cessent de se chamailler et de se battre.*

Des enfants qui partagent la même chambre, c'est le plus sûr moyen de provoquer la discorde et d'empoisonner l'atmosphère familiale. Voilà l'exemple même de ce que j'appellerai le contrôle négatif de l'environnement. Si un psychologue mal intentionne devait concevoir l'environnement type pour rendre des parents fous, il commencerait par conseiller que des enfants partagent la même chambre. Donc chaque fois que c'est possible, essayez de réserver une chambre pour chaque enfant, même si vous devez pour cela installer une solide cloison La solution sera peut être moins esthétique, mais bien meilleure sur le plan psychologique pour les enfants (et les parents) S'il faut vraiment que deux enfants couchent dans la même chambre, essayez d'y mettre un placard fermant à clef pour que l'aine puisse y ranger ses affaires et ses jouets. Mais même en procédant ainsi, vous vous exposez a des difficultés sans cesse renouvelées a propos des heures différentes de coucher, des affaires personnelles, etc.

14 *Mon enfant dérange tout dans la maison du matin au soir !*

Tant mieux ! C'est le contraire qui serait inquiétant avec un jeune marcheur ! On ne peut lui demander en même temps d'avoir un bon équilibre psychologique et de laisser la maison bien rangee Si vous laissez votre explorateur manifester sainement son besoin de découverte, votre maison ne pourra pas rester bien nette Ne rangez donc qu'une fois, en fin de journee, et ne commettez pas l'erreur de ranger à mesure que l'enfant fait du désordre, car a l'heure suivante tout serait a recommencer

15 *Je peux certes adapter mon intérieur à mon enfant afin que les interdits soient réduits au minimum et qu'il ait la liberté d'explorer, mais que faire lorsque je l'emmène chez des amis dont l'appartement est rempli d'objets fragiles et précieux ?*

Situation sans issue. Ou bien vous laissez votre enfant circuler et explorer chez vos amis comme il a l'habitude de le faire chez vous, et votre hôtesse n'appreciera pas de voir son vase brise, ou bien vous essayez que votre enfant s'adapte pour quelques heures a cet environnement d'adulte : tâche bien difficile tant pour lui que pour vous. Conclusion : pour ce genre de visite, prenez une bonne baby-sitter et laissez votre enfant à la maison.

16 *J'ai du mal a faire coucher mon enfant a une heure fixe*

L'heure du coucher crée souvent des difficultés parce que sur le plan psychologique ce moment est difficilement vécu par les enfants Aller se coucher, c'est quitter le monde attrayant de la famille, ou la télevision, les conversations la vie continue, pour aller dormir dans un lit sans attrait Pas drôle! Malheureusement, les enfants ne sentent pas toujours qu'ils sont fatigués et qu'ils ont besoin de dormir On ne peut pas changer complètement cette situation, mais on peut cependant aménager et améliorer les circonstances du coucher Voici comment

Il faut creer un rite du coucher avec des etapes qui menent l'enfant au lit. L'ideal pour le premier temps est de donner un bain, qui peut se prolonger autant que l'enfant le souhaite, et donner l'occasion de jouer dans l'eau avec bateaux, sujets en plastique, etc. Attendez qu'il soit prêt a sortir. On passe alors a la deuxième étape, au cours de laquelle papa ou maman lit une histoire ou un petit livre pendant qu'on se couche. (A l'âge des premiers pas, choisissez une histoire courte, un livre avec des images qu'on peut regarder avec l'enfant, en donnant le nom des objets.) On arrive ainsi à la troisième etape, un verre de jus de fruit, ou un petit gâteau que l'enfant prend au lit. Ce processus a pour but d'associer des notions plaisantes pour l'enfant (l'histoire et le gâteau) avec le fait d'aller se coucher qui pour lui n'a rien de seduisant en soi. Ces trois etapes étant franchies, on en arrive naturellement (et inexorablement), à border l'enfant dans son lit, l'embrasser et lui faire une dernière caresse en lui souhaitant bonne nuit. Ainsi on n'aura peut-être pas supprimé tout l'aspect déplaisant du coucher, mais on l'aura considérablement atténué. Essayez ainsi d'instituer une heure de coucher assez régulière, mais pas absolument fixe car vous ne pourrez pas toujours la faire respecter, surtout si vous avez affaire à un enfant très dynamique. Il lui sera parfois impossible d'aller se coucher à l'heure fixée. C'est courant à l'âge des premiers pas, de même que pendant la première adolescence. A l'âge préscolaire (trois ans) votre enfant pourra prendre des habitudes de coucher beaucoup plus régulières.

17. *Je ne peux contrôler mon envie de battre mon fils de dix-huit mois quand il fait des bêtises, pleure et dérange les objets. Je constate avec effroi que je suis ce que les gens appellent un bourreau d'enfants ! Que faire ?*

Vous pouvez consulter un psychologue ou psychiatre. Dans ce cas précis il pourra beaucoup vous aider.

18. *Que faire lorsque ma fille de dix-huit mois se sauve en courant dans la rue ?*

Ce que vous pouvez faire de plus facile, c'est de pratiquer le contrôle de l'environnement. Verrouillez les portes d'accès au jardin, ou installez du côté de la rue une barrière munie d'un verrou, et assez haute pour qu'elle ne puisse pas la franchir. Si ces moyens sont impossibles à mettre en place, n'hésitez pas à saisir votre fille et à lui donner une bonne tape pour qu'elle comprenne qu'il ne faut pas traverser la rue. En tout cas il est inutile de vouloir la raisonner, car elle est encore trop jeune pour saisir les arguments logiques.

Conclusion

Personnellement je trouve que l'âge des premiers pas est une période délicieuse au cours de laquelle peu de problèmes de discipline se posent. Je pense que les difficultés rencontrées par les parents proviennent du fait que d'une part ils ne connaissaient pas bien la nature du petit animal qui vit devant eux, ni d'autre part l'environnement qu'il convient de lui procurer. Sa nature est d'être un explorateur infatigable de tout ce qui se présente à sa portée. N'attendez pas de lui qu'il reste gentiment assis sur un divan. Il lui faut un environnement qu'il puisse explorer à volonté, sans être freiné par d'innombrables interdictions. Le secret, c'est donc d'assurer un bon contrôle de l'environnement. Placez-le dans un cadre où il soit libre de vagabonder et d'explorer – maison et jardin sans danger pour les enfants – et vous aurez en face de vous un délicieux petit lutin. Si au contraire vous le faites vivre dans un cadre inadapté à ses besoins, il se révélera « difficile ». Et n'oubliez pas qu'à l'âge des premiers pas un enfant ne cherche pas à se faire remarquer ni à vous défier (comme il le fera au cours de la première adolescence). Si aujourd'hui il déchire les pages d'un livre ou d'un magazine, n'allez pas croire qu'il est hostile ou cherche à vous provoquer : il est tout simplement en train d'explorer le monde qui l'entoure.

22

PREMIÈRE ADOLESCENCE

Vue d'ensemble

Ce stade se situe en général entre deux et trois ans. Je l'appelle première adolescence parce qu'il présente une ressemblance très nette avec la période qui se situe entre treize et dix-neuf ans, et que j'appelle la seconde adolescence. L'une et l'autre sont des *stades de transition.* La seconde adolescence fait la transition entre l'enfance et l'âge adulte, la première adolescence fait la transition entre l'état de bébé et l'enfance. Pendant ces deux périodes les enfants tantôt manifestent leur volonté d'indépendance, et tantôt effectuent un mouvement de repli vers la dépendance de leurs parents. Dans ces deux cas le concept de soi négatif se développe avant le concept de soi positif. Ce qui signifie que votre « deux ans » va commencer par s'affirmer en s'opposant à tout ce que vous lui demanderez. Son mot préféré est « non ».

C'est un âge d'excès, auquel il lui est difficile d'effectuer un choix simple et net et de s'y tenir. Il change sans cesse d'avis, soumis à des sentiments opposés. Il veut, puis ne veut plus, fera, puis ne fera pas. L'aptitude de l'enfant à partager, à attendre, à prendre son tour, est très limitée. Il met sérieusement à contribution la patience de ses parents.

Du fait de ce comportement généralement pénible, je pense qu'il est très important qu'un père ou une mère comprenne les aspects positifs de cette première adolescence. Sachez que votre «deux ans» essaie de trouver sa propre identité sous ce comportement extérieur désagréable. Son attitude de négation et de rébellion révèlent en fait l'existence de forces positives de croissance.

Sans ces forces il ne pourrait se dégager de l'équilibre du bébé. Et malgré tout, il sait être parfois charmant, avec son exubérance, sa naïveté, son émerveillement devant ce monde nouveau et pur à ses yeux, son imagination, sa générosité, et son enthousiasme devant la vie. Il est assez drôle de constater que les parents qui souhaitent tous que leur enfant devienne un adulte à la personnalité forte et dynamique ont du mal à accepter ce dynamisme lorsqu'il se manifeste à deux ans. Et pourtant, comment ne pas sentir cette joie de vivre profonde, turbulente, sensuelle, ses refus de la contrainte, et cette participation enthousiaste au monde qu'il découvre. Toutes les activités par lesquelles il manifeste sa personnalité unique et originale résultent de cette force de vie. Sans elle il n'aurait pas pu apprendre à s'asseoir, ramper, marcher, parler. Cette qualité dynamique constitue une ressource psychologique très importante. Ne commettez pas l'erreur de beaucoup de parents. N'essayez pas de briser cette force vitale. Au contraire, cherchez à la favoriser et à la canaliser.

Le travail qui s'accomplit à cet âge consiste à apprendre sa propre identité face au conformisme social ; c'est-à-dire en plus limitée, l'expérience que fera votre enfant entre treize et dix-neuf ans. Il va pouvoir pour la première fois prendre conscience de sa personnalité unique. Et afin de définir pour lui-même qui il est et ce qu'il désire, il doit traverser une période de négation et de défi pour ce que ses parents souhaitent qu'il fasse.

J'ai essayé de vous donner un tableau clair et assez complet des caractéristiques psychologiques de ce stade. Sans elles vous seriez très embarrassé pour savoir comment discipliner un enfant de cet âge. Les deux grandes erreurs, souvent commises par les parents, sont :

1° - Avoir beaucoup trop d'exigences dans le sens du contrôle et du conformisme, car l'enfant peut les accepter et perdre toute personnalité ou bien les refuser, créant ainsi une série de conflits journaliers.

2° - Ne pas avoir assez d'exigences, craindre de contrôler l'enfant, et céder constamment à ses revendications excessives peut aboutir au « syndrome du sale gosse gâté ».

En général, la discipline appropriée à cet âge nécessite de la fermeté de la part des parents, mais en même temps une grande souplesse concernant les principes et les règles. Des règles absolues et rigides ne conviennent pas à ce stade de développement tant l'enfant déborde de sentiments et de pulsions contradictoires.

Les différentes méthodes de discipline que j'ai exposées au début de ce livre s'appliquent après l'âge de trois ans. Mais c'est tout autre chose que d'apprendre la discipline à un enfant entre deux et trois ans. Parfois une méthode (comme le système positif de récompense) se révèlera très efficace, tandis qu'en d'autres circonstances elle ne marchera pas du tout. Si j'insiste sur ce point, c'est pour éloigner de vous l'idée que l'apprentissage de la discipline puisse se faire sans heurt à ce stade. C'est possible avec certains enfants, mais avec d'autres on peut rencontrer de sérieuses difficultés. Pourtant, si vous essayez d'appliquer à cet âge une méthode de discipline, et qu'elle échoue, n'en concluez pas pour autant qu'elle ne sera jamais efficace par la suite.

1. *Mon fils de deux ans et demi n'arrive jamais à se décider et cela me fait perdre patience. Il demande du lait et je lui apporte un verre de lait. Il le refuse en disant qu'il veut du jus de fruit. Quand je lui donne le jus de fruit il redemande du lait. Que faire ?*

Vous décrivez là un phénomène typique de cet âge. Donnez-lui le choix entre deux solutions et dites-lui que quand il sera décidé, vous danserez ou ferez les pieds au mur, ou quelque chose d'aussi stupide. Après qu'il se sera décidé et que vous aurez, comme récompense, accompli la pitrerie ou la grimace promise, assurez-vous qu'il ne change pas d'avis. S'il se révèle qu'il lui est impossible de se décider, décidez à sa place d'après ce que vous pensez être son vœu profond, ou d'après ce qui vous semble lui convenir. Alors ne revenez plus sur la décision prise.

2. *Que faire en face des violentes colères de mon fils de deux ans ?*

Reportez-vous au chapitre 21, question 6.

3. *Quand mon enfant de deux ans fait une colère en public, j'ai envie de me faire toute petite et de me cacher quelque part. Quelle attitude prendre avec lui dans ce cas ?*

Il ne s'agit pas de lui, mais de vous-même. C'est vous qui avez la solution. Il n'existe aucun moyen d'empêcher un enfant de faire une colère. Le problème consiste donc à définir votre attitude lorsqu'il fait sa colère *en public*. Pour l'instant, vous êtes honteuse en imaginant ce que les gens, au magasin, dans la rue, chez le médecin, peuvent penser. La meilleure chose que vous puissiez faire c'est d'avoir recours à la pensée négative afin de pouvoir vous désensibiliser de votre situation (voir chapitre 14). Exagérez délibérément les reproches que les passants sont supposés vous faire : « Quelle drôle de mère ! Elle ne sait même pas se faire obéir d'un petit garnement de deux ans ! Jamais je ne tolérerais ça de mon enfant. C'est sûrement une de ces mères qui laissent tout faire à leurs gosses et qui mènent le pays au désastre ! »

4. *Mon fils de deux ans et demi se met à crayonner les murs de tout l'appartement. Que faire ?*

S'il dispose d'une chambre, je vous conseille d'y aménager tous les murs pour qu'il puisse y écrire, puis de lui interdire formellement de le faire ailleurs. Peignez deux ou trois des murs, pour en faire d'immenses tableaux à écrire (peinture spéciale dans tous les magasins). Cette manière précise d'adapter l'environnement à l'enfant aura pour effet de canaliser son besoin d'écrire sur les murs et de lui fournir de grands tableaux noirs (ou verts) pendant ses années préscolaires. N'oubliez pas que les enfants doivent apprendre à griffonner avant d'aborder l'écriture proprement dite. Ces tableaux géants l'inciteront de manière très efficace, et pendant des années, à écrire et à dessiner.

5. *Dois-je envoyer à la maternelle mon fils (ou ma fille) de deux ans ?*

Non. A moins que vous ne puissiez vraiment pas faire autrement, (si vous travaillez par exemple) ; et même dans ce cas ce n'est pas toujours la bonne solution. Sur le plan psychologique et affectif, les enfants ne sont pas prêts à quitter les jupes de leur mère avant l'âge de trois ans. Même si vous travaillez et devez faire garder l'enfant dans la journée, ne vous décidez pas automatiquement pour une maternelle ou une garderie. A deux ans, certains enfants s'adaptent mieux à une garde individuelle, (garde d'enfant rétribuee ou grand-mère, par exemple) alors que d'autres s'adaptent mieux à la maternelle.

6. *Mon fils de deux ans et demi ne cesse de battre sa petite sœur. Que faire ?*

Essayez le hors-jeu (chapitre 4). Il peut être très efficace à cet âge, mais peut aussi échouer lamentablement. Si le hors-jeu ne marche pas, intervenez physiquement chaque fois qu'il frappe ou veut frapper sa sœur. Saisissez-le par le bras en lui disant : « IL NE FAUT PAS BATTRE TA SŒUR ! » Faites cela les jours où vous êtes en forme. Si vous êtes très énervée, si vous en avez par-dessus la tête, votre intervention se traduira sans doute par une bonne tape sur les fesses.

7. *Mon fils de deux ans ne cesse d'aller dans la chambre de son frère de six ans et de déranger ses jouets. Comment l'en empêcher ?*

Utilisez le contrôle de l'environnement. Installez une serrure à la chambre de l'aîné et donnez-lui une clef (faites-en faire une de rechange pour le cas où il la perdrait).

8. *Comment surveiller mon enfant de deux ans et demi quand nous sommes en visite, et l'empêcher de faire des bêtises ? A la fin j'ai les nerfs à bout et cela me gâche tout mon plaisir.*

Pratiquez le contrôle de l'environnement. Prenez une baby-sitter et laissez votre enfant à la maison. En général il est très difficile d'emmener en visite un enfant de cet âge. Si vous voulez passer une soirée agréable, faites garder l'enfant chez vous.

9. *A deux ans et demi, mon enfant mord encore les autres lorsqu'il est en colère. Que faire ?*

Voir chapitre 21, question 3.

10. *Mon enfant me bombarde continuellement de questions. Pourquoi ceci? Et pourquoi cela? Toute la journée J'en deviens folle. Que faire?*

Ces questions sont un élément important de son exploration du monde. Il faut donc les prendre au sérieux et essayer d'y répondre autant que possible. Mais notre résistance humaine a des limites, et vous ne pouvez pas vous transformer sans cesse en machine «à répondre aux questions». Quand votre résistance nerveuse est atteinte, cessez de répondre, en disant: «Maman répond encore à une question, et c'est fini pour aujourd'hui.» Puis soyez ferme et ne répondez plus.

Je suppose naturellement que vous évoquez les questions légitimes pour lesquelles votre enfant souhaite vraiment une réponse. Car il peut aussi essayer de vous taquiner et de vous faire marcher en accumulant les «pourquoi». Si c'était le cas, n'entrez pas dans son jeu en répondant. Dites: «Je réponds seulement aux questions dont on veut savoir la réponse.»

11. *Comment puis-je contrôler mon envie de frapper mon enfant de deux ans et demi quand il est vraiment insupportable et me met les nerfs à bout?*

Bienvenue au club des parents! Tous les parents de «deux ans et demi» connaissent ces «explosions» de colère. Essayez donc la méthode suivante:

Enfermez-vous dans votre chambre, prenez un oreiller et donnez-en de grands coups sur le lit, tout en exprimant toute la colère que vous ressentez contre votre enfant. S'il ne peut pas vous entendre, n'hésitez pas à crier. Si, au contraire, vous risquez d'être entendue, formulez votre colère silencieusement, en gardant les mots dans la bouche. Vous serez surprise du soulagement que vous éprouverez en évacuant ainsi vos sentiments de colère. Une chose est certaine : il ne suffit pas, pour s'en libérer, d'y penser en silence ; tandis qu'une méthode directe et primitive comme celle qui consiste à frapper le lit avec un oreiller peut vous apporter un merveilleux soulagement.

12. *Quelle est l'efficacité des différentes méthodes de discipline avec un enfant de cet âge ?*

Elle varie avec chaque enfant. Cependant il est encore beaucoup trop tôt pour mettre en pratique la solution mutuelle des problèmes ou le conseil familial. Avec un enfant facile à élever, le système de la récompense positive, le contrat et le feed-back peuvent être efficaces. Avec un enfant difficile peut-être qu'aucune de ces méthodes ne fonctionnera *à ce stade.* Ne soyez pourtant pas découragée si vous essayez vainement de les pratiquer. Elles donneront des résultats plus tard, généralement à partir de trois ans.

13. *Divorcée, j'élève seule mon enfant et chaque fois que je sors le soir, je me sens coupable parce que mon fils de deux ans et demi pleure désespérément quand je le laisse avec la baby-sitter.*

Les parents qui élèvent seuls leurs enfants, et particulièrement les divorcés, ont souvent à lutter contre des sentiments de culpabilité nombreux et sans cesse renouvelés. Quand, dans une famille normale, la mère sort le soir avec son mari, elle ne se sent pas coupable si son enfant de deux ans et demi se met à pleurer en lui disant : « Maman, ne t'en va pas ! » Mais si elle est divorcée, les cris de son fils déclenchent aussitôt ses sentiments de culpabilité.

Voici la cause de vos problèmes : vous vous dites que vous l'avez déjà traumatisé en divorçant, et que maintenant vous le blessez encore plus en l'abandonnant pour sortir, et que c'est cruel de votre part.

Il s'agit là bien sûr de sentiments erronés, mais qui n'en agissent pas moins puissamment sur vous. Pour vous en débarrasser, je vous conseille de pratiquer la pensée négative (voir chapitre 14). Au lieu d'essayer de chasser ces sentiments, exagérez-les au contraire délibérément. Choisissez un moment où votre enfant dort, où vous êtes seule chez vous, et dites-vous par exemple : « Tu es un monstre de cruauté de faire subir à cet enfant innocent une telle angoisse mentale, de le laisser ainsi pour sortir avec quelqu'un. Tu devrais te consacrer à lui sans cesse, etc. »

Répétez-vous tout cela régulièrement une fois par jour. Bientôt vous entendrez au fond de vous-même une petite voix qui va se mettre à protester, et vous commencerez à penser : « Tout cela est ridicule ! Bien sûr il pleure quand je sors, mais il le fait aussi bien quand je le couche ou que je lui refuse un jouet... » Quand vous commencerez à entendre cette petite voix pleine de bon sens, vous saurez que vous avez vaincu vos sentiments de culpabilité et qu'ils ne vous submergeront plus.

14. *Mon fils de deux ans est infirme. Quelles méthodes de discipline dois-je employer avec lui ?*

Aucune méthode particulière ; faites à cet égard comme s'il n'était pas infirme. La tendance de nombreux parents d'enfants handicapés est de les surprotéger et d'être particulièrement indulgents avec eux. Cette attitude est à déconseiller parce que l'enfant apprend de ce fait qu'il peut manipuler ses parents en monnayant pour ainsi dire son handicap physique. Traitez-le donc sur le plan de la discipline exactement comme les autres enfants.

15 *Faut-il acheter un animal à mon enfant de deux ans ?*
Seulement si vous êtes consciente que c'est *vous* qui vous en occuperez. Mais même dans ce cas, je considère qu'un enfant de cet âge est encore trop jeune pour mesurer ses gestes en jouant avec un animal, et j'attendrais donc encore pour lui en acheter un. A partir de trois ans, oui. Mais même plus tard, sachez que les enfants ne s'occuperont pas plus du chien ou du chat ou de la perruche qu'ils éteignent la lumière en quittant une pièce.

16. *Je suis remariée. J'ai de mon premier mariage un garçon de deux ans et demi et mon mari a de son côté une fille de sept ans. Sa fille, timide et sage, ne nous pose aucun problème. Mais mon garçon est ce que j'appellerai « normalement turbulent pour son âge ». Son activité incessante et désordonnée correspond exactement à son stade de développement, mais mon mari trouve qu'il est terrible et l'appelle le plus souvent : « Le petit monstre » ou « King Kong ». Il le gronde sans arrêt, je défends mon fils, et il en résulte entre nous des discussions incessantes. Que faire ?*
Il est clair que votre mari espère inconsciemment que votre garçon soit aussi sage que sa fille. Vous devriez à ce sujet consulter ensemble un psychologue familial qui vous aiderait à harmoniser vos conceptions, encore très éloignées, sur le comportement normal d'enfants d'âges différents.

17. *Dois-je apprendre à mon enfant de deux ans à partager ?*
Non. Il est encore trop jeune pour assimiler des notions telles que partager ou attendre son tour. Il en est encore au stade du jeu parallèle. C'est-à-dire que même s'il joue à proximité d'un autre enfant, il ne joue pas pour autant *avec lui.*

C'est seulement à partir de trois ans qu'il va évoluer du jeu parallèle au jeu coopératif, et que l'on pourra lui apprendre à partager.

18. *Mon fils de deux ans refuse qu'on l'aide à s'habiller, même s'il s'y prend mal. Si j'essaie de l'aider, il me crie: «Non, moi seul!» Que faire?*

Je sais qu'il vous est beaucoup plus facile de l'habiller que de le laisser s'habiller seul. Mais il apprendra beaucoup plus s'il le fait lui-même, à sa façon, très maladroitement. N'intervenez donc pas. Ce qui est en cause, c'est tout autre chose que le fait de savoir s'habiller: il s'agit en fait de son instinct d'indépendance, qui ne cessera de l'animer positivement toute sa vie. Ne découragez donc pas ces premières manifestations.

19. *Père divorcé sans la garde de mon enfant (deux ans et demi) je suis sensé le voir au week-end tous les quinze jours. S'il était plus vieux nous pourrions jouer au ballon par exemple, mais franchement on ne peut pas vraiment avoir de conversation avec un enfant de cet âge. J'en arrive à redouter nos week-ends! Que puis-je faire?*

J'ai l'impression que vous n'avez aucune idée de ce que peut faire et souhaiter un enfant de cet âge. Renseignez-vous donc sur ce sujet que j'ai traité dans mon livre «*Tout se joue avant six ans*»[1] et armé des renseignements que vous aurez pu rassembler, vous pourrez organiser votre week-end au lieu de laisser cela au hasard. Si c'est l'été, et s'il fait assez chaud, il aimera sûrement toutes les activités où il pourra jouer avec de l'eau : plage, rivière, lac, piscine. Pensez aux jeux de plein air installés dans certains parcs et jardins, aux pique-niques à la

1. Editions Robert Laffont, Coll. «Réponses», Marabout Service n° 225.

campagne ou en forêt, surtout s'il y a une rivière à proximité, où il pourra jeter des cailloux. Par ailleurs il aimera sûrement le zoo, les films d'action, les jeux de construction, les personnages en plastique pour jouer dans le sable, etc. Il y a encore une foule d'autres activités qui vous sont offertes. Quand vous aurez par ailleurs appris à connaître les aptitudes et les désirs caractéristiques de son âge, vous serez en mesure de passer avec votre enfant de très agréables week-ends.

20. *Mon enfant de deux ans doit subir une opération à l'hôpital. Comment le rassurer et l'aider à supporter cette épreuve ?*

Ce que vous pouvez faire de mieux est de rester avec lui pendant tout son séjour. L'hôpital peut vous faire des difficultés à ce sujet, mais il n'y a vraiment aucune raison qui puisse vous empêcher de coucher sur un lit pliant dans sa chambre. C'est ce que j'ai fait avec mon fils aîné quand il avait deux ans. Si l'hôpital refuse, trouvez-en un autre qui accepte. S'il n'y a qu'un seul hôpital possible, essayez par tous les moyens d'obtenir l'autorisation auprès de la direction. Comme vous le savez, les hôpitaux ne sont pas des endroits où l'on tient particulièrement compte des sentiments éprouvés par les enfants (pas plus que par les adultes). Mais vous, tenez-en compte. Votre enfant risque de souffrir de la solitude, d'être malheureux et anxieux avant l'opération. Même chose après, avec en outre quelques jours où il risque de souffrir physiquement. Tout ira bien mieux si pendant tout ce temps vous pouvez lui apporter le soutien affectif de votre présence. Faites-vous remplacer quelques heures pour rentrer chez vous voir ce qui se passe, vérifier que votre mari et vos autres enfants sont en bonne santé, etc. N'allez pas risquer de faire une crise de claustrophobie qui serait préjudiciable à vous comme à l'enfant.

21 *J'ai beaucoup de difficultés pour habituer mon enfant de deux ans à être propre. Il a encore des « accidents ». Ma voisine me dit qu'en lui donnant chaque fois une fessée cela l'habituera plus vite à demander le pot.*

Non, non, et non ! Comme je l'ai dit précédemment, quand vous entraînez un enfant à être propre, vous lui enseignez quelque chose, et la punition ne doit pas intervenir dans ce cas. Utilisez plutôt le système de la récompense positive (voir chapitre 2).

Conclusion

La « première adolescence » est un stade difficile pour les parents. Les méthodes de discipline qui seront efficaces dans la suite, comme le hors-jeu, n'ont souvent aucun effet dans l'immédiat. Mais n'en concluez pas qu'une technique est sans valeur parce qu'elle échoue aujourd'hui.

Avec les enfants à ce stade, efforcez-vous avant tout d'être souple. La rigidité conduirait à l'échec. Et rappelez-vous que dans le comportement négatif et hostile qui caractérise cet âge, se manifeste le dynamisme fondamental de la vie. Cet élan dynamique de la personnalité est un atout essentiel non seulement pour l'enfant mais pour l'homme tout au long de sa vie.

23

LA PÉRIODE PRÉSCOLAIRE

Vue d'ensemble

Ce stade du développement s'étend du troisième au quatrième anniversaire. Bien que les différences soient grandes à bien des égards entre les trois ans, les quatre ans et les cinq ans, on peut cependant grouper ces trois âges en un seul stade parce que l'enfant y accomplit dans son développement neuf tâches : La façon dont il les accomplit déterminera sa personnalité fondamentale qui, après six ans, se fixera dans sa forme quasi-définitive. Voici quelles sont ces tâches :

1. Satisfaire ses besoins biologiques pour assurer la croissance des petits et des grands muscles.
2. Apprendre à contrôler ses pulsions.
3. Prendre ses distances vis-à-vis de sa mère.
4. Apprendre à partager, au cours de ses relations avec ses camarades.
5. Exprimer ou refouler ses sentiments.
6. S'identifier précisément à un sexe : masculin ou féminin.
7. Acquérir son attitude fondamentale à l'égard de la sexualité.
8. Trouver les moyens de traverser et de résoudre l'idylle familiale (voir chapitre 17).

9. Tirer parti de la stimulation intellectuelle à laquelle il est particulièrement sensible pendant ces trois années.

L'enfant entreprend certaines de ces tâches au cours des périodes précédentes, mais c'est pendant ces années préscolaires qu'elles vont être accomplies de façon décisive pour le reste de sa vie.

Après les excès et les orages de la première adolescence, le « trois ans », qui entame une période d'équilibre, se montre sous un jour adorable. Certaines des méthodes de discipline qui jusque-là avaient échoué lamentablement vont maintenant « prendre » sur lui comme par enchantement. Ce qui fait de trois ans l'âge idéal pour essayer la plupart des stratégies décrites dans les premiers chapitres de ce livre.

Le quatre ans peut poser de nouveau les problèmes de discipline — défi et refus - qui vous rappelleront l'âge terrible des deux ans.

Mais ensuite le cinq ans renoue avec une année d'équilibre pendant laquelle la discipline ne pose ordinairement pas trop de problèmes.

1. *Notre fils de quatre ans et demi a eu une piqûre le mois dernier. Or, j'ai dû l'emmener chez le médecin la semaine dernière pour une autre piqûre et il a fait une comédie épouvantable dans le cabinet du docteur. Quelle attitude avoir dans ce cas ?*

Voici comment *ne pas faire*. Ne cédez pas à ses cris et n'acceptez pas, par faiblesse, qu'on ne lui fasse pas sa piqûre. En le faisant vous récompenseriez ses cris et sa colère, renforçant de ce fait ce comportement non souhaité : en l'occurrence sa peur, au lieu du courage que vous souhaitez lui donner.

Pour faire face à cette situation il vous faut combiner une

attitude ferme et la technique du feed-back.

Vous devez faire preuve de fermeté et lui faire faire sa piqûre, même s'il faut pour cela que vous le teniez fortement. Il saura alors que si vous avez dit qu'il lui fallait cette piqûre, c'est pour son bien, et que vous n'avez absolument pas l'intention de changer d'avis.

Mais en outre, donnez-lui la liberté de trouver cela déplaisant et d'exprimer ses sentiments négatifs : qu'il puisse crier et se débattre. Renvoyez-lui ses sentiments en lui disant : « Tu as très peur que la piqûre te fasse mal ! » Il apprend ainsi que cette piqûre est nécessaire mais qu'il a le droit de détester cela. Quant à vous, ayez recours à la pensée négative pour vous libérer de la gêne que vous éprouvez lorsque votre enfant se fait remarquer dans le salon d'attente ou le cabinet du médecin.

2. *Je sais qu'on ne peut pas trop attendre des jeunes enfants pour aider dans la maison, mais ne pensez-vous pas que mon fils de cinq ans pourrait faire son lit, suspendre ses vêtements, et ranger les jouets dans sa chambre ?*

Je pense en effet qu'il peut faire tout cela. Mais encouragez-le au moyen d'un système de récompense positive. C'est très facile en utilisant une grille comme celle-ci :

	L	M	M	J	V	S	D
Lits faits							
Vêtements rangés							
Jouets rangés							

Vous pouvez remplir les cases avec des croix. Soyez généreuse pour attribuer les points, surtout au début. N'exigez pas non plus qu'il fasse son lit au carré comme dans l'armée.

Attribuez-lui tous les soirs une récompense pour chaque croix portée sur la grille. Donnez par exemple vingt ou trente centimes par case, ou plus, suivant vos moyens. Ne faites aucun reproche si un jour il ne range pas ses vêtements : sa récompense sera moindre, puisqu'il n'y aura que deux cases remplies. Vous pouvez aussi attribuer une récompense globale plus importante à la fin de la semaine, par exemple, et pour un certain nombre de cases remplies.

A mon avis la période préscolaire (trois, quatre et cinq ans) est la meilleure pour commencer à pratiquer cette méthode de la récompense positive pour des travaux ou des services simples ayant un rapport avec la chambre ou les affaires de votre enfant. Si cela marche bien, il vous sera beaucoup plus facile de continuer pendant la période suivante (la moyenne enfance, de six à dix ans) car l'enfant adhérera beaucoup mieux et beaucoup plus rapidement à ce système s'il y est déja habitué.

3. *Mon enfant (quatre ans) joue avec son assiette et « traîne » pendant les repas au lieu de manger. Que faire pour rendre les repas plus attrayants ?*

Assurez-vous qu'il ne mange rien entre les repas. Servez-lui quelque chose de nourissant (de préférence un plat qu'il aime bien) et laissez-le manger à son rythme. Quand tout le monde aura fini de manger, dites simplement que le repas est terminé et débarrassez la table. Si l'enfant proteste et dit qu'il n'a pas fini, dites que vous regrettez, que l'heure de manger est passée mais sans faire de commentaires ni de reproches. Ainsi vous cessez de récompenser l'enfant qui attend et traîne au lieu de manger (ce que vous faisiez par vos réprimandes et votre énervement). Si vous tenez bon, l'enfant doit vite cesser de «trainer» à table.

4. *Mon mari a de son premier mariage un fils de quatre ans qui va passer l'éte avec nous. N'ayant jamais eu d'enfant, je desirerais savoir comment rendre cette première visite agréable pour nous trois.*

La premiere chose à faire est de vous documenter le plus possible sur les enfants de quatre ans. Commencez par lire par exemple dans mon livre *Tout se joue avant six ans* le chapitre detaille concernant l'âge préscolaire. Il vous faudra completer ces connaissances en lisant ou en relisant le chapitre 18 du présent ouvrage sur les beaux-parents et les familles issues d'un remariage. Demandez bien sûr à votre mari de vous donner tous les détails possibles sur l'enfant, ses goûts, ce qu'il aime manger, etc.

Rappelez-vous aussi que votre premier travail sera pendant quinze jours ou trois semaines d'établir de bons rapports avec l'enfant en lui procurant ce qu'il aime, en allant *lentement*. Cet enfant vit probablement avec sa mère et vous soupçonnera de vouloir la remplacer

En tout cas, consacrez tout le temps que vous pourrez à préparer matériellement et moralement ce sejour. Cela en vaut la peine.

5 *Notre fille de cinq ans a des difficultés à jouer avec les autres parce qu'elle ne veut rien prêter. Que faire?*

Rappelez-vous tout d'abord qu'en règle générale les enfants ne sont pas même disposés à *apprendre* à prêter et a partager avant l'âge de trois ans. Certains s'y mettent plus vite que d'autres : sur ce point votre fille est peut être plus lente. La seule façon de lui apprendre à partager, c'est de l'encourager par des récompenses. Essayez de la prendre en « flagrant délit de partage » pendant qu'elle joue et récompensez-la chaque fois (un mot gentil, une friandise, etc.), mais n'essayez jamais de la forcer. Elle s'y mettra à la longue, et vos récompenses sont là pour l'encourager à prêter et à partager plus vite.

6. *Lorsque la sœur de mon mari vient en visite, elle amène ses enfants (cinq et sept ans) pour jouer avec les nôtres (trois et cinq ans). Comme il y a beaucoup plus de bagarres que de jeux, cela rend les visites très pénibles. Comment les empêcher de se battre ?*

De deux manières : d'abord, mettez à l'écart (hors-jeu) celui qui frappe les autres (voir au chapitre 5 pour plus de détails). Deuxièmement, récompensez-les lorsqu'ils sont un moment sans se battre. Distribuez des bonbons par exemple, ou des glaces. Ils commenceront à se demander s'il ne vaut pas mieux avoir une friandise plutôt que de se battre.

Vous pouvez aussi prévoir des jeux et des activités qui puissent leur faire oublier de se chamailler (cinéma, visite au zoo, etc.) et pendant lesquelles vous pourrez commencer le système des récompenses. En combinant ainsi le système du hors-jeu qui limite les coups et celui des récompenses qui encourage à ne pas se battre, les bagarres devraient disparaître progressivement. Bien sûr, cela va demander un certain temps. Et si vous perdez patience, tenez un registre où vous compterez les coups, et vous verrez que leur nombre va vite diminuer.

7. *Je remarque que de nos jours très peu d'enfants lisent. Étant moi-même une lectrice acharnée, j'aimerais déjà faire partager ma joie de lire à mes deux enfants d'âge préscolaire. Comment m'y prendre ?*

Commencez par leur lire des livres en les tenant sur vos

genoux. Faites cela pour un seul à la fois. Le plaisir que vous faites à l'enfant en le prenant sur vos genoux récompense son attention.

Lorsque vous faites la lecture à un enfant, vous lui apprenez que vous aimez les livres et que vous aimez lire. De ce fait vous lui apprenez aussi à aimer les livres et vous lui donnez l'envie d'apprendre à lire. C'est ainsi que pendant ces années préscolaires, vous pouvez créer un terrain favorable à la lecture.

Et lorsque l'enfant commence vraiment à lire, vous pouvez, pour l'encourager, instituer un système de récompense positive. Chaque fois qu'il lira un livre et pourra vous en faire le récit, donnez-lui par exemple deux ou trois francs, ou une récompense dont vous aurez ensemble convenu auparavant. Je recommanderais plutôt de l'argent pour une performance aussi importante que la lecture. De plus, le fait que l'enfant résume le livre, en plus de vous assurer qu'il l'a bien lu, l'entraîne utilement à la mémoire et à l'art du résumé. A mesure que l'enfant grandit et lit de plus longs ouvrages, vous pouvez augmenter la valeur de la recompense.

Finalement, quand vous constaterez que votre enfant a vraiment acquis le goût de la lecture, vous pourrez abandonner les récompenses, car il y a les plus fortes chances pour que le plaisir de lire soit désormais assez fort. En tout cas, n'épargnez pas vos efforts pour faire de votre enfant un vrai lecteur, cela en vaut la peine.

Les deux obstacles qui de nos jours detournent les enfants de la lecture sont la television et le système scolaire. La télévision, contrairement à ce qu'elle pourrait être, constitue l'arme de dissuasion la plus formidable qui soit contre la lecture. Et dans beaucoup d'écoles, on apprend systématiquement aux élèves à detester la lecture en les obligeant à lire des livres qui les ennuient Si bien que nous sommes les seules personnes qui puissions donner à nos enfants le goût de la lecture. Il nous faut donc commencer quand ils en sont à l'âge préscolaire en leur faisant souvent la lecture, puis ensuite comme je l'ai dit, en instaurant un système de récompense positive qui développe chez eux le goût et la joie de lire

8. *Notre fils de quatre ans dit « non » quand je lui dis de ramasser ses jouets, « non » quand je lui demande de manger, « non » quand il est l'heure d'aller se coucher Que faire?*

Tout cela me paraît très normal pour un enfant de quatre ans, âge auquel on retrouve l'opposition négative des deux ans. Mais vous avez cité ensemble deux « non » qui doivent être traités séparément. Quand il dit « non » pour manger, pratiquez la méthode des conséquences naturelles (voir n° 3 dans ce chapitre) en vous assurant qu'il ne mange pas entre les repas.

En ce qui concerne le refus d'aller se coucher, essayez d'instaurer le rite du coucher que j'ai décrit au chapitre 21, question 16 Et si cela échoue, essayez une bonne tape sur les fesses et mettez-le au lit de force.

Essayez de traiter le refus de ramasser ses jouets en utilisant le système de la récompense positive.

Il me semble aussi que vous ne faites pas la différence entre refus verbal et refus actif. Qu'il dise « non » n'a pas grande importance si finalement il fait ce que vous lui demandez. Agissez s'il refuse de vous obéir, mais ne vous alarmez pas s'il vous dit « non ».

9 *Je suis un de ces oiseaux rares : un père qui aime vraiment ses enfants Je suis divorcé et mon ex-femme en a la garde Souvent, alors que les visites sont prévues et que j'ai fait des projets pour sortir les enfants au week-end, je ne trouve*

personne quand je viens les chercher. J'apprends ensuite que leur mère les a emmenés quelque part en week-end. Ou bien elle prétend qu'ils sont malades et refuse de me laisser entrer pour les voir. Que puis-je faire ?

Vous êtes un père très attaché à ses enfants et victime d'une mère rancunière qui en a la garde. Que pouvez-vous faire dans ce cas ? Premièrement, faire un procès afin de faire préciser l'horaire des visites et de le faire respecter. Auparavant, faites-vous accompagner d'un témoin chaque fois que vous venez chercher vos enfants. Autrement, votre seul témoignage n'aura aucune valeur, tandis qu'un tiers peut légalement attester qu'il n'y avait personne quand vous vous êtes présenté. Tenez aussi une liste détaillée des jours où on vous a empêché de voir vos enfants. En général, les juges sont impressionnés par des listes détaillées de ce genre.

10. *Que faire avec un enfant de quatre ans qui crie des grossièretés en public ?*

Deux choses : ou bien faire comme si vous n'entendiez pas. De cette manière, vous éviterez l'erreur de vous choquer de ses paroles, (ce qu'il attend) et par là-même de les encourager. De toute façon, il ne faut pas céder à la honte que vous ressentez en public dans ce cas. Au besoin, pratiquez la méthode de la pensée négative (chapitre 14) pour vous désensibiliser de ce que peuvent penser les gens lorsqu'il dit des gros mots en public. Petit à petit, votre enfant abandonnera ce comportement gênant, d'autant plus qu'à son âge, on découvre les mots grossiers et qu'on aime expérimenter leurs effets, ce qui avec le temps devrait cesser de l'intéresser.

11. *Notre fils de trois ans est très jaloux de son frère nouveau-né. Que faire ?*

La naissance d'un petit frère ou d'une petite sœur provoque chez un enfant deux réactions : tout d'abord, il veut redevenir petit bébé, il régresse. Parce qu'il a déjà appris à manger seul, à être propre, etc., et qu'il voit ce petit bébé qui ne sait rien faire et recueille pourtant l'attention de toute la famille. Alors si votre trois ans veut boire au biberon, manger avec ses doigts, être pris dans les bras, et même s'il recommence à se mouiller dans la journée, laissez-le faire. Cette régression ne sera que temporaire. Il reprendra vite son comportement antérieur.

La seconde réaction, c'est une jalousie et une hostilité intenses. Là encore, les parents sont tentés de raisonner l'enfant, en lui disant : « Voici ton petit frère, vois comme il est mignon, il faut l'aimer. » Ne tombez pas dans ce piège, donnez plutôt à l'aîné l'occasion d'évacuer sa colère et sa jalousie. Vous pouvez même l'aider dans ce sens. Comme le bébé ne peut pas comprendre, dites à votre trois ans : « Les bébés pleurent et nous dérangent, les bébés sont sales ; je suis contente que tu ne sois plus un bébé. » Dites aussi : « Ce que cela doit t'ennuyer de voir grand-père et grand-mère faire tant d'histoires avec le bébé ! » Si vous laissez votre enfant exprimer l'hostilité qu'il ressent à l'égard du bébé, vous lui permettrez de la chasser de son système. Il ne l'éliminera jamais complètement car la rivalité entre frères persistera, mais si vous maîtrisez ainsi la situation, vous en supprimerez l'essentiel.

12. *Notre fille de trois ans et demi a peur des chiens, des voleurs, de l'obscurité — elle a peur de tout. Comment l'aider à surmonter ses craintes ?*

Il faut d'abord que vous sachiez ce qui crée de telles craintes chez l'enfant. Beaucoup de parents commettent l'erreur de croire que cette crainte est due à une cause extérieure. Ils croient qu'elle a vu un chien effrayant et que c'est pour cela qu'elle a peur des chiens. C'est ce qui se produit *intérieurement*, dans le cerveau et le système nerveux de l'enfant, qui crée la peur. Cette crainte intérieure naît de ce qu'elle a appris à craindre ses propres sentiments de colère. D'où son anxiété quand elle est consciente d'être en colère et son refus d'en prendre conscience. Elle agit donc comme beaucoup d'enfants pour cacher cette agressivité. Elle a recours au système de défense de la projection. C'est comme si elle se disait : « Je ne ressens aucune colère ; je la projette sur autre chose. Ce sont les choses qui sont agressives et non moi. Les chiens, les voleurs, l'obscurité, ce sont des méchants qui me veulent du mal. J'ai donc peur d'eux. »

Puisque c'est l'origine de la plupart des peurs d'enfants, il faut l'amener à vaincre sa crainte de sa propre agressivité. Vous pouvez le faire peu à peu en lui expliquant que c'est tout à fait normal de se mettre en colère et qu'elle a raison de l'exprimer. Utilisez la méthode du feed-back pour l'aider à la maîtriser. Si vous n'arrivez pas à la débarrasser de ses craintes, consultez un praticien qui l'aidera à les accepter et à les vaincre. Que ce soit vous ou un spécialiste, n'essayez pas brutalement de la délivrer de ses peurs car elles prouvent son impuissance à dominer son agressivité.

13. *Quand mon fils de quatre ans hurle qu'il me déteste, cela me déchire intérieurement. Comment faire pour qu'il s'arrête ?*

Ne l'arrêtez pas, car il agit dans le bon sens. Il exprime ses sentiments négatifs en paroles et non en actions. S'il vous frappait ou vous donnait des coups de pied, il faudrait l'arrêter car ce n'est pas un comportement souhaitable. Mais il est très bon de donner libre cours à des sentiments d'hostilité. Cela lui permet de les chasser de son système pour les remplacer par des sentiments d'amour.

Ce qui vous fait mal c'est qu'il dise qu'il vous déteste, mais vous vous méprenez en croyant qu'il vous méprise réellement, vous et tout ce qui vous entoure. C'est faux. Les enfants ne possèdent pas les nuances du langage et peuvent difficilement s'exprimer en adultes. Il veut tout simplement dire qu'il est en colère contre vous. Ce n'est pas un rejet total comme vous semblez le croire.

Je n'appellerai jamais cela un comportement regrettable. Si vous ne laissez pas l'enfant exprimer ses sentiments, il les intériorisera et les fera réapparaître d'une manière cachée et détournée.

Utilisez la méthode du feed-back avec lui, et surtout celle de la pensée négative (voir chapitre 14) pour vous aider à vous désensibiliser face à l'expression brutale de ses sentiments.

14. *Notre fille avait une lampe allumée la nuit dans sa chambre. Mon mari l'a enlevée récemment sous prétexte qu'elle est trop grande pour garder cette lampe. L'heure du coucher est devenue un véritable cauchemar parce qu'elle pleure pour avoir cette lumière. Je suis désemparée.*

Je suis toujours stupéfait de voir le nombre de parents ou de grands-parents ou voisins qui décrètent qu'un enfant est trop grand pour... garder une lumière la nuit... boire au biberon... etc. Comment peuvent-ils le savoir ? Peuvent-ils pénétrer dans le cerveau de l'enfant et évaluer ce que représente cette habitude ? Ils se réfèrent extérieurement à des critères d'adultes. Si je disais à un père qui gagne 15 000 dollars par an que 12 000 lui suffisent et qu'il n'a qu'à en rendre 3 000 à sa société, il trouverait cela ridicule. Et pourtant ce n'est pas plus ridicule que ces affirmations péremptoires sur ce qu'un enfant doit et ne doit pas faire. Je n'ai encore jamais rencontré d'adolescent chez qui cette habitude subsiste. Votre fille ne fait de mal à personne avec sa lampe. Rien ne presse! Laissez-lui sa lumière qui lui apporte apparemment la sécurité nécessaire pour dormir tranquillement.

15. *J'ai du mal à ne pas administrer une bonne claque à mon fils de quatre ans quand il refuse de m'obéir. Que faire?*

Excusez-moi de vous dire que vous semblez vous faire une idée assez naïve de ce que sont les enfants de quatre ans et de la façon de les faire obéir. Vous semblez croire que lorsque vous lui demandez de faire quelque chose, il devrait obéir immédiatement. Les enfants ne réagissent pas ainsi, surtout à quatre ans. C'est comme si vous aviez une bicyclette et que vous attendiez qu'elle fonctionne comme une voiture.

La méthode la plus efficace pour faire obéir un enfant est d'établir un système de récompense positive (chapitre 2) ou de négocier un contrat avec lui (chapitre 3). Et la meilleure façon de l'obliger à s'arrêter est la technique du hors-jeu (chapitre 5)

Cessez de croire innocemment qu'il suffit de dire à un enfant ce qu'il doit faire ou cesser de faire. Cette méthode est aussi démodée que les corsets. Utilisez les techniques nouvelles que j'ai décrites. Elles sont le fruit de milliers d'expériences faites sur les moyens de faire obéir un enfant.

16. *On a diagnostiqué un retard mental chez notre enfant de quatre ans. On nous a conseillé de le placer dans un établissement spécialisé, mais nous nous refusons à cette idée. Il est agressif avec ses trois frères aînés. Que faire?*

Premièrement, rappelez-vous qu'un enfant mentalement retardé est tout de même *un enfant*. Par conséquent toutes les méthodes de discipline dont j'ai parlé au début de ce livre sont valables pour lui. (Système de récompense positive, hors-jeu, feed-back, etc.) Etudiez d'abord ces méthodes pour bien les assimiler. Adaptez-les ensuite sur mesure à votre enfant. Un psychologue ou un psychiatre spécialiste de ces cas vous aideront sûrement beaucoup. En travaillant avec eux, vous pourrez mettre au point un certain nombre de méthodes pour empêcher votre enfant d'être insupportable à la maison. Je voudrais ajouter ceci. On a diagnostiqué un retard mental chez votre enfant. Cela ne veut pas dire qu'il ne continuera pas a grandir et à se développer. C'est votre rôle de parent de veiller à ce qu'il ait tout l'amour et toutes les possibilités d'apprendre que vous pouvez lui apporter. Il lui faudra un enseignement différent des autres enfants, avec des maîtres specialisés ou des méthodes que vous pourrez acquérir. Si vous l'aidez, il apprendra sans doute beaucoup plus que vous ou certains spécialistes pouvez le penser. Rappelez-vous que tout être vivant change et évolue constamment. Votre enfant ne fait pas exception, même si sa croissance est lente et exige plus de travail de votre part et de la sienne.

17. *Tous les jours notre fille de cinq ans insiste pour s'habiller toute seule pour aller au jardin d'enfants. Mais elle change si souvent d'avis et met si longtemps que nous sommes complètement épuisés quand le car de ramassage passe.*

Dans ce cas il faut utiliser la méthode des conséquences naturelles. Expliquez-lui clairement et avec fermeté que lorsque le car arrive, elle doit y monter, prête ou non : préparez quelques vêtements dans un sac que vous lui donnerez en dernier recours. Votre petite fille apprendra les conséquences naturelles de ne pas être prête à temps et de mettre n'importe quels vêtements du sac.

Quand elle change d'avis pour sa robe, ne faites aucun commentaire. Essayez de rester dans une autre pièce pendant qu'elle s'habille.

18. *Vous dites qu'un des éléments de base du développement d'un enfant de cet âge est de lui apporter un stimulant intellectuel. Comment procéder ?*

De deux façons. D'abord, vous pouvez stimuler intellectuellement votre enfant à la maison. Référez-vous aux deux chapitres intitulés : « L'école commence à la maison », parties 1 et 2, dans *Le père et son enfant* et au livre *Comment donner à votre enfant une intelligence supérieure*, de S. et T Engelmann [1].

Vous trouverez de nombreuses suggestions pour stimuler l'enrichissement du vocabulaire et le développement du langage, ses aptitudes en lecture, en mathématiques, sa pensée logique, son esprit de synthèse.

Deuxièmement, envoyez-le dans une école qui ne se contente pas d'être une garderie et ou on stimulera son intelligence. Les années d'école maternelle sont essentielles pour former l'intelligence et le goût d'apprendre. Le Dr Benjamin Bloom, de l'université de Chicago, a fait des recherches montrant qu'environ 50 pour cent de l'intelligence d'un enfant sont acquis avant quatre ans, puis 30 pour cent jusqu'à huit ans, et les 30 pour cent qui restent avant dix-sept ans. Pensez à ces chiffres quand on vous dira que les premières années de la vie ne sont pas décisives !

19. *Notre fils de cinq ans revient souvent de chez ses camarades avec des jouets dans sa poche. Quand je lui demande d'où ils viennent, ou bien il me répond qu'il ne sait pas, ou que*

1 Éditions Laffont, Coll « Réponses », Marabout Service n° 150

son camarade les lui a donnés, ou bien qu'il les a trouvés en rentrant. Comment lui faire comprendre que c'est mal de voler? J'ai essayé la fessée mais cela ne semble pas très efficace.

La raison en est que la fessée transgresse la loi de la « frite ramollie » (chapitre 2)!

Quand votre fils vous fournit ces explications subtiles dites-lui simplement que vous ne le croyez pas Emmenez-le chez son camarade pour voir si ce dernier reconnaît les jouets Si oui, faites-les-lui rendre Si son camarade ne les reconnaît pas dites-lui que vous savez que ces objets ne sont pas à lui et que vous devez donc les garder Mettez ces jouets de côté et continuez cette méthode Après un délai variable suivant l'entêtement de votre enfant il devrait perdre cette habitude

Evitez surtout de lui dire qu'il vole et que c'est affreux, ou qu'il ment. Vos commentaires négatifs récompensent le vol et le mensonge, renforçant ainsi l'habitude même que vous voulez supprimer.

20. *Comment expliquer des concepts religieux tels que Dieu ou la prière à un enfant de quatre ans?*

Il y a malheureusement très peu de bons livres sur ce sujet pour les très jeunes. De toute façon, ces concepts dépassent largement les possibilités d'un enfant de cet âge. S'il dit qu'il ne comprend pas, dites-lui seulement qu'il comprendra mieux quand il sera plus grand.

21. *Combien de temps pouvons-nous laisser notre fils de cinq ans regarder la télévision?*

Je crois qu'il est difficile de donner une réponse définitive et sensée. Il y a d'excellentes émissions pour les enfants. Au lieu d'établir arbitrairement un horaire de télévision, il vaudrait mieux équiper votre maison d'un certain nombre de jeux et jouets à la disposition de votre cinq ans. Laissez-le inviter des camarades à venir jouer et quelquefois à passer la nuit. Renseignez-vous sur les jeux d'intérieur et de plein air : vous pouvez, si vous avez un jardin, mettre une maison dans un arbre, un dôme sur lequel grimper, un bac à sable, des blocs de bois creux, des cow-boys, des Indiens et des soldats en plastique, des voitures et des camions, des jeux de construction, des crayons, de la peinture, du papier, etc. Si votre enfant a tout cela à sa disposition, la télévision reprendra sa juste place et vous n'aurez pas besoin de fixer d'horaires.

Même si la télévision n'est pas un élément éducatif de premier ordre, elle aidera l'enfant à enrichir son vocabulaire et à maîtriser le langage. En dépit de la médiocrité de bien des programmes, je me demande tout de même ce qu'on ferait sans la télévision en tant que moyen éducatif pour les enfants d'âge préscolaire. On pourrait s'en servir pour enseigner la lecture, les mathématiques, l'histoire, le raisonnement logique et bien d'autres choses encore. Avec des émissions créatives de bonne qualité on pourrait provoquer une explosion de l'enseignement et élever le niveau moyen d'intelligence des enfants.

22. *Je fréquente sérieusement une jeune femme remarquable mais sa fille de trois ans semble s'être prise d'une aversion immédiate pour moi. Je lui aurais déjà demandé de m'épouser si je ne craignais tant de vivre avec cette enfant.*

Au moins vous réfléchissez avant de vous décider. Tant de gens affirment que « l'amour peut tout vaincre ». Il est difficile de vous répondre car vous ne spécifiez pas si le père est à proximité ou non, alors que cela change toute la situation.

De toute façon, armez-vous de patience et comptez sur le temps pour établir des contacts avec l'enfant. Si elle exprime ses sentiments négatifs avec autant de vigueur, utilisez la méthode du feed-back (chapitre 9) pour les contrôler. Demandez à sa mère ce qu'elle aime tout particulièrement. Un choix judicieux de cadeaux peut vous aider. Etablissez un système de récompense positive quand vous êtes auprès d'elle. Agissez en douceur : elle risquerait autrement de penser que vous essayez de l'acheter. Prenez conscience de vos propres sentiments quand vous êtes en contact avec elle de telle sorte que la relation soit réciproque, vous verrez que vous pourrez vous amuser franchement avec elle.

Selon toute probabilité, elle ne vous aime pas parce qu'elle souffre d'être separee de son père et qu'elle en veut à celui qui essaye de prendre sa place. Raison de plus pour agir avec diplomatie et laisser les relations se nouer peu à peu et naturellement.

Votre meilleur atout est son âge. Si elle avait six, neuf ou onze ans, ce serait plus difficile. Mais trois ans est un âge malleable. Si vous suivez le programme que je vous ai suggere, vous verrez que peu a peu elle vous considérera comme un ami. En cas d'echéance, consultez un psychologue qui pourra vous conseiller.

Surtout n'epousez pas la mere avant d'être en bons termes avec la petite fille. Sinon vous aurez à faire face à une situation difficile. Une fois que vous aurez gagné sa confiance, vous pourrez fonder votre mariage sur des bases beaucoup plus solides.

23. *Malgre nos gronderies, notre fils de cinq ans ne fait absolument pas attention quand il fait de la bicyclette dans la rue. Quand nous lui enlevons sa bicyclette pour qu'il prenne conscience du danger, il emprunte celle d'un camarade et continue avec la même inconscience. Nous nous inquiétons*

beaucoup des risques qu'il court. Que pouvons-nous faire?

D'abord, cessez de le gronder. Cet intérêt négatif viole la «loi de la frite ramollie» (chapitre 2) et le récompense contre votre gré de sa conduite dangereuse.

Ensuite vous pouvez parler aux parents de ses camarades et leur demander de vous aider en refusant de lui prêter la bicyclette de leur fils.

Troisièmement, quand il fait de la bicyclette comme un fou dans la rue, confisquez-la-lui pendant trois jours ou une semaine, selon sa personnalité.

Quatrièmement, établissez un système de récompense positive (chapitre 2) pour l'encourager à agir prudemment. Puisque ce peut être une question de vie ou de mort, proposez-lui une récompense de taille, un poste de télévision par exemple. Attribuez une récompense quotidienne tangible qui se transformera à la longue en un poste de TV. C'est là une suggestion parmi d'autres. L'important c'est que la récompense ultime soit assez importante pour qu'il soit vraiment motivé.

N'essayez surtout pas de lui expliquer logiquement qu'il est dangereux de faire de la bicyclette comme un fou, qu'il risque de se blesser ou de se tuer. Ce genre d'argument le dépasse complètement. Mais s'il voit l'argent s'entasser dans une tirelire et qu'il sait que tout cela se transformera en poste de TV, vous vous placez à son niveau. Il ne commencera à être prudent que si vous lui donnez des raisons de l'être.

24. *Comment parler de la mort à un enfant de cinq ans? Son grand-père est atteint d'un cancer incurable.*

Dans notre culture, les enfants comprennent difficilement ce qu'est la mort, parce que nous craignons d'aborder le sujet franchement et honnêtement. Nous faisons plus pour chasser l'idée de la mort que pour réprimer la sexualité. Les adultes, comme les enfants, se refusent à affronter l'idée de la mort. C'est pour cela qu'il est si difficile de l'expliquer.

Et pourtant les enfants sont capables de comprendre. On devrait suivre cette affirmation devenue classique du Dr Jérôme Bruner, de Harvard, qui a eu beaucoup d'influence sur l'éducation, en Amérique. Il pense qu'on peut expliquer n'importe quoi à un enfant de n'importe quel âge pourvu que ce soit avec franchise. Et cela s'applique aussi bien au problème de la mort.

Revenons à votre problème spécifique : le grand-père de l'enfant se meurt d'un cancer. Je ne dirais rien à l'enfant avant que la maladie n'altère vraiment les facultés de son grand-père. Vous pourriez lui dire à ce moment-là qu'il est très malade, sans insister. Au moment où son espérance de vie se limite à quelques mois, expliquez à votre fils que son grand-père est si malade qu'il se pourrait qu'il meure dans six mois ou dans trois mois.

Les expériences ont montré que les enfants d'âge préscolaire ne peuvent pas comprendre la mort en tant qu'événement définitif. Pour eux la mort est une sorte de sommeil. On est mort d'abord, puis on redevient vivant, puis on s'éveille. Ainsi, lorsque le fils du président Kennedy revint visiter le bureau de son père à la Maison-Blanche après sa mort, il vit sa secrétaire et lui demanda quand son père allait revenir. Ce problème se posera sûrement à vous quand vous tenterez d'expliquer ce qu'est la mort à votre enfant de cinq ans.

Cette explication ne pourra se faire en une fois. Vous devrez avoir un dialogue *continu* avec l'enfant avant que son grand-père meure, au moment de sa mort et après

La sincérité doit vous guider. Un enfant est troublé quand il sent que les adultes sont évasifs ou qu'ils refusent de lui donner des explications. Si vous êtes franc, vous aurez à moitié gagné.

La plupart des adultes pensent que la mort est la fin de la vie ou que c'est le commencement d'une nouvelle existence. D'autres tout simplement ne savent pas. Quelle que soit votre croyance à propos de la mort, communiquez-la simplement et honnêtement à votre enfant. Si vous avez des convictions religieuses, expliquez-les-lui clairement en vous mettant à son niveau.

En tout cas, ne lui donnez pas une explication à laquelle vous ne croyez pas vous-même. Si l'enfant sent que vous lui envoyez un double message, cela l'inquiétera.

Votre enfant doit-il assister aux obseques de son grand-pere ? Sûrement. A la mort de son grand-père, l'enfant ne pourra que recueillir des messages des autres membres de la famille, lui annonçant qu'un malheur est arrivé. Les parents pensent parfois qu'il vaut mieux écarter un enfant et le confier à quelqu'un pendant l'enterrement. Je crois que c'est une erreur. L'enfant risque de penser que ses parents essaient de lui cacher quelque chose. Des obsèques sont une cérémonie triste, mais sûrement moins affreuse que tout ce que l'enfant peut imaginer quand on le tient à l'écart. Laissez-le partager votre peine a vos côtés et en union avec la famille.

Apres la mort de son grand-père, votre enfant, comme vous, traversera une periode de deuil et il faudra qu'il laisse faire ce « travail du deuil ». Les enfants souffrent autant que les adultes, bien que beaucoup ne le laissent pas voir. Aidez-le à exprimer sa douleur en exprimant la vôtre. Donnez libre cours à votre chagrin. Pleurez si vous en avez envie. Et surtout, n'empêchez pas votre enfant de pleurer en lui demandant stupidement « d'être courageux ».

Si l'enfant était confronté a la mort d'un frère ou d'une sœur, il faudrait proceder de la même façon que pour la mort d'un des parents ou d'un des grands-parents. Avec une difficulté supplémentaire. Il y a toujours un sentiment sous-jacent de jalousie et d'hostilité envers le frère mort, qu'il faut affronter d'une façon ou d'une autre. A l'âge préscolaire, l'enfant, qui en est encore au stade de la pensée irrationnelle, peut croire que ce sont ses sentiments d'agressivité envers son frère ou sa sœur qui ont provoqué sa mort.

Un praticien peut aider l'enfant à exprimer ses sentiments ambivalents et lui permettre ainsi de les combattre.

Conclusion

L'âge préscolaire est une des périodes les plus riches de la vie de l'enfant, sur le plan affectif et intellectuel. Tant de choses passionnantes se passent en lui, qui structurent en partie la personnalité profonde de sa vie d'adulte ! La conscience de son identité, son attitude envers la sexualité, la façon dont il affronte et résoud le problème de « l'idylle familiale », la maîtrise qu'il acquiert dans l'expression de ses sentiments, l'entente avec ses pairs et l'art des relations humaines. Vous avez, pour chacun de ces apprentissages, la possibilité de l'influencer dans le meilleur sens.

Après la période difficile de la première adolescence, la période préscolaire apporte un grand soulagement aux parents. Vous verrez que les méthodes de discipline qui avaient échoué auparavant vont se révéler efficaces. C'est le moment de recourir aux méthodes décrites dans cet ouvrage : elles réussiront certainement.

24

LA MOYENNE ENFANCE

Vue d'ensemble

L'âge préscolaire terminé, la personnalité de l'enfant se stabilise. Cet équilibre va se prolonger pendant toute la moyenne enfance, de six ans à onze ans environ.

La moyenne enfance recouvre une période beaucoup plus longue que toutes les précédentes. Elle est relativement paisible en comparaison des péripéties dramatiques de la période préscolaire qui précède et du tourbillon plein de remous de l'adolescence qui va suivre.

C'est à cet âge que la famille cesse d'être le centre du monde de l'enfant. Il vit maintenant dans trois mondes à la fois : celui de l'école, celui des copains et celui de la famille. Sa tâche essentielle va être de maîtriser les connaissances par opposition à un savoir insuffisant.

La notion de sa propre identité se fonde à cette période sur la façon dont il maîtrise les tâches spécifiques exigées à l'école, sur ses copains et sur sa famille. Elle dépend essentiellement de la certitude qu'a votre enfant de pouvoir faire ce qu'on lui demande. Dans le cas contraire, il se sent incapable et inférieur.

Ne soyez pas abusé par l'intérêt intense qu'il manifeste pour ses pairs à ce moment-là et sachez bien que la famille n'a que peu d'importance pour lui. Dans la *New Encyclopedia of Child Case & Guidance* (Doubleday 1968), le Dr Barbara Biber définit cette relation avec la famille par un seul commentaire décisif. Elle remarque que l'enfant cherche comment appartenir à sa famille et comment s'en libérer simultanément. Si vous, parents, prenez la peine de chercher ce qu'est vraiment votre enfant, cette époque peut être délicieuse. Si vous le considérez comme un petit adulte et non comme un enfant, vous ne traverserez pas nécessairement une période difficile.

1. *Le maître de mon fils de neuf ans ne cesse de m'envoyer des mots et de me téléphoner pour me dire qu'il trouble la classe et que je dois intervenir. Que faire ?*

Ma réponse à ce genre de questions ne me rend pas très populaire auprès des maîtres. Je crois que, comme beaucoup de parents, vous êtes tombé dans le piège de l'instituteur. Je vais vous montrer son absurdité en vous posant une question ridicule. Que se passerait-il si vous téléphoniez à l'instituteur un samedi ou un dimanche en lui disant que votre fils est insupportable à la maison et en lui demandant ce qu'il faut faire. Il vous répondrait qu'il n'est pas responsable du comportement de votre fils aux week-ends et vous demanderait pourquoi vous lui téléphonez.

Je comprends parfaitement les problèmes auxquels les instituteurs sont confrontés, puisque, au cours de ma carrière, j'ai enseigné à tous les niveaux, du jardin d'enfants au lycée. Mais je crois que lorsqu'un enfant trouble l'ordre de la classe, cela regarde le maître, et non les parents. Si les instituteurs sont bien informés des méthodes de discipline décrites dans ce livre et dans celui du Dr Thomas Gordon : *Teacher Effectiveness Training*, ils devraient pouvoir affronter tout comportement difficile, sauf les cas extrêmes. Malheureusement, beaucoup de maîtres n'ont pas l'habitude de ces methodes — leur systeme de discipline se fonde essentiellement sur les punitions. Quand ils ont echoue dans *leur tâche* qui est de contrôler leur classe, ils essaient de vous en rendre responsables. Empêchez qu'il en soit ainsi et dites-le lui clairement si le cas se produit.

Je ferai une seule exception a ce que je viens de dire : si l'instituteur vous dit qu'il a essaye vainement toutes les méthodes et que selon lui vous devriez consulter un psychologue ou un psychiatre pour enfant, il vous aide a prendre conscience des troubles psychologiques dont souffre le vôtre.

2. *Je suis contre les épreuves de compétition pour trois raisons :*

1. *Ce sont toujours les enfants les plus doués physiquement qui participent aux matches.*
2. *Trop de parents les prennent trop a cœur.*
3. *Il faut toujours conduire les enfants aux matches et le calendrier bloque le reste de la famille pendant le week end. Pourtant mon fils de huit ans me supplie de l'inscrire a une équipe. Je ne voudrais pas refroidir son enthousiasme. Aidez-moi !*

Ma reponse va m'attirer les foudres des clubs sportifs, mais je suis contre, moi aussi, pour des raisons quelque peu différentes.

Premièrement, il y a un danger physique — les pédiatres connaissent bien les blessures à l'epaule ou au coude des enfants qui font de la competition. La musculature de l'enfant n'est pas assez resistante pour travailler comme celle d'un adulte. Je suis tout a fait d'accord avec l'Association des

Pédiatres Américains qui pensent qu'il ne faudrait pas commencer le sport de compétition avant douze ans.

Deuxièmement, pour une raison psychologique — les jeunes enfants ressentent beaucoup trop la tension et l'effort qu'ils doivent fournir devant une foule de parents trop concernés. Quand, enfant, j'ai joué au base-ball, je n'ai jamais vu un seul garçon pleurer sur le résultat du match comme cela se passe maintenant dans les clubs de minimes. Nous n'avions pas à affronter la foule des parents ou un entraîneur pour nous réprimander si nous n'avions pas joué comme il le souhaitait — nous nous amusions seulement et rien de plus.

Troisièmement, si vous êtes champion, vous courez des risques physiques en jouant au base-ball. Psychologiquement ce sera positif puisque vous recueillerez les applaudissements de la foule et des joueurs — mais peu de garçons sont des athlètes. Dans ce cas, jouer du base-ball de compétition ne contribuera pas à vous donner confiance en vous-même.

Refusez a votre enfant de s'inscrire, car il n'a aucune idée des dangers physiques et psychologiques qui le menacent. C'est à vous qui les connaissez de faire preuve de sagesse. Il faut quelquefois savoir dire non a un enfant, c'est une preuve d'amour pour lui.

3 *Ma femme et moi avons décidé de divorcer. Comment l'annoncer à nos enfants âgés de six et neuf ans ?*

Il faut d'abord savoir si vous pouvez, votre femme et vous, vous dégager assez longtemps de vos sentiments négatifs, l'un envers l'autre, pour en discuter avec les enfants. Si vous le pouvez, le mieux serait de le leur annoncer *ensemble*. Si vous avez admis que la mère se verrait confier la garde, vous pouvez leur expliquer ainsi :

Maman et papa ne sont plus heureux en vivant ensemble ;

nous savons que cela ne vous fera pas plaisir, mais le moment est venu de vous en parler. Nous sommes si malheureux quand nous sommes ensemble que nous avons décidé de divorcer et de vivre separément.

Mais nous sommes, bien sûr, tous les deux heureux de vivre avec vous. Ce n'est absolument pas à cause de vous que nous divorçons. C'est une affaire entre nous deux.

Nous avons décidé que vous alliez vivre avec maman, et papa ira vivre ailleurs. Mais il viendra vous voir régulièrement. Nous savons que cette nouvelle ne vous fait pas très plaisir, mais nous pensons qu'en fin de compte, cela vaut mieux pour tout le monde.

Avez vous maintenant des questions a nous poser ?

Il est peu probable qu'ils vous demandent quoi que ce soit a ce moment-la — a moins d'être tres bavards. Mais s'ils sont prêts a le faire, donnez-leur cette possibilité.

Si les parents présentent cette décision conjointement comme un choix commun, cela vaudra beaucoup mieux pour les enfants que si un seul des parents leur en parle. J'ai vu des cas ou le pere partait simplement sans rien dire aux enfants et la mere restait seule pour leur en parler. Ce n'est pas une attitude souhaitable Les enfants se demandent inévitablement pourquoi leur pere ne leur a rien dit, même si c'est une mauvaise nouvelle

Si seul un des parents souhaite le divorce? Il faut tout de même le presenter comme une décision issue d'un commun accord - (ce qu'elle est en un sens) –. Si au contraire vous dites qu'un seul le souhaite, il sera aux yeux des enfants « le mechant » qui a brisé la famille. Et comme les enfants ont besoin d'aimer et de prendre modèle a la fois sur le père et la mere, il ne faut pas que l'un des deux soit un « mechant ». Je connais des cas de divorce ou on a dit aux enfants : « Votre père a décidé de nous quitter. » Il est difficile que les enfants continuent à aimer leur père qui se retrouve dans le rôle du traître qui les abandonne ainsi que leur mère.

S'il y a tant de griefs entre vous que vous ne puissiez vous asseoir l'un près de l'autre pour parler aux enfants, dites-leur séparément en prenant grand soin de ne pas dire de mal de l'autre. C'est toujours nuisible car les enfants ont besoin de rapports satisfaisants avec l'un et l'autre. Pour le meilleur et pour le pire, vous continuerez à être leurs parents aussi longtemps que vous vivrez. Il faut donc qu'ils aient de vous une vision positive. *Vous pouvez rompre votre mariage par le divorce mais vous ne pouvez pas rompre les liens qui vous unissent à vos enfants.*

Etablissez un programme de visites immédiatement. Quand les enfants sauront qu'ils dîneront chaque mercredi avec leur père et qu'ils passeront un week-end sur deux avec lui, cela donnera un rythme régulier et rassurant à leur vie perturbée. C'est essentiel pendant les premiers mois si troublés du divorce. Si les deux parties sont d'accord, vous pourrez faire des visites inattendues en plus du programme régulier.

Plus vous aurez la possibilité de régler à deux l'horaire des visites, le montant de la pension, le partage des biens, avant que les hommes de loi s'en occupent, et mieux vous vous sentirez. Quand les avocats surviennent, ils sont adversaires, et consciemment ou non, ils vous incitent à vous affronter. C'est presque une loi psychologique : l'hostilité réciproque des époux augmente quand la procédure commence.

4. *Mon fils de dix ans s'est fait deux nouveaux amis et je ne pense pas que ce soit très bon pour lui. Ils se conduisent mal en classe, et ce n'est pas le genre d'amis que je souhaite lui voir fréquenter. Comment faire pour briser cette amitié ?*

Ne la brisez pas. Je pense que ce serait une erreur. Si vous essayiez, votre fils vous en voudrait et continuerait à les voir en cachette.

Vous craignez sûrement qu'ils exercent une influence néfaste sur votre fils, qu'ils le poussent à mal se conduire à l'école ou ailleurs. Si cela se produisait, vous auriez alors un motif valable pour mettre un terme à cette amitié. Votre fils n'en serait pas forcement réjoui mais il admettrait intérieurement le bien-fondé de vos remarques.

J'imagine que jusqu'à present ses amis ne l'ont poussé à aucune mauvaise action, vous ne pouvez donc rien faire, sauf que vous n'aimez pas qu'il joue avec eux et les prenne comme amis parce qu'ils ne vous plaisent pas. A moins d'être complètement amorphe, aucun enfant n'acceptera un tel raisonnement.

Votre enfant a le droit d'avoir des amis que vous n'aimez pas. Votre crainte de le voir mal agir est un argument insuffisant. Vous serez peut-être surpris de voir votre enfant fréquenter ces amis bruyants pendant un ou deux ans et ne pas être insupportable pour autant.

5. *Est-ce que je dois donner de l'argent de poche à mon enfant de six ans ? Si oui, quand dois-je le faire ?*

Oui, je pense que tout enfant devrait avoir un peu d'argent de poche. Ou bien vous continuez le système de récompense positive de l'âge prescolaire et vous le rétribuez pour certaines tâches ménageres et dans ce cas le montant dépend de ce qu'il fera - ou bien vous lui donnez par exemple 5 F par semaine, simplement parce qu'il est votre enfant et que vous l'aimez. S'il veut avoir davantage proposez-lui de vous aider à la maison.

Personnellement, je préfère la deuxième méthode que j'ai toujours appliquee à mes trois enfants.

Cinq ans est un bon âge pour commencer, il faudra bien sûr augmenter la somme au long des années.

6. *Notre fille de six ans est née avec une main sans doigts. Tant qu'elle a été à l'école maternelle tout s'est bien passé, mais à l'école primaire, les autres enfants se moquent d'elle. Sa peine me fait mal et je ne sais que faire.*

Votre probleme est le même que tous ceux des parents dont un enfant est taquiné par d'autres enfants pour n'importe quelle raison. Qu'il soit trop gros ou trop maigre, qu'il porte des lunettes, il ne peut se défendre. Ces brimades sont pénibles pour tout enfant, vous ne pourrez empêcher votre fille d'en souffrir. Vous pouvez tout de même l'aider dans une certaine mesure.

Apprenez lui à affronter ces taquineries. Vous pouvez lui apprendre deux ou trois mots étrangers qu'elle répétera systematiquement à chaque fois qu'on la taquinera sans en expliquer le sens et en disant aux autres qu'ils sont vraiment stupides s'ils ne comprennent pas ; les enfants risquent de se lasser assez vite.

Elle pourra aussi maîtriser la situation en acquiesçant à toutes les remarques des taquins. Si votre fille continue patiemment, elle epuisera rapidement leurs sarcasmes. Il leur semblera qu'ils donnent un spectacle où il n'y aurait pas de spectateurs. Là aussi, ils abandonneront sans doute assez vite.

De plus, faites donner à votre fille des leçons de karaté. Elle verra qu'elle peut maîtriser physiquement un taquin même plus fort qu'elle, et elle y gagnera en assurance.

De toute façon, je pense que tous les enfants devraient apprendre le karaté, particulièrement les filles. Ils pourront ainsi affronter ceux qui les briment à l'ecole et plus tard ils sauront se défendre s'ils se font agresser.

7. *Je soupçonne fortement mon fils de dix ans de mentir, mais je n'en suis pas sûr. Je crains d'une part de l'accuser à tort, mais je voudrais aussi tirer l'affaire au clair. Cela se produit si souvent que je me sens dans une impasse. Que faire?*

D'abord, évitez de jouer au détective pour essayer de découvrir la vérité. Les enfants sont parfois très persévérants et continuent à mentir effrontément quand on les accuse. Ce serait aussi une erreur que de vouloir tout ignorer — les parents soupçonnent rarement leur enfant sauf quand il y a quelque chose de louche. En prétendant ne rien voir, vous le laissez simplement s'habituer au mensonge.

J'essaierais d'utiliser la formule magique: «Il me semble que». Si vous êtes absolument sûr, dites-lui: «Il me semble que tu ne me dis pas la vérité sur l'argent qui a disparu.» Vous ne l'accusez pas formellement mais vous lui dites que vous avez cette impression. Agissez ensuite comme s'il avait reconnu son mensonge. Ne le grondez pas, essayez seulement d'agir quand vous pensez qu'il essaie de dissimuler. Je crois que de cette façon il sentira qu'il ne peut pas vous tromper, et ses mensonges s'espaceront.

Evidemment vous courez le risque qu'il dise la vérité! C'est votre intuition qui doit vous guider.

8. *A la maison, nous encourageons nos enfants à nous poser toutes les questions qu'ils veulent et à contester s'ils pensent que nous avons tort. Nous considérons que c'est un excellent apprentissage. Mais à l'école les maîtres supportent très mal leurs questions, et la maîtresse de notre fille de neuf ans devient vraiment désagréable dès qu'elle ouvre la bouche. Comment concilier notre point de vue avec celui de l'école?*

C'est impossible. Discutez-en franchement avec vos enfants.

Expliquez-leur que certains maîtres laissent poser autant de questions qu'on le souhaite mais que d'autres s'y refusent. A eux de juger. Vous pouvez ajouter qu'Einstein enfant a eu ce problème : on trouvait qu'il posait trop de questions à l'école !

9. *Je suis divorcé depuis deux ans. Ma femme a tellement dit de mal de moi aux enfants qu'ils refusent même de venir me voir. Je ne suis pas un monstre, j'aime mes enfants et je ne sais que faire pour qu'ils veuillent me rendre visite. Le garçon a six ans et la fille huit ans.*

Dans cette situation, la plupart des pères renoncent simplement. C'est une erreur, vous ne pouvez rien faire, devant les tribunaux ou ailleurs, pour empêcher votre femme de dire du mal de vous. Mais vous pouvez faire respecter votre droit de visite avec l'aide du juge. Votre ex-femme ne peut pas vous empêcher d'user de ce droit. Faites examiner vos enfants par un psychologue ou un psychiatre, si le juge pense que c'est nécessaire.

J'ai vu récemment un cas assez semblable à propos d'une petite fille de six ans et d'un garçon de neuf ans. En les questionnant davantage, je m'aperçus qu'ils ne pouvaient justifier leurs sentiments. Je leur demandai si leur père les battait, s'il était désagréable, s'il ne les sortait jamais et ils me répondirent que non. S'ils m'avaient dit que leur père les battait ou qu'il était tout le temps ivre, le problème aurait été différent. En tant que psychologue, j'en conclus que la mère les dressait systématiquement contre leur père. C'est dans ce sens que j'établis mon rapport pour le juge.

Une fois que cette question a été réglée légalement, exercez votre droit de visite. Si les enfants persistent, utilisez la méthode du feed-back. Au début, emmenez-les faire ce qui leur plaît particulièrement, voir un film ou visiter un zoo.

Soyez patient, cela prendra du temps, mais tôt ou tard si

vous persistez, vous surmonterez les médisances de votre ex-femme et il arrivera un jour où vos enfants seront assez grands pour juger par eux-mêmes.

10. *Quels films laisser voir à mon fils de neuf ans ?*

Il vaut mieux éviter toute forme de censure avec les enfants, que ce soit les livres, le cinéma ou la TV. Je sais bien que la plupart des gens ne partagent pas mon point de vue, mais l'education qu'ils dispensent produit un bon nombre de névroses, de psychotiques, de drogués, de jeunes délinquants, d'alcooliques et de criminels. Ne cherchez donc pas à agir comme la « plupart » des gens.

Si vous pensez que c'est vraiment utile, vous pouvez emmener un enfant de n'importe quel âge, voir n'importe quel film — le contenu du film importe peu — mon seul critère est la qualité du film. Il est ridicule de diviser les films en catégories.

Quand certains critiques déconseillent un film pour les enfants parce qu'il y a trop de gros mots, je me demande s'ils ont jamais pénétré dans une cour d'école et écouté des enfants s'interpeller. Ils s'apercevraient que les enfants ont déjà une belle maîtrise de la langue verte !

Mes enfants se sont toujours sentis très libres pour nous questionner sur les films ou les émissions télévisées. Si quelqu'un leur avait dit qu'ils étaient trop jeunes pour voir tel ou tel film, ils auraient probablement été stupéfaits et auraient demandé pourquoi.

Je crois que bien des parents craignent que leurs enfants soient effrayés par certains films. Je l'ai déjà dit dans ma reponse à la question 12 du chapitre précédent, ce n'est pas un film ou une émission qui risque d'effrayer un enfant, mais c'est la crainte qu'il a de ressentir la colère. Je vais vous donner un exemple de cette réalité psychologique. Mon fils aîné Randy avait dix ans quand je l'ai emmené voir le film *De sang-froid*, ce que la plupart des parents n'auraient pas osé faire. La nuit qui a suivi, il a dormi comme un ange. Quelques mois plus tard, nous sommes allés nous promener et nous nous sommes disputés. Ce soir-là, Randy a fait un cauchemar. De toute évidence, il n'avait pas réglé son problème d'opposition à moi, et c'est ce qui avait provoqué le cauchemar.

C'est le même problème pour les films de violence à la TV. Les parents craignent que les enfants deviennent violents en grandissant. Je sais bien que la plupart des gens sont de cet avis. Critiquer la TV est une solution facile au problème de la violence en Amérique. C'est à mon avis une fausse solution à un vrai problème. Si je ne partage pas ce point de vue c'est qu'il n'y a aucune preuve expérimentale qui permette d'affirmer que la violence à l'écran rend les enfants violents. Ils le sont parce que leurs parents ne se sont pas occupés d'eux, mais sûrement pas à cause de la TV ou des films. Vous pouvez vous reporter au chapitre intitulé : « Votre enfant et la violence » dans *Le Père et son Enfant* où j'approfondis davantage le problème.

A ceux qui croient fermement que les émissions télévisées engendrent la violence, je poserai simplement cette question : « Quelle était donc la cause de la violence avant la TV ? » Je répondrai que la cause était la même que maintenant : une éducation déficiente.

Depuis que j'ai écrit *le Père et son Enfant*, des expériences scientifiques sérieuses ont été faites et elles suggèrent exactement le contraire de ce que pensent les gens. Les Drs Jerome Singer et Seymour Fishback ont observé des garçons de huit à quatorze ans dans différents internats. Le groupe expérimental ne voyait rien d'autre que des films de violence à la TV. Le groupe de contrôle ne voyait que des films dépourvus de violence. Puis on a comparé les réactions agressives des deux groupes envers leurs camarades et leurs professeurs. Quels ont été les résultats ? les enfants du premier groupe, qui n'avaient vu que des films violents, étaient *beaucoup moins* agressifs que les autres. L'interprétation des Drs Singer et Fishback est que ces films avaient un effet cathartique et permettaient aux enfants de libérer leurs instincts d'agressivité et de violence par substitution sans devoir le faire dans la vie réelle.

Pour moi, ce témoignage scientifique est clair. C'est le manque d'affection des parents qui crée les sentiments de haine et de violence, qui font des adultes violents.

Ne perdons pas notre temps à transformer la TV en bouc émissaire. Essayons plutôt de supprimer les racines du mal. C'est en éduquant les parents que nous parviendrons à abaisser le niveau de violence dans notre pays. Mon expérience me prouve qu'il est difficile de convaincre les gens de cette réalité : c'est parce que, au plus profond d'eux-mêmes, ils pensent que des films violents sont mauvais pour les enfants.

Si vous le pensez vous aussi, tournez le bouton quand vous ne voulez pas que vos enfants regardent une scène brutale. Proposez-leur une activité créatrice et complète à la place. Je pense que ce que vous faites là est inutile mais cela n'a aucune importance. Si cela vous rassure, agissez comme vous le souhaitez.

Il y a une question pour laquelle je n'ai pas de réponse. Si l'un des parents est contre les films violents et que l'autre pense le contraire, essayez d'établir un dialogue constructif afin de trouver un compromis acceptable pour l'un et pour l'autre. Vous pouvez peut-être essayer la technique de la solution mutuelle d'un problème décrite au chapitre 10. Je ferai une seule réserve : les films de mauvaise qualité. Pendant la période de la moyenne enfance, mes enfants m'ont souvent agacé en insistant pour aller voir des films d'horreur de mauvaise qualité. Je leur ai dit ce que j'en pensais, que je ne voulais pas aller les voir ni y emmener la famille, mais que s'ils souhaitaient y aller, je les lâcherais devant la porte et reviendrais les chercher. Ainsi j'avais l'air de tenir compte gentiment des goûts de chacun. Ils ont vu quelques-uns de ces films mais finalement assez peu.

11. *Je pensais que c'était un problème d'envoyer mon enfant de quatre ans se coucher, mais ce n'était rien à côté des difficultés que j'ai maintenant qu'il a neuf ans. Que faire?*

Établissez une heure précise à laquelle votre enfant doit être au lit, disons 9 heures. Autorisez-le à lire au lit aussi longtemps qu'il le souhaite, jusqu'à ce qu'il s'endorme. Cela réussit généralement. Si vous vous apercevez qu'il en profite pour lire jusqu'à minuit, limitez le temps de lecture à une heure; non seulement le problème du coucher se trouve résolu, mais cela lui permet de lire. Attention: empêchez-le de vous parler quand il est au lit ou de regarder la TV ou d'écouter la radio. Ces activités ont un effet stimulant et l'enfant risque de rester éveillé bien plus tard que vous ne le souhaitez.

12. *Mon garçon de douze ans est très renfermé. Je ne sais plus rien de lui. Si je lui demande ce qui s'est passé à l'école, il me répond: «Rien». Quand il sort, si je lui demande où il va, il me répond: «Dehors.»*

Cessez de lui poser des questions, respectez son droit à garder ses secrets. C'est une attitude caractéristique de la moyenne enfance. C'est pourquoi il y a tant de groupes secrets à cet âge. S'il *souhaite* vous parler de quelque chose, il le fera. Sinon, respectez son intimité.

13. *Comment arrêter les disputes et batailles incessantes entre mes fils de huit et dix ans?*

Reportez-vous à ma réponse à la question 6, chapitre 23. Je vous ai alors conseillé de ne pas renforcer la querelle par des gronderies ou une punition et de recourir au hors-jeu dès qu'ils commencent à se battre. Utilisez en outre un système de récompense positive quand ils ne se battent pas.

Approfondissons un peu la question. Il est important de bien comprendre la raison essentielle des disputes entre frères et sœurs. C'est la jalousie que chaque enfant ressent de devoir partager son père et sa mère avec les autres. S'il le pouvait, chaque enfant serait parfaitement heureux de voir disparaître son frère car cela résoudrait le problème. Puisque c'est impossible, essayez au moins de le satisfaire en partie.

Réservez à chaque enfant des moments où il se trouve seul avec vous et où momentanément, il réalise son rêve. Cela peut être d'un grand secours.

Vous pouvez aussi laisser chaque enfant emmener un camarade en vacances ou en week-end à la campagne. Il sera si occupé avec son camarade qu'il ne pensera pas à se battre ou à se disputer.

Attention: si un des camarades n'est pas disponible, il vaut mieux que vous n'emmeniez personne, sinon l'enfant isolé se sentira laissé de côté. Ou il sera sans cesse accroché à vos basques; pire encore, il essaiera probablement d'attirer l'attention du camarade de son frère, ce qui provoquera encore bagarres et disputes.

Rappelez-vous que quelles que soient les méthodes utilisées, vous n'arriverez jamais complètement à éliminer ces disputes. Ce que vous pouvez seulement espérer c'est de limiter les bagarres. Si vous réussissez cela, c'est déjà beaucoup!

14. *Que faire avec des enfants de six et dix ans pour maintenir les liens affectifs qui, dites-vous, sont si importants comme fondement de la discipline ?*

Ces rapports sont faciles à maintenir pendant la moyenne enfance, il y a tout un éventail de jeux à deux ou à plusieurs : échecs, monopoly, jeux de cartes.

Beaucoup de parents commettent l'erreur de jouer avec les enfants comme s'ils étaient adultes. Ils gagnent toutes les parties et bientôt l'enfant se décourage et refuse de jouer.

Le jeu sera stimulant au contraire si vous essayez de faire assez d'erreurs pour que l'enfant gagne une fois sur deux. L'enfant ne doit s'apercevoir de rien. Si vous jouez aux échecs, faites en sorte de ne pas voir que votre Reine est en danger et quand votre fils la prendra, vous vous exclamerez : « Comment suis-je assez bête pour me faire prendre ma Reine ! »

Vous pouvez aussi partager beaucoup d'autres activités : aller au cinéma, assister à des manifestations sportives, jouer au golf miniature, au croquet, aller pêcher, camper... Dans toutes ces activités, vous ne demandez rien à votre enfant. Vous êtes heureux ensemble et cela vous permet d'établir des liens profonds et solides.

15. *Pour encourager mon fils de dix ans à travailler mieux à l'école, je songe à lui donner 20 F pour chaque A sur son carnet de notes. Qu'en pensez-vous ?*

Ne le faites pas, cela ne réussit presque jamais. En apparence, ce système semble pourtant proche de celui que j'ai appelé la récompense positive, mais sa nature même conduit à l'échec. Je vous explique pourquoi. D'abord, la perspective de la récompense est beaucoup trop lointaine dans le futur pour motiver l'enfant chaque jour. Si cette récompense se situe à la fin d'un trimestre, quelle incidence peut-elle avoir au début ou au milieu du trimestre? Deuxièmement, vous ne récompensez pas le travail de l'enfant, mais sa note. Or, les notes sont souvent l'effet du hasard, pour un certain nombre de raisons. Certains maîtres s'enorgueillissent de ne jamais accorder de A. Un maître peut aussi avoir des préjugés contre votre enfant et il ne le jugera pas équitablement. Votre enfant peut ne pas être aussi intelligent que vous le pensez, et ne pas pouvoir obtenir un A. En vingt ans de pratique, jamais je n'ai rencontré un exemple satisfaisant de ce genre de récompense.

Si vous voulez commercer un système de récompense positive, basez-le sur les efforts de l'enfant plutôt que sur ses notes. Donnez une récompense quotidienne, établissez une liste de toutes les heures consacrées au travail scolaire chaque soir C'est un système beaucoup plus réaliste que l'enfant est à même de comprendre.

16. *Je suis seule avec un enfant de six ans et un de huit ans Mon divorce a été prononcé la semaine dernière et je ne sais plus comment faire face à mes enfants. Conseillez-moi.*

Vous semblez avoir besoin d'aide affective. Vous voilà toute seule confrontée à la responsabilité entière de vos enfants. Vos amis mariés ne peuvent vous comprendre car leur situation est psychologiquement différente.

Essayez de trouver de nouveaux amis, des mères seules dans votre situation. La première difficulté à vaincre n'est pas vos rapports avec vos enfants, mais avec vous-même. Vous devez fournir un effort affectif dans votre travail et dans votre famille, sans compensation de la part des autres; votre équilibre affectif est perturbé. Il faut donc que vous trouviez une aide à ce niveau, c'est la seule façon de résoudre ce problème.

Le divorce est traumatisant et il faudrait pouvoir s'adresser à un conseiller professionnel.

Si vous pouvez recourir à des conseils individuels ou collectifs, faites-le : vous trouverez ainsi la compréhension et l'aide affective dont vous avez besoin.

Si vous êtes malade et avez 40° de fièvre, vous ne pouvez pas faire face aux enfants avec autant de force que lorsque vous êtes bien portante. La blessure provoquée par votre divorce est comparable : essayez d'abord de « guérir » et de retrouver l'équilibre psychologique qui vous permettra d'élever vos enfants harmonieusement.

17. *Mon fils de six ans ronchonne chaque fois qu'il ne peut pas faire ce qu'il veut ou que je lui dis « non ». Cela m'épuise nerveusement.*

C'est très facile. Donnez lui un « hors-jeu » (chap. 5) à chaque fois qu'il se plaint. S'il veut continuer dans sa chambre pendant le « hors-jeu », libre à lui. C'est un procédé efficace pour faire perdre cette habitude à un enfant.

18. *Arrive-t-il aux garçons de neuf ans de parler sur un ton normal ?*

Non. Je suppose que vous avez des critères d'adulte quand vous parlez de « ton normal ». Si vous demandez si les garçons de neuf ans parlent toujours sur un ton normal pour des garçons de cet âge, je vous répondrai oui.

19. *Mon enfant de sept ans mouille son lit. Que faire ?*

Si votre enfant souffre d'incontinence nocturne après cinq ans, consultez un medecin pour savoir s'il n'y a aucune raison physique. C'est le cas quatre-vingt-dix-neuf fois sur cent. Ce qui veut dire que la cause est psychologique. Il y a deux façons d'affronter le probleme.

Vous allez dans un magasin de jouets, achetez tout un tas de jouets bon marché que les enfants adorent. Mettez-les dans un coffre solide fermé à cle. Vous expliquerez a l'enfant que vous savez que cela l'ennuie de mouiller son lit, que ce n'est pas sa faute et que vous ne le critiquez pas puisqu'il est endormi. Dites-lui aussi que s'il se réveille et que son lit est mouille, il n'aura plus qu'a changer les draps, mais que si son lit est sec le matin, il aura un des jouets contenus dans le coffre.

En parlant ainsi, vous communiquez directement avec son subconscient pour lui dire : « Si tu ne mouilles pas ton lit, tu auras un jouet. » Cette methode réussit avec beaucoup d'enfants aprés un ou deux mois.

Si cela ne reussit pas, essayez la seconde. Il existe aux USA un systeme d'alarme qui eveille l'enfant des qu'il mouille son lit. Ce systéme le conditionne sans lui faire peur et est tres efficace. Expliquez d'abord a l'enfant comment ce systéme fonctionne. Faites-lui comprendre que cet appareil est destine à l'aider et non à le contraindre.

Le médecin peut vous ordonner quelques médicaments pour vous aider.

20. *Comment élever mon garçon de six ans et ma fille de neuf ans sans faire de différence entre les sexes ?*

Cherchons d'abord à comprendre la réalité psychologique des garçons et des filles, puis nous déciderons de ce qu'on entend par sexisme ; les recherches qui ont été faites prouvent qu'il y a une grande différence psychologique entre garçons et filles. Ainsi, au même âge, les filles sont generalement plus mûres de deux ans que les garçons, cela jusqu'au lycée. Les garçons sont plus interesses par les objets et les filles par les rapports sociaux. Mais cette différence n'implique pas qu'un sexe soit plus favorisé qu'un autre. C'est là qu'il y a sexisme.

En pratique, cela veut dire que les femmes devraient recevoir le même salaire pour le même travail, qu'elles ne devraient être exclues d'aucune profession sous prétexte qu'elles sont femmes. Les livres d'enfants ne devraient pas décrire les hommes exclusivement en médecins et les femmes en infirmières, les hommes en avocats et les femmes en secrétaires. Cela veut dire que s'il est souhaitable qu'un petit garçon apprenne le karaté pour se défendre, cela est également souhaitable pour une petite fille. Je réclame, pour une société qui ne soit vraiment pas sexiste, « l'égalité mais dans la différence » ! Il faut des méthodes psychologiques différentes mais des chances égales dans l'accomplissement des possibilités individuelles.

Comment concrétiser cette attitude avec vos enfants ?

Vous pouvez *d'abord* aborder ce sujet de temps en temps à table ; tout comme vous discutez du racisme et aidez votre enfant à ne pas être raciste, aidez-le à ne pas être sexiste.

Deuxièmement, vous pouvez encourager vos enfants, surtout votre petite fille, à lire des livres non sexistes. Il est reconnu que beaucoup de livres d'enfants sont pleins de stéréotypes sexistes ; s'il y en a dans les livres qu'elle lit, montrez-les lui comme tels.

Troisièmement, vous pouvez discuter avec vos enfants de ce qu'ils veulent faire plus tard et les aider à faire un choix non sexiste. Soyez bien sûr réaliste au niveau de leur intelligence. Il ne serait pas réaliste d'encourager votre fils ou votre fille à être avocat ou médecin, si leur niveau intellectuel est insuffisant, soi-disant pour les libérer de toute idée sexiste.

Quatrièmement, vous pouvez, votre mari et vous, donner un exemple positif à vos enfants en ne faisant aucune discrimination entre vous.

21. *A quel âge dois-je commencer à préparer mon enfant à la puberté ?*

Je pense qu'il serait excellent de commencer vers dix ans à le préparer à la puberté et lui donner les connaissances sexuelles dont il aura besoin à l'adolescence. Pour différentes raisons, je pense que c'est un bon âge. D'abord, c'est un âge équilibre et vous pouvez discuter librement avec lui. A onze ou douze ans, il entre dans la préadolescence, il devient plus contestataire et il est plus difficile de l'aborder. Les jeunes commencent également à se masturber vers douze ans, quelquefois à onze et il faut que vos discussions précèdent cela. Voici comment j'agirais :

Il y a des manuels qui peuvent vous aider et que vous pouvez donner à votre enfant pour qu'il les lise seul.

Ainsi *la Vie Sexuelle* - 10/13 ans (Hachette).

Vous pouvez lui demander s'il sait ce qu'est la puberté, que nous avons différentes glandes et quel est leur rôle. Expliquez-lui qu'elles fabriquent des substances chimiques appelées hormones, qui pénètrent dans le sang et aident au bon fonctionnement du corps. Par exemple, la croissance est liée à l'hypophyse. Si elle ne fabrique pas assez ou trop d'hormones, on est trop petit ou trop grand.

Dites-lui que toutes les glandes du corps fonctionnent dès la naissance, sauf une, la glande sexuelle. Celle-ci n'a pas encore fonctionné mais d'ici à quelques années elle va fabriquer des hormones qui lui feront penser au sexe et aux filles. Il aura peut-être des sentiments qu'il n'a encore jamais eus. Cela risquerait de l'effrayer et c'est pourquoi vous lui donnerez ce livre, afin qu'il sache ce qu'il en est. Vous lui direz aussi qu'après avoir lu ce livre, vous pourrez en discuter ensemble, s'il en a envie.

Bien sûr, n'omettez pas de dire que la masturbation est normale et qu'il ne faut pas se sentir coupable. Si votre enfant semble enbarrassé, n'insistez pas mais assurez-vous qu'il a bien lu le livre.

22. *Mon enfant âgé de dix ans a voulu apprendre à jouer de la trompette. Maintenant qu'il a commencé, il aime les leçons mais ne peut pas s'exercer régulièrement. Que dois-je faire ?*

Voilà plus de vingt ans que j'entends les parents me poser cette question. De leur point de vue, s'ils achètent un instrument et paient des cours, leur enfant doit s'exercer. Or, ils eprouvent beaucoup de difficultés à ce qu'il le fasse et me demandent conseil.

Si votre enfant a des talents réels et s'il veut faire de la musique son métier, je crois que cela vaut la peine que les parents fassent cet effort. En vingt ans, je n'ai pas rencontré un seul cas ! Tous les enfants que j'ai entendus jouer apprenaient la musique simplement pour se distraire. Dans ce cas, il est inutile de forcer l'enfant à s'exercer. Laissez-le prendre des cours et s'exercer quand il en a envie (vous pourriez peut-être avoir recours au systeme de la récompense positive), ou bien interrompre les leçons, mais je suis convaincu que cela n'a aucun sens de forcer un enfant à faire ce qui doit être pour lui un amusement.

Si votre enfant vous demande conseil sur le choix d'un instrument, je vous suggere le piano ou la guitare qui accompagnent parfaitement le chant La guitare presente un interêt social pour un adolescent En bande a la plage ou ailleurs celui qui joue de la guitare a par là-même un atout supplémentaire

23. *Conseillez-vous d'envoyer un enfant en camp d'été? Si oui, à quel âge?*

Cela peut être utile d'un point de vue psychologique. Si vous le pouvez, emmenez-le voir le camp en activité avant de l'en voyer. Observez les moniteurs. L'atmosphère est-elle cordiale et chaleureuse?

Essayez peut-être un camp d'un ou deux jours vers neuf ans ; vers dix ans il est assez mûr et a assez d'espérience pour partir camper une semaine; vers onze ans il pourra partir deux se maines.

L'intérêt essentiel de ces camps réside dans le fait que l'en fant apprend à se débrouiller sans ses parents et à s'adapter à un groupe de pairs qu'il ne connaît pas. Cette expérience lui donnera de la maturité.

24. *Mon enfant a neuf ans, il est en 8e et il commence à avoir un peu de travail à la maison.*

C'est un âge raisonnable. Il n'y a aucune raison pour qu'un enfant ait du travail en 11e, 10e et 9e.

Au début, expliquez-lui que c'est son travail à lui, exacte ment comme vous avez du travail. Dites-lui que s'il en a besoin, vous êtes prêt à l'aider. Mais ne soyez pas sans cesse sur son dos, à lui demander ce qu'il a à faire chaque soir, à vérifier s'il en a et s'il l'a terminé. Laissez-le se débrouiller

C'est ainsi que j'ai agi avec mes trois enfants, et cela a réussi. Dans le cas contraire, si le maître vous signale que c'est insuffisant, je vous suggère d'appliquer le système de récom pense positive (chap 2) ou celui du contrat (chap. 3) ce qui permettra à l'enfant d'avoir une récompense chaque soir où il aura fait son travail Évitez soigneusement la motivation pour un futur lointain que j'ai décrite à la question 15

Pour nous résumer. les parents se heurtent à un certain

nombre de problèmes de discipline pendant la moyenne enfance, à l'école, à la maison, ou avec les camarades. Beaucoup de parents et de maîtres ont alors recours aux punitions, paraissant ignorer l'existence d'autres moyens – c'est fort regrettable, car la punition transgresse la «loi de la frite ramollie» et aggrave encore la situation.

Nanti des conseils contenus dans ce livre, vous éviterez probablement ces erreurs. La personnalité de votre enfant se stabilisera entre six et dix ans et si vous continuez à utiliser les méthodes positives commencées dans la période préscolaire vous ne devriez pas avoir de problème sérieux.

25

LA PRÉ-ADOLESCENCE

Vue d'ensemble

J'ai dit au chapitre précédent que l'enfant est relativement stable de six à dix ans. Mais cette stabilité ne peut pas s'éterniser, sinon l'enfant ne pourrait jamais atteindre sa maturité d'adulte.

Dans les étapes précédentes, l'enfant a dû maîtriser un certain nombre d'éléments positifs de son développement. Maintenant pour la première fois, cette tâche consiste à *désorganiser*.

Il ne s'agit pas d'un désordre permanent de la personnalité de l'enfant, mais de celui qui doit faire place à cette constellation nouvelle de schémas mentaux qui constituent l'âge adulte. Il faut donc briser ceux de l'enfance pour laisser la place à une organisation plus élaborée. Et c'est pendant la pré-adolescence qu'intervient la première étape de cette rupture.

Permettez-moi cette comparaison: C'est comme si votre enfant avait construit sa «maison de l'enfance» avec tout ce qu'il possède. Il va donc falloir qu'il la démolisse, pour construire «celle de l'âge adulte». Ce processus de destruction commence vers le onzième anniversaire, pour se prolonger jusque vers treize ans.

Les parents s'aperçoivent aisément de ce changement quand

l'enfant devient brusquement agressif à propos de tout. Je me rappelle très bien comment notre fille nous a avertis qu'elle entrait dans cette période. Je lui demandai un soir de sortir la poubelle, ce que je lui demandais souvent depuis des années. Elle l'avait toujours fait, pas toujours avec enthousiasme. Mais cette fois, elle explosa : « D'accord, puisqu'on traite les enfants comme des esclaves dans la famille ! Puisque vous m'y forcez, je suis bien obligée de le faire ! « Nous y voilà ! » pensai-je intérieurement.

Cette étape tombe généralement sur les parents comme un coup de tonnerre. On dirait que votre enfant jusqu'ici stable, raisonnable et équilibré, a absorbé une dose énorme d'agressivité. Toutes vos exigences raisonnables de parents — mettre un pull-over quand il fait froid, aller se coucher à une heure décente — entraîneront des explosions de colère ou des remarques acides. On reconnaît les parents de pré-adolescents à leur air constamment las.

A leur insu, voila des années que l'enfant a commencé à étudier attentivement la psychologie de ses parents. Et maintenant, il va choisir très précisément de faire ce qu'il sait devoir les irriter particulièrement. S'il sait qu'ils accordent de l'importance aux notes, ses resultats vont s'effondrer. Si les gros mots les choquent, il va se mettre à parler comme un charretier. Il va attaquer tous les points vulnérables.

La plupart d'entre nous, parents, comprenons difficilement la nécessité d'un tel comportement. Nous devons nous rappeler que, aussi pénible que ce soit pour nous, chaque pré-adolescent doit pouvoir extérioriser sa violence d'une façon ou d'une autre. Le pré-adolescent qui ne se rebelle jamais aura beaucoup de difficulté à réussir le passage de l'adolescence à l'âge adulte.

Sans aucun doute, vous aurez des problèmes mais vous

devez accepter cette réalité : la pré-adolescence est une rude epreuve pour les parents.

1. *Notre fille de douze ans est littéralement folle des garçons. Je ne peux pas qualifier autrement son comportement. Faut-il s'en inquiéter ? Que faire ?*

C'est une attitude parfaitement normale à cet âge. Qui gêne-t-elle ? De toute façon, vous n'y pouvez rien. Laissez-la faire, croyez-moi, elle pourrait faire bien pire à cet âge-là.

2. *Je m'oppose constamment aux critiques acides de mon fils de onze ans. Selon lui, j'ai toujours tort et il n'hésite pas à me le dire.*

Je vais répondre a cette question en vous racontant une expérience personnelle. Quand mon fils aîné avait onze ans, ma façon de conduire etait l'objet de ses critiques. Un après-midi nous étions tous les deux en voiture et je subissais un assaut ininterrompu : « Papa, je me demande si tu as jamais appris à t'arrêter ? Tu devrais lever le pied de l'accélérateur et freiner doucement. Il ne faut pas piler au dernier moment. Et est-ce que tu serais anglais par hasard pour conduire toujours à gauche de la route ? Pourquoi est-ce que tu ne restes pas à droite de la ligne jaune ? Si tu veux courir des risques, ça te regarde, mais moi je suis là aussi. » Et il ne cessait de critiquer. Au bout d'un quart d'heure, je n'en pouvais plus. Les dents serrées, je lui dis : « Randy, en voilà assez de tes remarques injustifiées et désagréables sur ma conduite. Tais-toi jusqu'à notre arrivée » Il ne dit plus un mot. J'ai édulcoré mes paroles pour le livre, mais vous pouvez imaginer l'idée directrice ! Quand vous êtes excedé par les remarques désobligeantes typiques de la pre-adolescence, dites-le-lui clairement.

3. *Mon fils de onze ans commence à me provoquer. Je ne vois aucun inconvenient à ce qu'il exprime ses sentiments mais il va au-delà. Il refuse d'acquiescer à mes demandes. Quand je lui demande de porter les provisions dans la maison, il me jette un regard agressif et me dit : « Fais-le toi-même. » Si je lui demande de nettoyer le lait qu'il a renversé, il me répond : « Je ne suis pas ton esclave » et passe dans une autre pièce. Comment faire ?*

Vous pouvez recourir au système du « compte en banque ». Chaque fois qu'il refuse de faire ce que vous lui demandez, faites une petite croix sur un carnet acheté à cet effet. Il va peut-être demander ce que vous faites. Repondez-lui qu'il saura un jour de quoi il s'agit.

Tôt ou tard, il vous demandera la permission de sortir par exemple. Consultez alors votre carnet et verifiez s'il est à decouvert ou non. Si oui, il ne peut pas sortir. Il comprendra tres vite ; vous devrez peut-être affronter une colère homérique, mais tenez bon, il verra qu'en refusant de vous obéir c'est lui qu'il penalise.

Les enfants sont malins ; il essaiera peut-être une astuce. Il vous proposera peut-être de faire tout à coup un tas de choses, dans le seul but de réduire son passif. S'il a recours à cette tactique, dites-lui que vous savez parfaitement où il veut en venir et que ça ne marche pas.

4. *Le directeur du supermarché voisin a surpris ma fille de onze ans en train de voler la semaine dernière. Après son coup de telephone, je suis allé le voir et il m'a assuré qu'il ne préviendrait pas la police. Comment la punir ?*

Si vous pensez qu'elle a été suffisamment éprouvée par cette experience, inutile de la punir. La leçon aura servi.

Mais si elle prend une attitude provocante et s'il vous

semble que la seule leçon qu'elle en a tirée est le XIe commandement : « Ne te fais pas prendre », réagissez. Supposons qu'elle a volé un objet valant à peu près 5 dollars. Dites-lui que vous déduirez une certaine somme de son argent de poche chaque semaine pour arriver à 5 dollars et que vous en ferez don à une œuvre charitable (si vous lui enlevez la moitié de son argent de poche, l'effet sera plus grand que si vous prenez tout). Si elle récidivait, recommencez. Si elle volait pour 50 dollars de marchandise, prenez la moitié de cette somme. Elle comprendra qu'à chaque fois qu'elle vole, *elle perd de l'argent.*

5. *Notre fils était un membre de la famille à part entière. Maintenant, à onze ans, il est toujours chez un camarade ou chez un autre. Les parents de ses amis sont beaucoup plus permissifs que nous et je n'aime pas beaucoup qu'il subisse des influences extérieures. Comment faire pour qu'il reste davantage à la maison ou qu'il y emmène ses amis ?*

Vous n'y pouvez rien. D'après votre description, vous ne pouvez plus le contrôler étroitement comme vous le faisiez dans le cercle étroit de votre famille. Ses intérêts dépassent maintenant votre famille et seront encore plus vastes quand il sera adolescent. C'est un comportement tout à fait normal de la pré-adolescence. Vous pouvez bien sûr établir des règles strictes et vous montrer sévère mais vous aurez des represailles. Vous risquez, par votre intransigeance, d'avoir beaucoup d'ennuis. Essayez de capituler avec bonne grâce. Acceptez que son cercle s'élargisse, et faites-vous à l'idée que vous perdez inévitablement le contrôle que vous aviez jadis.

6. *Ne croyez-vous pas qu'une fille de onze ans est trop grande pour coucher avec son ours ?*

Pourquoi pas ? C'est une habitude bien innocente ! Pourquoi

faire tant d'histoires ? Ne vous inquiétez pas, cela passera. Laissez-la décider du moment où elle s'arrêtera. A ma connaissance, tous les adultes ont réussi à s'arrêter un jour !

7. *J'ai entendu dire que des élèves se droguent dans l'école que fréquente mon fils de douze ans. Que faut-il faire ?*

Je vais d'abord vous dire ce qu'il ne faut pas faire. Ne vous affolez pas et informez-le d'abord sur la drogue et expliquez-lui qu'il vaut mieux ne pas commencer à faire des bêtises. Mais ne lui dites surtout pas de ne pas se droguer.

Il va à l'école et vous savez qu'il y a de la drogue dans cette école. Par ailleurs, vous n'avez aucune preuve que cela le concerne. Avant d'en être sûr, ne lui en parlez pas, ne lui faites pas de morale. La première chose à faire est de vous taire.

Deuxièmement, essayez de vous informer. Vous serez peut-être surpris d'apprendre que les adolescents en savent souvent plus que leurs parents. Dans ce cas, cela réduit l'autorité des parents presque à néant. Voici quelques livres qui vous aideront à comprendre ce problème :

Drogues informations, J. Lesage de la Haye (E.L.P. Éditions) ;

Dossier D... comme Drogue, A. Jaubert (Livre de Poche) ;

Qui sont les drogués ?, Dr P. Bensoussan (Éd. Laffont, Coll. « Réponses »).

Troisièmement, essayez d'être honnête, sinon vous perdrez votre crédibilité. Supposons que votre enfant vous dise : « Fumer de la marijuana de temps en temps est en fait moins nuisible que le paquet de cigarettes que tu fumes tous les jours. » Il a raison, et il vaut mieux le reconnaître.

Ce qui ne veut pas dire que parce que vous fumez des cigarettes, cela l'autorise a fumer de la marijuana. Dites-lui que c'est vrai et que vous voudriez ne jamais avoir commencé.

L'habitude est vite prise mais bien difficile à perdre. Vous pouvez lui donner les raisons spécifiques qui vous font penser que la marijuana est nuisible (bien que la marijuana ne soit pas une drogue, je la considère comme telle ici, pour faciliter la discussion).

L'honnêteté exige que vous évitiez des raisonnements fallacieux comme j'en ai entendu de tant de parents: «Tous les drogués à l'héroïne ont commencé par la marijuana.» Cela implique que fumer de la marijuana mène à prendre de l'héroïne, ce qui est faux. On peut dire que tous les drogués à l'héroïne ont commencé par la marijuana, mais des millions de jeunes ont fumé de la marijuana sans aller plus loin. Tous les drogués à l'héroïne ont commencé par boire du lait, et ce n'est pas cela qui les a menés à se droguer.

Sachez ce qu'il en est et si votre enfant décèle des erreurs dans votre argumentation, ayez l'honnêteté de le reconnaître.

Quatrièmement, évitez de vous transformer en détective. Vous ne pouvez pas imaginer ce que des parents paniqués peuvent faire : ils passent la chambre de leur enfant au peigne fin, ils écoutent les conversations téléphoniques. Une telle attitude pousserait votre enfant à se droguer, même s'il ne l'a pas fait jusque-là.

Vous pouvez vous demander comment vous pourrez vous en apercevoir. Certains articles de journaux, certains livres conseillent aux parents d'observer certains symptômes tels que la rougeur des yeux, une augmentation ou une perte sensible de l'appétit, un goût excessif pour les sucreries, l'inquiétude, une mise négligée, etc. C'est une mauvaise approche.

Imaginez que votre enfant brûle de l'encens dans sa chambre. C'est peut-être un signe puisque beaucoup d'adolescents le font pour couvrir l'odeur de la marijuana. Il se peut aussi qu'il en brûle parce que ça se fait et qu'il est grand main tenant. Un spécialiste peut être aidé par une liste de symptômes mais elle risque de mener les parents à une conclusion hâtive et pessimiste.

Au lieu de vous fier à une telle liste, je vous conseille d'agir avec bon sens, ce qui est à la portée de tous les parents. Pensez que voilà douze ans que vous connaissez votre enfant, que vous savez l'essentiel de sa personnalité ; si vous voyez qu'il se comporte tout à coup de façon étrange, vous pouvez alors avoir des soupçons. (Des parents ne doivent jamais ignorer cette attitude bizarre de l'enfant même s'il ne se drogue pas.) Dites-lui, par exemple : « Je me fais du souci pour toi. Tu agis d'une façon curieuse qui ne te ressemble pas. (Précisez en quoi.) Je me demande si tu ne te drogues pas ? Ai-je raison ? »

S'il en est ainsi, évitez de jouer aux parents tyranniques qui tempêtent qu'ils ne « l'admettront pas », « qu'il faut arrêter immédiatement », etc. S'il existe une manière d'aggraver la situation, c'est bien celle-là. Je connais un psychiatre qui en découvrant que son fils se droguait se mit à hurler qu'il minait sa réputation et que s'il continuait, il courrait aux pires ennuis. La compréhension mutuelle entre père et fils n'en a pas été renforcée et le probleme n'a pas été réglé pour autant.

Ayez une conversation franche avec votre enfant. C'est de lui que vous pouvez tirer des renseignements. Demandez-lui ce qui l'a poussé à se droguer d'abord. Ce qu'il pense de tout cela. Vous n'obtiendrez ces renseignements qu'en manifestant de la compréhension et en recourant à la méthode du feed-back mais ni par les menaces ni par les remontrances.

Une fois que vous savez, utilisez la méthode de la solution collective d'un problème (chap. 10) ou celle du contrat (chap. 3) pour essayer de trouver une solution.

A cet âge vos chances de réussite sont assez grandes car on n'est pas à la période contestataire de la première adolescence ou les dernières années de l'adolescence. L'enfant vous lancera peut-être un défi en paroles, mais au fond c'est encore un petit garçon qui tient compte de votre avis (ce qu'il ne fera plus dans quelques années).

Si vous ne réussissez pas à trouver une solution, allez *ensemble* voir un psychologue. Empêchez cette situation de se prolonger. Étouffez-la dans l'œuf pendant la pré-adolescence, sinon elle risque de s'aggraver par la suite.

8. *Mon fils de onze ans ne vient jamais me trouver dans la pièce où je me trouve quand il veut me demander quelque chose. Au lieu de cela, il reste dans sa chambre et m'interpelle à grands cris. C'est un comportement qui m'exaspère.*

Vous pouvez le modifier facilement. Expliquez-lui clairement que lorsqu'il veut vous poser une question, s'il a besoin de vous, il doit venir vous trouver et vous parler avec modération. Dites-lui que tant qu'il persistera à hurler dans la maison, vous n'entendrez pas.

J'ai conseillé cette méthode à une mère confrontée au même problème que le vôtre. Après quelques heurts, au bout d'une semaine l'enfant avait accepté de se plier à cette règle.

9. *Mon fils de onze ans sait qu'il doit rentrer à la maison à 6 heures pour dîner. Il arrive souvent à 7 heures ou 7 h 1/2. Je suis excédée de devoir garder son repas au chaud.*

Utilisez la méthode des conséquences naturelles, cela devrait parfaitement réussir, surtout avec un enfant de onze ans car on est particulièrement vorace à cet âge. Vous allez expliquer à votre fils que le repas est à 6 heures et qu'après cette heure-là, il ne pourra plus manger. Cessez de garder le repas au chaud et faites-lui supporter les conséquences de ses actes.

En cas d'échec, ayez recours aux systèmes de la récompense positive, du contrat ou de la solution collective. Pour le premier, s'il arrive à l'heure, dites-lui qu'il peut regarder la TV. Formulez toujours la récompense positivement. Ne dites pas : «Tu es en retard, pas de TV!»

10. *Ma fille de douze ans me rend folle avec la façon dont elle traite ses vêtements. Je n'exagère pas en disant qu'elle ne les suspend jamais. Elle les laisse par terre en un tas harmonieux. Je lui demande de les ramasser, elle me dit qu'elle va le faire mais ça ne se réalise jamais.*

Prenez une grande boîte en carton sur laquelle vous inscrirez le nom d'une œuvre de charité. Dites-lui qu'une fois par semaine (sans préciser à quel moment) vous passerez dans sa chambre avec ce carton. Vous y mettrez tout ce qui traînera et vous le porterez immédiatement à l'œuvre. Naturellement il ne faudra pas lui acheter de nouveaux vêtements.

Elle sera confrontée à une situation sans issue. Puisque vous détenez les cordons de la bourse, elle ne pourra pas avoir de vêtements neufs sans votre accord. Si elle persiste dans ses mauvaises habitudes, les siens disparaîtront peu à peu. Il lui faudra donc modifier son comportement.

Mon expérience m'a prouvé qu'un ou deux envois de la boîte suffisaient généralement. Si votre fille est particulièrement entêtée, elle se retrouvera peut-être avec un ou deux vêtements seulement.

Ne faites surtout pas comme ces mères qui se récrient quand je leur conseille cette méthode, parce qu'elles ne veulent pas se débarrasser de vêtements qu'elles ont payé cher. C'est le seul moyen si vous ne voulez plus vous exaspérer, sinon continuez.

11. *Que faire avec un garçon de onze ans qui déteste se laver ?*

Vous pouvez le forcer à prendre des bains ou des douches et donc à être propre, mais vous ne pouvez le forcer à *vouloir* être propre. Pour un garçon de onze ans, la propreté est d'un intérêt tout à fait secondaire. Il croit que le rythme d'un bain par an est largement suffisant.

Observez un garçon de onze ans qui part en camp de vacances. Il porte un tee-shirt, un jean, des tennis et traîne une valise amoureusement préparée par sa mère avec de quoi se changer tous les jours. Au retour, il aura le même tee-shirt, le même pantalon que lorsqu'il est parti, si sales qu'ils pourraient tenir debout tout seuls. Les vêtements de rechange sont immaculés et intacts au fond de la valise.

Donc insistez pour qu'il prenne une douche quand c'est nécessaire, mais n'attendez pas qu'il soit motivé.

12. *Quand les amis de notre fils de douze ans viennent jouer à la maison, son frère de neuf ans ne les quitte pas et essaie de se faire remarquer. Il se rend malheureusement insupportable et ils répondent en le taquinant sans gentillesse. Que faire ? Dois-je intervenir et si oui, comment ?*

Je pense que vous devez intervenir et le plus simple est de pousser votre garçon de neuf ans à laisser les plus âgés tout seuls. Encouragez-le à aller voir un camarade, à en inviter un ou à faire quelque chose d'intéressant tout seul.

13. *Nos deux filles, âgées de onze et quatorze ans partagent la même chambre. La plus jeune est ordonnée, la plus grande est non seulement désordonnée mais elle « emprunte » les affaires de sa sœur quand l'envie lui en prend. Leurs querelles incessantes épuisent toute la famille.*

Je commencerais par un petit travail de menuiserie. Je mettrais une cloison au centre de la pièce pour la diviser en deux. Mettez une serrure à chaque chambre et donnez sa clé à chaque enfant. Cette modification peut calmer les esprits. Si les discussions continuent consultez le chap. 23, question 6. Utilisez le hors-jeu, et la solution collective du problème pour régler les querelles qui subsistent.

14. *Vous avez dit que la pré-adolescence était une période difficile pour les parents. Pouvez-vous donner quelques conseils généraux pour les aider à franchir cette étape ?*

Premièrement, limitez-vous à un minimum de règles. Cela irrite toujours un pre-adolescent quand on lui parle de règles.

Deuxièmement, assurez-vous que votre enfant obeit a ces regles qui sont importantes en ce qui concerne ses actes.

Troisiemement, essayez d'ignorer, autant que vous pouvez, ses audaces verbales. S'il va trop loin, dites-lui clairement que ça suffit.

Quatrièmement, favorisez autant que vous le pouvez les possibilites de garder des rapports affectifs pendant cette période difficile. Sortez le, emmenez-le au cinéma, assister à des rencontres sportives, camper, etc.

Cinquièmement (je parle sérieusement), allez le contempler quelques minutes quand il dort. Il a l'air si innocent et adorable dans son sommeil ! Cela vous redonnera du courage pour l'affronter le lendemain !

Sixièmement, rappelez-vous que c'est une étape nécessaire mais *temporaire.* Cela durera deux ans au maximum. C'est une pensée réconfortante !

Septièmement, rappelez-vous que vous devez savoir encaisser les coups.

En résumé

A moins d'avoir affaire à un enfant particulièrement facile, c'est une période éprouvante pour les parents. Tel a été le cas pour tous les parents que j'ai rencontrés, et pour moi aussi en tant que père. C'est la tâche spécifique de l'adolescence que de briser tous les schémas de comportement de l'enfance afin de laisser la place libre à l'adolescence et à l'âge adulte. En pratique, cela signifie que l'enfant se rebelle, devient contestataire, entêté, détestable à bien des égards.

Après les cinq années précédentes où l'enfant était raisonnable et facile, les parents éprouvent le choc de se trouver en face d'un être inconnu et souvent difficile. A certains égards, et malgré la différence d'âge, il vous rappellera ce qu'il était à deux ans, mais il est plus grand et plus habile pour manifester son opposition.

J'aimerais pouvoir vous offrir des remèdes magiques. Malheureusement, il n'en existe pas. Essayez seulement les méthodes que je vous ai suggérées et gardez bon espoir. Cela ne durera que deux ans !

26

LES PREMIÈRES ANNÉES DE L'ADOLESCENCE

Vue d'ensemble

Les limites de l'adolescence ne sont ni certaines ni absolues. En gros, on peut considérer que l'adolescence est la phase de développement qui s'inscrit entre la puberte et l'âge adulte. bien que là non plus, il ne soit pas facile de fixer de règles, on peut dire que l'enfant devient pubère dès douze ou treize ans et qu on devient adulte le jour de sa majorité Ainsi, nous situerons les premières années de l'adolescence entre treize et quinze ans, alors que ses dernières années se terminent vers seize, dix-huit ou vingt ans

Toute l'adolescence aboutit à la formation *d'une identité, d'un « moi » différent de celui de ses parents.* Dans les premières années de l'adolescence, le jeune essaie de savoir « qui il est » vraiment. Il le fait souvent dans le cadre de la cellule familiale, mais en s'opposant parfois violemment. Dans la deuxieme phase de cette période, il essaie de résoudre ce problème par rapport a la société tout entière, d'autant qu'il doit faire face aux problèmes de choix d'un métier ou de maturité sexuelle.

Il y a une dichotomie profonde chez l'adolescent ; d'un côté, il cherche a devenir independant, autonome. Mais de l'autre, il a encore envie de rester un tout petit, avec la tranquillité et la sécurité qui sont liées à la dépendance affective. Votre enfant balance sans arrêt entre ces deux désirs.

L'adolescence commence avec la puberté. Votre enfant doit alors faire face à un problème nouveau : celui de ses pulsions sexuelles. De plus, il doit s'habituer à un nouveau corps.

En même temps, l'adolescent continue ce qu'il avait déjà amorcé pendant la période de la pré-adolescence : surmonter son attachement filial, et devenir sentimentalement indépendant de ses parents. Le plus souvent, il se révolte contre eux, essaie de leur trouver des défauts. En devenant agressif et critique, il peut ainsi s'affirmer en tant que personne à part entière et rompre avec son enfance.

Mais l'adolescent n'est pas encore assez sûr de lui pour être indépendant *sur le plan affectif*. Il a besoin de ses camarades, qui lui donnent les attaches dont il a besoin pour couper ses liens avec ses parents. Les mots d'ordre de l'adolescent sont « Révolte-toi contre tes parents », et « Respecte les us et coutumes de ton groupe ».

Les parents ont tort de croire que la révolte de leur enfant s'attaque à eux en personne. Ils croient que s'ils sont fermes, il se tiendra tranquille. C'est franchement impossible : nous n'avons pas le choix. La seule alternative est de savoir si l'enfant se révoltera normalement, ou si, ce faisant, il aura des difficultés avec la loi, s'il se droguera, ou aura des problèmes sexuels. Il faut donc plutôt chercher à comprendre, à prévoir, à s'accommoder de son comportement et à oublier la peine qu'il peut nous causer. Surtout ne pleurez pas sur l'instabilité de vos relations. Rappelez-vous votre propre adolescence et l'exaspération de vos parents !

Il faut que je parle maintenant des méthodes de discipline : parmi celles que je vous ai indiquées, beaucoup restent valables jusque vers douze ans. Mais avec un adolescent, il en va autrement. Je me rappelle, à ce propos, qu'un soir, ma fille devait sortir avec un ami. Elle entra dans le salon et vraiment, elle était éblouissante. Je commis l'erreur fatale de lui dire : « Robin, tu es vraiment splendide ! » Elle fit immédiatement demi-tour vers sa chambre ; cinq minutes plus tard, elle en ressortait habillée d'une vieille chemise et d'un blue-jean tout délavé.

Avais-je enfreint la règle sacrée de la récompense positive ? Non ; mais pour elle, maintenant, ces récompenses devaient venir du groupe de ses amis, surtout pas de ses parents ! Après ma remarque, elle ne pouvait donc que changer de vêtements. Ce qui est efficace avec une fillette de douze ans ne l'est plus avec une adolescente de treize ou seize ans.

Malgré tout, certaines méthodes de discipline s'appliquent encore aux adolescents, parce que dans leur principe, elles supposent un rapport d'égalité. Ce sont le « feed-back », la solution en commun des problèmes, le conseil de famille, le contrat, et aussi un effort constant pour maintenir les fondements d'un rapport affectif.

1. *Mon fils de treize ans est assailli de coups de téléphone d'amies. Lui, par contre, ne prend jamais la peine de les appeler. Les filles d'aujourd'hui n'ont donc plus d'amour-propre ?*

Non. Beaucoup de choses ont changé depuis le temps où vous aviez son âge. C'est une des erreurs les plus courantes chez les parents que de s'attendre à voir leurs enfants respecter les convenances de leur époque. Si vous succombez ainsi au piège du « de mon temps », je vous conseille la « pensée négative ». (Voir chap. 14).

2. *Mon père est mort d'un cancer du poumon il y a quatre*

ans. Depuis, je suis très opposée au tabac ; en fait, je suis même d'une intolérance extrême. Or, ma fille de quinze ans s'est mise récemment à fumer devant moi. Nous avons eu de nombreuses disputes à ce sujet. Ne peut-elle pas affirmer son indépendance par d'autres moyens ?

En fait, vous ne savez pas exactement pourquoi elle s'est mise à fumer. A cela, il peut y avoir plusieurs raisons. Vous concluez hâtivement qu'elle fume pour affirmer son indépendance. Cela n'est pas forcément vrai.

En tout cas, une chose est sûre, c'est qu'elle fume. Que pouvez-vous y faire ? Rien, aussi désagréable que cela puisse vous paraître. Si vous lui interdisez de fumer devant vous, elle fumera ailleurs. Elle connaît probablement les risques de cancer du poumon et de crise cardiaque qu'elle court, surtout avec l'exemple de son grand-père.

Elle fait là quelque chose d'irréfléchi, mais vous n'y pouvez rien. Elle a le droit de faire cette bêtise. Il n'est pas bon pour vous de l'attaquer, d'avoir des mots avec elle. Ce n'est pas cela qui la fera s'arrêter de fumer : vous ne réussirez qu'à vous brouiller.

Je vous conseille plutôt de lui dire quelque chose comme ceci : « J'ai bien réfléchi à propos de tout cela, Mélissa. Je n'ai pas le droit de décider à ta place. Tu as tort de fumer quand tu sais que tu risques un cancer du poumon ou une crise cardiaque. Après tout c'est toi qui l'auras, pas moi. Je vais essayer de respecter ta décision mais je n'en pense pas moins. » C'est ce qui est le plus difficile à admettre quand son enfant devient adolescent : on ne peut plus l'empêcher de faire des bêtises.

3. *A part la dynamite, y a-t-il un moyen de déloger ma fille de quatorze ans du téléphone ? Le prix des communications grève trop notre budget.*

Faites en sorte qu'elle ait de quoi payer ses communications, qu'elle fasse par exemple du baby-sitting. A ce moment-là, elle pourra disposer du téléphone. Un conseil malgré tout : fermez la porte pour être tranquille.

Mais si cela n'est pas possible, adoptez une tactique apaisante, comme le contrat, la solution en commun des problèmes, ou le conseil de famille pour résoudre ce conflit qui naît si souvent avec les adolescents.

Si rien de tout cela n'est efficace, alors, essayez la fermeté. Fixez une durée limite pour les appels. Si votre fille dépasse cette durée, prévenez-la qu'elle devra raccrocher dans cinq minutes. Si elle n'en tient pas compte, coupez la communication.

4. *Je suis divorcée et j'ai un travail très absorbant. J'ai donc besoin qu'on m'aide pour tenir mon appartement propre. Comment faire pour que ma fille coopère davantage ? Elle laisse même traîner ses affaires et ne m'aide pas du tout.*

Je vous conseille d'essayer la technique de résolution en commun des problèmes (voir chap. 10). Expliquez-lui tout ce que représente l'entretien d'une maison, demandez-lui son avis, et essayez ensemble d'arranger tout cela. Vous pouvez aussi recourir au contrat.

Si votre fille refuse toujours de vous aider, il ne vous reste qu'à faire la grève. Refusez de préparer son repas, de laver ses vêtements, de lui en acheter. Après tout, c'est vous qui tenez les cordons de la bourse. Supprimez-lui l'argent de poche. N'utilisez malgré tout cette méthode qu'en dernier ressort.

5. *Mon fils et ma fille de treize et quinze ans font tous deux de l'auto-stop. Ils prétendent que ce n'est pas dangereux et que d'ailleurs tous les autres en font. Ils disent qu'ils font attention.*

Je leur rétorque que même les enfants prudents se retrouvent parfois dans la rubrique nécrologique des journaux. Que faire pour les convaincre ?

Je vais vous répondre à peu près la même chose qu'à la question 2 à propos du tabac. Quand il s'agit d'actions dangereuses, comme fumer ou faire de l'auto-stop, les jeunes croient toujours que « l'accident, ça n'arrive qu'aux autres ». Évidemment, c'est absurde.

Je crains que vous ne puissiez rien dire d'autre que : « Vous savez aussi bien que moi qu'il est dangereux de faire de l'auto-stop. Vous avez lu comme moi dans les journaux que plusieurs auto-stoppeurs ont été assassinés. Franchement, je vous aime bien tous les deux, et ça ne me plairait guère de devoir aller reconnaître vos corps à la morgue. Je vous conseille franchement d'arrêter. De toute façon, vous faites ce que vous voulez, je ne peux pas vous en empêcher. C'est votre vie, pas la mienne. Je vous donne des conseils, mais c'est vous qui prenez la responsabilité de courir ce risque. »

En les mettant en face de leurs responsabilités, vous les atteindrez peut-être. Sinon, vous serez bien forcée de les laisser faire. C'est dur d'avoir des enfants adolescents, n'est-ce pas ?

6. *A quel âge doit-on parler aux adolescents du contrôle des naissances ?*

Comme je l'ai dit au chapitre 24, dix ans est un âge raisonnable pour parler du sexe aux enfants, y compris du contrôle des naissances. Si jamais vous ne l'avez pas fait, empressez-vous de combler cette lacune ! Les adolescents devraient connaître toutes les méthodes de contraception et leur efficacité. Dans les magazines à grand tirage, on lit que toutes les adolescentes prennent la pilule. Ne croyez surtout pas cela. Mes confrères, qui connaissent les détails de la vie sexuelle des adolescentes, savent que très peu d'entre elles l'utilisent.

D'après ce que je sais, beaucoup d'adolescents pratiquent le coït interrompu et n'ont pas la moindre idée des risques de cette méthode. Très peu d'adolescents utilisent les condoms. Savez-vous pourquoi ? Très souvent, ils n'osent pas entrer dans une pharmacie pour en demander. Par contre, de nombreuses adolescentes se servent de mousse vaginale. Et pourquoi, d'après vous ? Parce qu'une adolescente répondra avec l'accent de la plus parfaite innocence au pharmacien que c'est pour sa mère. Encore une fois, elles n'ont aucune idée de son peu d'efficacité et ignorent combien de « bébés mousse vaginale » sont nés aux États-Unis.

J'espère vous avoir convaincu de l'utilité d'informer les adolescents à ce sujet.

Mais vous pensez peut-être qu'en leur parlant de contraception, vous les autorisez implicitement à avoir des relations sexuelles avant le mariage. Laissez-moi vous dire que, d'accord avec les parents ou non, le pourcentage d'adolescents qui ont des relations augmente sans cesse. Dans le livre de Robert Sorensen : *Adolescent Sexuality in Contemporary America,* vous trouverez des chiffres de ce genre : 52 pour cent des adolescents américains entre treize et quinze ans auront des relations sexuelles avant vingt ans. Parmi les adolescents qui ne sont plus vierges, 75 pour cent des garçons et 45 pour cent des filles ont eu leur première expérience avant l'âge de quinze ans. Seulement 5 pour cent des garçons et 17 pour cent des filles ont attendu jusqu'à dix-huit ou dix-neuf ans.

Que veut dire tout ceci ? Simplement, qu'en refusant de donner des informations sur la contraception, vous risquez surtout de vous retrouver grands-parents de façon inattendue.

7. *je suis veuve avec une fille de quinze ans. Il y a peu de*

temps, je me suis mise à fréquenter quelqu'un. Nous envisageons sérieusement de nous marier. Or, chaque fois que ma fille le voit, elle cherche à le séduire et prend une attitude provocante. Si au moins je savais pourquoi elle agit ainsi, je pourrais peut-être reprendre plus facilement la situation en main. Mais pour le moment, je n'y comprends rien.

Comme je l'ai expliqué dans mon livre *Le Père et son enfant*, les petites filles passent toutes, entre trois et six ans, par l'étape que j'appelle « l'idylle familiale » et tombent amoureuses de leur père. Ce processus psychologique est destiné à leur donner un modèle de l'homme qu'elles aimeront plus tard. (Il en va de même du garçon avec sa mère.) Après cela, cette attitude disparaît pour réapparaître à l'adolescence. Mais cette fois la sexualité joue un rôle.

Votre fille n'a plus son père : elle le remplace donc par l'homme que vous fréquentez pour recréer ce processus. Vous devriez expliquer la situation à votre ami et décider d'ignorer tous deux le comportement de votre fille, dans la mesure du possible. Ce comportement n'est pas entièrement délibéré et, après tout, flirter n'a pas grande conséquence. Cela finira tôt ou tard.

8. *Ma fille de quinze ans est enceinte pour la seconde fois. Nous l'avons fait avorter lors de sa première grossesse et depuis nous l'avons encouragée à prendre la pilule. Mais elle refuse l'avortement et veut garder son enfant. Que faire pour qu'elle revienne à la raison ?*

En effet, le problème réclame de toute urgence l'aide d'un spécialiste. Le mieux serait que vous alliez ensemble en voir un. Mais votre fille peut refuser. Ne l'y forcez surtout pas. Le médecin saura vous conseiller sur la façon de la convaincre.

Je suis d'accord avec vous : votre fille a agi sottement. Néanmoins, elle doit avoir ses raisons pour agir ainsi ; je ne connais pas ses raisons ; c'est pourquoi il faut vous adresser personnellement à un spécialiste.

9. *Ma belle-mère nous reproche sans arrêt la tenue de notre fils de quatorze ans. C'est vrai : il a l'air d'un clochard. Mais nous savons qu'au fond, c'est un gentil garçon, c'est pourquoi nous le laissons faire. Mais il commence à être touché par les remarques de sa grand-mère. Comment lui faire comprendre qu'elle devrait le laisser, nous laisser tranquilles ?*

C'est vraiment votre belle-mère qui pose un problème. Elle n'a pas le droit de critiquer comme elle le fait l'aspect des autres. Essayez donc la méthode de la solution collective des problèmes. Dites lui : « Helen, nous savons aussi bien que vous que Freddie a l'air d'un clochard. Mais que voulez-vous, c'est de son âge ! Et il commence à se vexer de tout ce que vous lui dites. J'aimerais que nous discutions de ce problème ensemble pour essayer de le résoudre. »

Si votre belle-mère est compréhensive, cette technique pourra donner des résultats. Mais si elle est inflexible, il faudra alors que vous mettiez nettement les choses au point. Dans ce cas, dites-lui que c'est votre fils et que vous lui demandez de le laisser tranquille. Si elle répond que c'est son petit-fils et qu'elle a le droit de lui dire ce qu'elle veut, expliquez qu'il n'est plus possible que lui et elle se voient.

10. *Mon fils de quinze ans affiche des idées politiques extrémistes et se déclare partisan de l'amour libre. Cela m'irrite énormément de l'entendre dire pareilles âneries. Que faire pour lui sortir cela de la tête ?*

Les adolescents sont les champions de la provocation ; ils ont l'art d'assener à leurs parents des jugements dont ils sont sûrs qu'ils les feront bondir. Les parents mordent à l'hameçon et l'instant d'après, ils se rendent compte qu'ils se sont bel et bien laissés prendre. J'ai l'impression que c'est ce que votre fils est en train de faire. Ne vous inquiétez pas, faites semblant d'être très intéressé par ses remarques, il s'arrêtera tôt ou tard.

11. *Je n'ai qu'un fils de treize ans. Récemment, je me suis aperçue qu'il manquait de l'argent dans mon porte-monnaie. Mon fils m'a juré qu'il n'y avait pas touché. Je lui ai demandé s'il avait assez d'argent de poche. Il m'a répondu que cela lui suffisait largement. Malgré cela, l'argent disparaît toujours de mon porte-monnaie, et il est le seul qui puisse faire cela. Comme l'arrêter ?*

Vous n'avez qu'à acheter une serrure pour le placard où vous rangez votre porte-monnaie. Gardez-en la clé sur vous. Comme cela le problème sera résolu !

12. *Qu'est-ce qui peut pousser un garçon de quatorze ans à étaler un drapeau nazi dans sa chambre ?*

La réponse est la même que pour la question 10. Ce comportement participe de la rébellion des adolescents. A votre place, je ferais comme si de rien n'était, et j'ignorerais les slogans, insignes et autres dont il décore sa chambre.

13. *Notre fille de quatorze ans nous parle sans arrêt d'indépendance, du « droit de faire ce qu'elle veut ». Puisqu'elle tient tant à son individualité, pourquoi s'habille-t-elle comme tous les autres jeunes de son âge ?*

Votre raisonnement se tient mais ce serait peine perdue que de vouloir en convaincre votre fille. Partout, les parents passent un temps fou à expliquer à leurs enfants qu'ils ne sont pas logiques avec eux-mêmes. C'est du temps perdu. Croyez-moi, ce n'est pas en disant à votre fille qu'elle pense de travers qu'elle changera. Cela ne peut mener qu'à un harcèlement réciproque. Un tel manque de logique n'a jamais tué personne, alors laissez-la faire. (Et puis entre nous soit dit, les adultes, eux aussi, sont parfois illogiques.)

14. *Notre fils de quinze ans m'inquiète. Il semble n'éprouver aucun intérêt pour les filles de son âge. Ce n'est pas normal. Que faire ?*

Le développement de l'intérêt des garçons pour les filles est quelquefois lent, c'est peut-être le cas pour votre fils. Je connais des tas de garçons qui étaient comme lui à son âge et qui se sont mis à sortir normalement avec des filles vers dix-huit ou dix-neuf ans.

Ne faites rien. Laissez-le se développer normalement. Bien sûr, si à dix-huit ou dix-neuf ans, il n'a pas évolué, c'est que quelque chose ne va pas. A ce moment-là, l'avis d'un spécialiste sera nécessaire.

15. *Mon fils de quatorze ans ne veut plus rien faire avec moi, alors que nous avions l'habitude de jouer au football ensemble. Que puis-je faire pour préserver nos relations ?*

Vous pouvez l'emmener au cinéma, assister ensemble à des événements sportifs ; emmenez-le à la pêche, s'il aime ça. A condition que cela vous plaise à tous les deux, vous pouvez partir faire du camping ou de la marche. Il aura des problèmes vis-à-vis de son groupe si vous partagez certaines de ses activités, mais celles-là conviennent parfaitement.

16. *Mon fils de quatorze ans passe le plus clair de son temps à se « balader », comme il dit, avec ses amis. L'un d'eux a une voiture et ils passent souvent la nuit à se promener en ville,*

sans chercher à faire autre chose que de trouver des filles. Pourquoi ne fait-il rien de plus constructif?

Parce que c'est un adolescent. Ce sont les parents qui veulent que leurs enfants fassent «quelque chose de constructif». C'est bien pour cela qu'un jeune fuit ce genre d'activités comme la peste. S'il a une tâche sérieuse dans un club de jeunes, ou de scouts, ou dans une paroisse, c'est très différent, parce que vous ne le lui avez pas demandé.

Mais, à part ce rôle de chef respecté par le groupe auquel il appartient, les adolescents comme votre fils passent beaucoup de temps à ne rien faire, à rester simplement entre amis. Ceci les rassure, les intègre à un groupe et ils n'ont pas besoin de se faire remarquer. C'est un comportement normal pour un adolescent et, tant que cela ne provoque pas d'ennuis, je le laisserais tranquille.

17. *Qu'est devenu le respect de jadis pour les parents?*

C'est fini! Et à mon avis ce n'est pas un mal qu'il en soit ainsi, quand il s'agit de ce que les parents appellent habituellement le «respect», c'est-à-dire que lorsque leur enfant est en colère contre eux, il garde cette rancœur pour lui sans l'exprimer. Comme je l'ai indiqué au chapitre 9 à propos du feedback, je crois que c'est une erreur de ne pas laisser les enfants et les adolescents exprimer leur humeur même mauvaise. Si un adolescent est forcé de se taire, ses colères resurgiront sous forme d'actes sournois et négatifs, ce qui est mauvais. Les mots valent mieux que les actes.

18. *Mon fils de quatorze ans et un de ses camarades ont volé des enjoliveurs de voiture et ont essayé de les revendre. La police les a attrapés la semaine dernière. Les policiers ont discuté avec lui et nous ont prévenus. Comme c'était son premier*

délit, la police a décidé de le relâcher. Ce qu'il a fait me rend malade. Que faire?

Si ce qui s'est passé l'a suffisamment impressionné, je ne crois pas qu'il ait besoin d'une autre punition. Soyez compréhensifs. Ne lui posez pas de questions du genre : « Pourquoi astu volé ces enjoliveurs ? » Il ne le sait probablement pas luimême. Il pensait sans doute s'affirmer ainsi vis-à-vis de ses camarades.

Dites-lui que vous êtes très contents que l'affaire n'ait pas eu de suite. Mais précisez bien que si cela devait se reproduire, vous ne seriez pas aussi conciliants.

Si votre fils a été frappé par l'importance de son acte, vous pourrez ainsi redresser la situation. Sinon, il faudra agir différemment. S'il a affecté d'être poli et obéissant avec les policiers mais qu'aussitôt rentré à la maison, il s'est exclamé qu'ils étaient des raseurs de faire tant d'histoires pour deux malheureux enjoliveurs, recourez à un conseiller familial pour prévenir une éventuelle récidive. Seul, un spécialiste pourra comprendre pourquoi votre fils est si hostile et s'engage dans des actions illégales. Agissez maintenant plutôt que d'attendre qu'il fasse quelque chose de beaucoup plus sérieux.

En résumé

L'âge de l'adolescence entraîne de nombreux et importants problèmes de discipline. La plupart du temps, les parents ont surtout l'impression de perdre le contrôle de leurs enfants. Si, auparavant, ils ont beaucoup misé sur la punition, ils comprennent qu'elle n'est plus d'un grand secours.

Mais s'il est est vrai qu'avec l'adolescence, les parents perdent beaucoup de leur autorité, cela ne veut pas dire qu'ils n'en ont plus du tout. Simplement, beaucoup de responsabilités incombent maintenant à l'adolescent lui-même. Vous devez accepter cela. Gardez les méthodes de discipline fondées sur le respect mutuel et rappelez-vous que votre enfant est déjà presque un adulte, qu'il faut traiter comme tel.

27

LA FIN DE L'ADOLESCENCE

Vue d'ensemble

Comme je l'ai dit au chapitre précédent, le début de l'adolescence est marqué par le combat que mène votre enfant à la fois contre sa dépendance et pour son indépendance vis-à-vis de vous. A cette période, il se révoltera fréquemment contre toutes vos interdictions, même les plus raisonnables, comme s'il s'agissait des diktats d'un despote sadique.

Dans la période finale de l'adolescence, entre seize et vingt ans, votre enfant commence à se rendre compte qu'il « touche au but », en ce qui concerne son indépendance. Pendant ce temps, l'image qu'il avait de lui-même est devenue celle d'un demi-adulte. Votre enfant essayait auparavant de résoudre la question « qui suis-je ? » particulièrement à l'intérieur de la cellule familiale. Il combat maintenant pour établir son moi dans le cadre plus vaste de la société tout entière. Il doit maintenant choisir un métier et l'apprendre, établir des relations satisfaisantes avec l'autre sexe, et s'affranchir définitivement de ses parents et de sa famille.

Cette période peut être particulièrement difficile à traverser pour les parents, parce qu'elle correspond souvent à la quarantaine ou à la cinquantaine, avec les problèmes que cela entraîne. Russell Baker appelle cet âge la « murescence », quand l'adolescence et la maturité se rencontrent, et que la situation risque de devenir explosive !

Même si au regard de la loi, un adolescent devient adulte à dix-huit ans, je pense tout de même que l'adolescence dure de seize à vingt et un ans car l'individu qui mûrit peu à peu a encore des heurts passionnels avec ses parents durant cette période. Tant que cette lutte continue, c'est encore un adolescent et non un adulte.

Par bonheur, quand votre fils ou votre fille atteindront vingt-deux ou vingt-trois ans, il n'y aura plus opposition ni ouverte ni cachée. Pour la première fois, vous découvrirez la joie d'un autre type de relations, celle d'adulte mûr à adulte plus jeune.

1. *Notre fils de seize ans se met en colère quand nous voulons savoir où il se trouve et quand nous lui demandons de rentrer à une heure décente quand il sort ; il dit qu'il n'est plus un enfant. Avons-nous tort ou raison ?*

Vous avez raison sur un point et tort sur un autre. Vous avez raison d'exiger une heure de retour précise quand il sort. Vous devriez venir à bout de cette question en utilisant la méthode de résolution en commun des problèmes. Il est naturel qu'il proteste contre une limitation d'horaires, mais vous avez raison de l'exiger.

Mais c'est très différent de vouloir savoir où il va. Quand il était petit, il était bon que vous le demandiez. Rappelez-vous qu'un adolescent est mobile, surtout quand il est motorisé, beaucoup plus qu'un enfant. Il est donc peu raisonnable de croire que votre fils restera toute la soirée au même endroit. De plus, il considérera votre demande comme un affront. N'insistez pas mais restez ferme sur l'heure du retour.

Mais ne soyez pas assez naïf pour croire qu'il rentrera toujours à l'heure précise que vous lui aurez indiquée! Ne dites rien pour un quart d'heure, mais réagissez s'il s'agit de plusieurs heures.

2. *Notre fille, interne dans un collège, ne nous écrit que quand elle a besoin d'argent. Par contre, elle nous fait des reproches amers quand nous ne lui écrivons pas. Autrefois, je pensais que ce genre de situation était amusante, mais maintenant que cela m'arrive, je ne trouve plus cela si drôle.*

Je crois que vous avez mis le doigt sur l'une des choses qu'il est particulièrement difficile d'admettre chez un adolescent. Les relations entre parents et adolescents sont à sens unique : votre fille attend beaucoup de vous, mais n'envisage pas de contrepartie ; c'est un comportement tout à fait typique. Il n'y a rien à faire si ce n'est d'attendre qu'elle en vienne à des relations plus partagées.

Mais si vous trouvez cela trop dur, n'hésitez pas à le lui dire.

3. *Mon père m'a forcé à faire le même métier que lui. Je l'avais en horreur et j'ai fini par l'abandonner. Je ne voudrais que cela se reproduise avec mon fils. N'y a-t-il rien à faire pour l'aider à trouver un métier sans le contraindre ?*

Bien sûr que si. Vous pouvez lui faire passer ce que peu de parents connaissent : des tests d'orientation. Je ne recommande pas de le faire avant quinze ans, car la plupart des epreuves ne seraient pas valables. Il peut passer ces tests soit chez un psychologue soit au lycée. Je pense que cela est plus profitable chez un psychologue parce qu'il attachera plus d'importance au cas particulier de votre fils ; d'un autre côté, ces tests sont gratuits au lycée.

Les résultats lui indiqueront les points forts où il aura le plus de chances de réussir.

Parlez-en à votre fils, expliquez-lui ce qu'il en est. S'il refuse de passer ces tests, n'insistez pas. Mais s'il est d'accord, c'est une des meilleures choses que vous puissiez faire pour lui. Si j'avais passé de telles épreuves au lycée, je me serais orienté directement vers la psychologie et j'aurais gagné du temps.

4. *J'ai trouvé une lettre d'amour adressée à mon fils par un autre homme. Quand je l'ai mis devant ce fait, il a reconnu être homosexuel. Je ne peux le supporter. Que faire ?*

Vous pouvez l'emmener voir un spécialiste. Il y aura alors deux éventualités : votre fils peut soit décider de faire appel a un médecin pour redevenir hétérosexuel, soit de rester homosexuel et il n'a alors besoin de personne. Dans ce cas, il faudra vous habituer à cette situation. C'est arrivé à deux de mes amis et cela n'a pas été facile pour eux.

Vous ne pouvez absolument pas forcer votre fils à devenir héterosexuel. En plus de vingt ans d'expérience clinique, j'ai soigné beaucoup d'homosexuels, hommes ou femmes. Deux seulement d'entre eux voulaient changer, les autres ne me demandaient que de les délivrer de leur anxiété, de leurs dépressions, de leurs phobies. Il se peut très bien que ce soit le cas de votre fils. S'il veut être soigné, il peut l'être. Mais s'il veut rester homosexuel, il faut vous habituer à cette idée et l'accepter.

5. *Notre fils de seize ans travaille depuis quelques mois. Il dépense son argent aussi vite qu'il le gagne. Comment lui montrer la valeur de l'économie ?*

C'est impossible tant qu'il sera chez vous et ne paiera ni sa chambre ni sa nourriture. La vie lui apprendra les vertus de l'économie. Si vous essayez de le sermonner, vous allez vous disputer et cela n'apportera rien. Je suis persuadé qu'il pense qu'il a gagné cet argent et qu'il peut donc en faire ce qu'il veut.

Trop de parents se leurrent en croyant apprendre quelque chose à leurs adolescents en parlant avec eux. Ce n'est qu'à travers des expériences vécues qu'ils apprendront peu à peu. N'essayez donc pas de convaincre votre fils, la vie s'en chargera.

6. *Mon fils veut voyager pendant un an en sortant du lycée, avant de commencer des études supérieures. Je crains qu'il n'ait plus envie de reprendre ses études. Qu'en pensez-vous ?*

Je suis tout à fait pour. C'est une expérience qui va lui permettre de mûrir. En passant directement du lycée à l'université, les adolescents restent dans le monde clos de la vie scolaire : une année d'interruption leur permet au contraire d'entrer en contact avec la réalité.

Un grand nombre de possibilités s'offrent à votre fils. Il peut trouver du travail à l'étranger et y passer toute l'année. Il peut aussi travailler dans plusieurs pays, s'il parle plusieurs langues etrangères. Il peut faire de l'auto-stop en Europe ou en Asie (contrairement aux U.S.A. ou c'est un mode de transport dangereux, ainsi qu'en Afghanistan et à l'est de la Turquie).

Votre adolescent souhaiterait peut-être aussi vivre et travailler dans un endroit complètement différent de celui où vous habitez.

Je crois qu'il serait préférable qu'il travaille plutôt que de se contenter de voyager. Mais c'est à lui que revient la décision.

Cette année-là lui donnera sûrement plus de maturité qu'une année d'université et il tirera sans doute un profit bien plus grand de ses études supérieures.

7. ***Mon fils a seize ans. Il déteste étudier. Seuls le travail manuel, la mécanique et l'éducation physique lui plaisent. Il réussit mal dans les autres matières. Par contre, il est très habile de ses mains : il adore bricoler, réparer la télévision, la radio... Je ne sais que faire de lui.***

Votre fils ne semble pas attiré par les études. Essayez de l'orienter vers une école technique. Certains parents s'entêtent, par snobisme, à faire poursuivre à leurs enfants des études qui ne leur conviennent pas. L'essentiel est que votre fils soit heureux dans son métier.

8. *Nous sommes partis pour le week-end et avions décidé de faire confiance à notre fils de dix-sept ans, qui devait rester seul à la maison, à condition qu'il n'invite personne. Il était d'accord. Quand nous sommes revenus, la poubelle était pleine de bouteilles de bière et la maison empestait le tabac froid. Depuis, nous avons appris par un voisin que la police était venue tant ses amis étaient bruyants. Je considère qu'il nous a trompés. Devons-nous le punir ou le sermonner ?*

Vous avez tout à fait raison en disant qu'il vous a trompés. Personnellement, j'essaierais de recourir à la solution mutuelle du problème. Si vous réussissez, tant mieux. Sinon, enlevez-lui les roues de sa mobylette pendant quinze jours (mais pas plus. Si la punition est trop longue, l'adolescent en vient à penser qu'il ferait aussi bien de recommencer à se faire remarquer).

Un bon sermon ne mène à rien. Cela ne va pas le tracasser beaucoup, il n'aura pas besoin d'engager un vrai dialogue avec vous comme si vous utilisiez la résolution en commun des problèmes. Il n'a qu'à se taire pendant que vous tempêtez et, après cela, il reprendra ses occupations habituelles.

9. *Mon mari est représentant, ce qui explique peut-être son*

attitude vis-à-vis de nos deux fils de seize et dix-huit ans. Il passe son temps à les sermonner à propos de leurs examens, de l'entretien de leurs vélomoteurs, de leurs fréquentations, de la façon d'utiliser l'argent qu'ils gagnent, etc. Bien sûr, pour lui, il ne s'agit pas de sermon. Il dit qu'il essaye seulement de leur donner de bons conseils. Tout le problème vient de ce qu'ils ne veulent pas l'écouter, ce qui le blesse profondément. Que faire ?

Les bons conseils de ses parents sont la dernière chose que souhaite un adolescent. Il acceptera facilement l'avis d'un ami, celui de ses parents, jamais ! Votre mari semble ignorer ce principe. Je suppose que vous lui en avez déjà parlé mais sans effet.

Essayez donc ceci. Pendant un jour ou deux, ou toute une semaine, donnez-lui des conseils. Dites lui de faire du jogging, de rester en forme, de se faire faire chaque année un check-up, de lire chaque semaine un livre sur le commerce, etc. Arrangez-vous pour lui faire une remarque de ce genre tous les quarts d'heure. Observez ses réactions.

S'il commence à s'énerver, souriez et dites-lui que vous faites cela pour son bien. Quand il sera vraiment excédé par tous vos « bons conseils », dites-lui le but de l'expérience ; il comprendra ainsi que c'est comme cela qu'il traite ses enfants et qu'ils réagissent comme lui.

10. *Ma fille de dix-huit ans est effroyablement timide. Bien qu'elle soit jolie, elle n'est encore jamais sortie avec un garçon. Elle n'a qu'une amie, et le reste du temps elle demeure toujours seule. Elle ne va jamais à des sorties ou à des soirées avec ses camarades. Que puis-je faire ?*

Seul, un spécialiste peut vous aider. Soyez sûre de lui ; alors, vous pourrez aller trouver votre fille. Dites-lui que sa solitude et la difficulté qu'elle a à se faire des amis vous préoccupent et que vous pensez que l'avis d'un spécialiste pourrait l'aider. Si elle accepte, emmenez-la voir votre thérapeute. A partir de là, c'est une affaire entre elle et lui.

Si elle refuse son aide, respectez ce refus. Dites-lui que vous le regrettez, et que si un jour, elle change d'avis, vous l'aiderez.

11. *Ma fille de dix-neuf ans envisage de se marier. Elle connaît son « fiancé » depuis trois mois à peine, et je crois qu'il n'est pas très intéressant. Il a un travail sans avenir et ne semble avoir aucune ambition. Je suis sûr qu'un mariage avec ce garçon sera un échec. En tant que père, que puis-je y faire ?*

Beaucoup plus que vous ne croyez. J'ai eu un client dans le même cas il y a quelques années. Quand sa fille lui annonça son désir de se marier, il se contenta de l'embrasser et de lui dire : « Ma chérie, je te souhaite beaucoup de bonheur. » Je l'encourageai alors à lui dire franchement ce qu'il pensait. A sa grande surprise, elle partageait certains avis de son père, et le remerçia de sa franchise. Quatre mois plus tard, elle annonça à son pere qu'elle ne voulait plus se marier. Faites de même avec votre fille. Dites-lui ce que vous pensez mais ne lui donnez pas de conseils. Laissez-la decider seule.

12. *Ma fille de vingt ans a abandonné ses études. Elle a passé ces six derniers mois à la maison ou à se promener avec des amis. Elle a quelquefois vaguement essayé de trouver du travail, mais sans enthousiasme, et cela n'a rien donné. Comment faire pour changer cet état de choses ?*

Beaucoup d'adolescents sont dans cette situation. Je vous conseille de dire à votre fille que si elle décide de reprendre ses études, *vous et votre mari*, vous les lui paierez. Mais si elle refuse, dites-lui qu'elle devra trouver du travail et un appartement.

Observez sa réponse. Si elle se décide à retourner à l'université ou à travailler et qu'elle persévère dans cette voie, tout est pour le mieux. Mais si elle continue à rester chez vous, sans rien faire pour trouver du travail, fixez-lui un délai. Dites-lui que vous n'allez pas la garder pendant des siècles chez vous à ne rien faire, et donnez-lui un délai de deux mois pour trouver du travail et partir.

Si cela marche, parfait. Mais si deux mois plus tard, elle n'a encore rien trouvé, mettez-la carrément dehors et laissez-la se debrouiller. Il faudra bien qu'elle trouve de quoi se nourrir et se loger. Bien sûr, au début, elle pourra aller chez des amis mais cela n'aura qu'un temps.

Beaucoup de gens pensent que c'est cruel de traiter ainsi sa fille. Je ne le crois pas. Ce qui est vraiment cruel, c'est de laisser une fille de vingt ans rester dans un état aussi infantile en lui offrant gratuitement le gîte et le couvert.

13. *Mon fils de vingt ans fait ses études à Paris. J'ai reçu une lettre de lui la semaine dernière; il me dit que, rentré à la maison pour les vacances, il voudrait avoir une « bonne discussion » avec moi, et me dire tout ce qu'il a sur le cœur. Comment réagir ?*

Surtout évitez une attitude défensive. Vous améliorerez beaucoup vos relations en appliquant la méthode du feed-back et en le laissant s'exprimer. Il vous dira tout ce qu'il a gardé pour lui jusqu'à présent. Ne l'interrompez pas avec des « oui, mais... ».

Donnez-lui l'occasion de s'exprimer : tout ce qu'il dira vous fera peut être percevoir des choses que vous n'aviez jamais comprises. De toute façon, il y a de fortes chances pour que cela arrange vos rapports.

Ne pensez pas que cette discussion sera terrible. C'est un

passage nécessaire pour une entente plus profonde entre vous deux, le début d'un dialogue qui durera longtemps.

En résumé

A la fin de l'adolescence, votre tâche est presque terminée, mais pas tout à fait quand même. Votre enfant est presque arrivé à l'âge adulte et à son indépendance vis-à-vis de vous. Mais il a encore des efforts à faire pour s'assumer en tant qu'adulte et couper les derniers liens qui le rattachent à son nid.

A cet âge, il dépend encore de vous financièrement et, dans une certaine mesure, psychologiquement. A cause de cela, des problèmes de discipline peuvent apparaître. Ils doivent être abordés comme des rapports entre égaux, ce n'est plus la grande personne qui sermonne le petit enfant. Ses problèmes peuvent donc être résolus par le maintien des rapports, le feed-back, la résolution en commun des problèmes, le contrat et le conseil de famille.

Par bonheur, quand votre enfant aura atteint vingt-deux ou vingt-trois ans, il aura dépassé le stade des relations parents-enfants et découvert avec joie le passage à l'âge adulte, où il aura comme tel de nouveaux rapports avec vous. C'est aussi un moment merveilleux pour les parents [1] !

1. Cf. : Haïm Ginott, *Entre parents et adolescents*, coll. « Réponses », éd. Laffont.

28

REDÉCOUVREZ LE BONHEUR D'ETRE PARENTS

Je ressens toujours beaucoup de tristesse quand des parents semblent malheureux et excédés à cause de leurs enfants, même dans des activités qui devraient être agréables à tous : vacances, pique-nique, etc.

J'espère que ce livre redonnera à beaucoup de parents la joie et le plaisir d'avoir des enfants. Il repose sur une idée très simple : mieux on sait comment élever ses enfants, mieux on sait les apprécier.

Avoir des enfants a été une des choses les plus merveilleuses de ma vie. Je crois que tous les parents devraient penser de même. Si vous avez su faire de vos enfants des adultes responsables, votre paternité ou votre maternité sera une expérience durable et profondément enrichissante, et non pas une époque pénible de votre vie.

En tant que parents conscients, vous apprécierez à travers vos enfants la joie de retrouver l'enfance. Vous irez de découverte heureuse en découverte heureuse, et passerez avec eux des moments uniques qui, je l'espère, resteront gravés dans votre mémoire.

TABLE DES MATIÈRES

IMPRESSION : BUSSIÈRE S.A., SAINT-AMAND (CHER). — N° 2554
D. L. NOVEMBRE 1993/0099/385

ISBN 2-501-00182-6

Imprimé en France